상사와 소통은
성공의 열쇠

—— 성공하고 싶은가? 상사와 더 소통하라! ——

류호택
지음

상사와 소통은 성공의 열쇠

부하와의 소통은 쉬운 편이다.

반면 상사와의 소통은 훨씬 더 어렵고 중요하다.

하지만 방법이 문제다.

지식공감

"부하와 소통을 더 잘해야 합니까? 상사와 소통을 더 잘해야 합니까?"

이런 질문을 해 보면 부하와 소통을 더 잘해야 한다는 응답이 70%를 차지한다. 그런데 다음 질문을 해 보면 반전이 일어난다.

"당신이 만약 승진해서 후임을 추천하라는 부탁을 받았을 때, 부하 직원 중에 중간보고를 하지 않은 최고 성과자와 중간보고를 잘하는 차상위의 성과자 중 누구를 후임 관리자로 추천하시겠습니까?"라는 질문을 해 보면 중간보고를 잘하는 차상의 성과자를 추천하겠다는 답변이 80% 이상 나온다.

그러면 다음 이런 질문을 해 본다. "당신 상사는 신입니까? 사람입니까? 당신이 중간보고를 하지 않더라도 성과만 좋으면 인사고과를 잘 줄 것이라고 생각하십니까?"라고 질문하면 거의 대부분이 그렇지 않다는 대답을 한다.

이런 이유로 이 책을 쓰게 됐다. 상사와의 소통의 중요성은 상사의 욕심이 아니다. 상사라면 자기 조직에서 일어난 중요한 일들을 알고 있어야 한다. 어떤 일은 개미의 눈으로 세세하게 살펴야 하지만 어떤 것들은 숲을 보아야 할 일도 있다. 그래야 갑작스러운 상사 윗분의 질문에 답할 수 있다.

예를 들면 사장이 어느 대리점의 부도 징후 소식을 들은 후 영업팀장에게 부도 징후회사에 대한 대책을 물어봤을 때, 다행히도 그 부도 징후 회사 담당자가 중간보고를 잘하는 부하였다면 사장의 질문에 대책을 답변할 수 있었겠지만, 중간보고를 잘 하지 않는 부하가 맡은 대리점이었다면 꿀 먹은 벙어리가 됐을 것이다. 결국, 이런 상황은 팀장을 리더십이 부족한 사람으로 만들기 때문에 팀장은 중간보고를 잘하는 부하를 선호할 수밖에 없다.

역사적 인물 중에 창업자가 아닌 사람의 성공 면면을 보면 모두 상사와 소통이 뛰어난 천재들이다. 삼국지 후반부에 나오는 사마의는 변덕이 심한 조조(조조에 대해서는 다양한 평가가 있다)라는 상사를 잘 모신 결과 그의 후손이 중국을 통일하는 터전을 마련해 줬다. 처음부터 간부 사원으로 입사한 제갈량도 유비를 잘 섬겼음은 물론 장비, 관우와도 좋은 관계를 유지했기 때문에 승상의 지위를 유지하면서 많은 전투에서 승리할 수 있었다.

기업에서 상사는 생사여탈권을 쥐고 있는 막강한 힘을 가진 사람이다. 이런 상사와 성격이나 가치관 충돌이 일어나게 되면 직장은 지옥이 된다. 다행히 요즘 리더들은 다양성을 인정하라는 교육을 많이 받긴 했지만 이를 실행하지 못하는 상사도 있다. 이런 상사와도 좋은 관계를 유지해야만 자신의 능력을 마음껏 발휘할 수 있는 것이 현실이다.

상사가 없는 사람은 없다. 사장에게도 고객이라는 상사나 이사회라는 상사가 있다. 이 책은 이런 고민을 하는 분들에게 다소나마 도움이 되길 바라는 마음으로 출판하게 됐다. 이런 면에 관심이 있다면 이 책은 도움이 될 것으로 믿는다. 여기까지만이라도 읽으신 독자에게 감사드린다.

추천사

본 저서는 기존 리더십과 코칭의 관점을 탈피해서 부하의 관점에서 상사와 제대로 된 파트너십을 형성하는 지혜를 가르쳐주고 있다. 상사와의 관계는 어떻게 구축하는지에 따라서 자신이 성장할 수 있는 디딤돌이 될 수도 있고 자신의 성장을 방해하는 벽이 될 수도 있다는 점을 풍부한 사례를 통해 제시하는 제대로 된 지침서이다. 또한, 원론적인 제시에 머문 것이 아니라 좋은 관계를 유지하여 자신의 디딤돌로 만들기 위해서는 선제적으로 무엇을 해야 하는지에 대한 풍부한 혜안을 제시하고 있다. 직장에서 대부분의 사람들은 누구의 상사이기도 하고 동시에 누구의 부하이기도 하다. 어려운 상사를 모시고 있는 부하들뿐 아니라 모든 직장인이 이 책을 읽어봐야 하는 이유이다.

— 윤정구 박사 | 이화여대 경영학 교수 인사·조직·전략 전공

적당히 하려면 상사를 떠나라. 직장에서 상사와 직업가치니 생활 가치가 맞지 않은 경우 업무에 의욕을 느끼지 못한다. 이런 경우 업무 태만이 상사에 대한 복수라고 생각하는데 결단코 그렇지 않다. 상사에 대한 보복이 되지 않는다. 자신이 스스로 망가지는 행동이다. 오히려 상사를 떠나는 것이 자신은 물론 상사에게도 바람직하다는 저자의

주장에 동의한다. 진작에 이 책이 나왔다면 나도 이전 직장들에서 훨씬 상사와 좋은 관계 속에서 더 좋은 결과들을 만들어 내었을 것 같다. 그동안 많은 리더십 책들은 나왔지만, '부하 입장에서 어떻게 상사에게 자연스럽게 영향력을 미치면서 직장생활을 잘해 갈 것인가'에 관한 팔로우 측면에서 출판된 책들은 적은 것 같다. 이 책은 이론이 아니라 현장에서 직접 실천할 수 있는 매우 값진 내용들을 담고 있다. 상사와 좋은 관계 유지를 위한 필요성 및 대응책을 알고 싶은 사람들에게 필독을 권한다.

— 전기석 박사 | 충남대 교수, (前) 현대자동차그룹 인재개발원 리더십개발팀장

조조에 대해서는 다양한 평이 있지만, 직장에는 조조처럼 변덕스러운 상사가 있다. 이런 상사 밑에서 살아남은 사마의는 부하로서 어떤 태도와 마음가짐을 가져야 하는지 좋은 본보기로 여겨진다. 사마의는 조조뿐만 아니라 그의 자손인 조비, 조예, 조방을 상사로 40년간 모시면서 자기 때가 올 때를 기다려 성공한 점은 직장인으로서 되새겨 볼 만하다. 직장인이라면 사마의의 처세술을 배워야 할 것으로 본다. 이런 사마의는 결국 조조가 하지 못한 천하를 통일한 후 진나라를 세웠으며

73세까지 천수를 누리는 행운도 얻었다는 점은 시사하는 바가 크다.

— 리상섭 박사 | 동덕여대 교수

상사가 부하와 어떻게 소통할 것인가? 하는 것이 리더십의 중요 이슈임에 틀림없다. 하지만 존경심이 없는 부하와 소통하기란 상사로서도 쉽지 않다. 이 책은 부하가 어떻게 상사와 소통할 것인지에 대한 이론과 실무를 깨우치는 좋은 지침서가 될 것으로 본다. 더구나 직장을 떠날 각오도 없으면서 상사와 부딪치는 부하나 동료들에게 이 책을 권해보고 싶다.

— 김광오 이사대우 | 기아자동차 인재개발실장

리더십을 제대로 발휘하기 위해서는 건전한 비판도 함께할 수 있는 건강한 Follower가 필요하다. 이 책은 새롭게 상사와 함께 Win-Win하며 올바른 방향으로 나아갈 수 있는 방안에 대해서 생각하게 한다. 멤버가 리더를 도우면서 서로 성장할 수 있도록 리더와 멤버들이 함께 읽어보길 권한다.

— 김광일 부장 | LG전자 연수원 러닝센터

세상에는 리더십과 팔로워십에 대한 책은 많이 있다. 그리고 모두 최선의 모습, 이상적 리더십만을 얘기하고 있다. 그러나 이 책을 통해서 리더와 직원 모두 사람이기 때문에 발생할 수 있는 많은 갈등과 그에 대한 현실적인 커뮤니케이션에 대해서 새롭게 생각해 볼 수 있는 기회가 되었다. 직장뿐만 아니라 고객 관계 및 가정에서도 소통역량을 높이고 싶은 분들께 도움이 될 것이다.

― 김기준 리더 | 포스코인재창조원

직장 상사라고 해서 모든 업무를 다 알진 못한다. 특히 새로 부임해 온 상사는 오랜 시간 같은 업무를 해 온 나보다 당연히 모를 수 있다. 이럴 때 자신이 좀 더 안다고 잘난 체하면서 상사를 무시한다면 조직 내에서 성공은 물론 목표한 성과 또한 달성하지 못한다. 상사를 고객처럼 대하여 내 사람으로 만들고 상사가 잘되도록 도움을 주는 것이 내가 성공하는 길이라는 저자 조언에 큰 공감이 간다. 아직까지 상사를 내 사람으로 만들지 못한 사람이라면 이 책에서 그 지혜를 찾을 수 있을 거라 확신한다.

― 황명구 팀장 | 충남대 인재개발원

부하에게 최대고객은 상사라는 말에 전적으로 공감한다. 늘 리더십 차원에서 상사가 부하에게 어떻게 소통할 것인지가 교육의 화두였던 나에게 부하가 상사와 어떻게 소통할 것인지에 대해 아쉬움이 있었다. 저자는 기업교육 현장과 코칭의 경험을 토대로 그 비법을 명쾌하게 제시해 주고 있다. 이 책은 상사를 가진 부하가 꼭 읽어보길 권해보고 싶은 책이다. 이 책을 통하여 직장생활의 성취와 성장을 이루리라 확신한다.

― 김영헌 박사 | 경희대 객원교수, (前) 포스코 미래창조아카데미원장

소통은 만사형통에 이르는 가장 중요한 열쇠다. 소통에 관한 다양한 저서가 출간되었지만, 상사와의 소통에 초점을 맞추어 저술된 책은 많지 않다. 저자가 대기업의 임원으로서 퇴직할 때까지 다양한 현장 경험, 그리고 유수 교육기관에서 전문교수로 활약하면서 정리한 콘텐츠를 중심으로 풍부하고도 알찬 내용으로 엮어져 있다. 상사가 최대의 고객이라는 관점전환, 상사와의 소통을 통해 상사를 얻는 법, 상사와의 소통이 결국 나를 키운다는 주제에 이르기까지 기업조직에서 30여년 현장을 경험한 나에게도 가슴에 뜨겁게 와 닿는 주제들이다. 이 책

을 통하여 성공과 행복이라는 두 마리 토끼를 잡아야 하는 대한민국 직장인들이 그 해법을 찾았으면 한다.

— 차영덕 가천대학교 겸임교수 | (前) 동국제강그룹 연수원장

상사와 성공적인 관계 구축은 성과와 직결된다. 때문에 직장에서 리더들에게 부하와 좋은 관계를 유지하기 위한 교육을 많이 한다. 그런데 상하 간 좋은 관계를 유지하기 위해서는 상사뿐 아니라 부하도 상사와 가까워지려는 노력을 해야 한다. 이런 교육의 필요성을 늘 느끼고 있었는데 다행히 본 저서는 그런 면에서 많은 성찰을 할 수 있게 해 준다. 상사와 좋은 관계를 유지해서 성과 달성을 원하는 사람에게 이 책을 권하고 싶다.

— 홍석환 KT&G 경영고문 | (前) KT&G 인재개발원장

4차 산업혁명은 돈, 기술, 사람에서 사람, 기술, 돈으로 순위가 바뀌었다. 이는 사람을 중요시하는 코칭 철학과 딱 들어맞는다. 직장에서 부하와의 관계가 중요하다. 하지만 상사와의 관계는 이보다 훨씬 더 중

요하다는 이 책의 주장에 동의한다. 상사가 부하에게 다가가는 노력도 필요하지만, 부하도 상사와 좋은 관계를 유지하기 위한 노력을 해야 한다. 그것이 직장에서 성공하는 지름길이다. 이 책은 부하가 상사와 어떻게 하면 좋은 관계를 유지해서 성과를 달성할지에 대한 방향을 제시해 준다. CEO에게도 고객이라는 상사가 있다는 점을 감안한다면, 직장인이라면 이 책을 한번 읽어 볼 것을 추천한다.

— 김재우 (社)한국코치협회 회장 | (前) 벽산그룹 부회장

상사가 취해야 할 리더십에 관한 책은 많이 있으나 부하가 상사와 어떻게 소통해야 할지를 다룬 책은 드물다. 본 저서는 상사는 어떤 존재인지. 상사와 소통이 왜 필요한지. 상사와 어떻게 소통하면 좋을지에 대해 다뤘다. 상사는 누구에게나 있다. CEO에게도 고객이라는 상사가 있다는 말이 지극히 현실적이라는 점을 감안할 때 직장인이라면 한번 읽어 보길 권하고 싶은 책이다.

— 김신배 (前) SK그룹 부회장

기업에서 소통하는 문화가 정착되기 위해서는 상사는 물론 부하도 소통을 위한 노력을 해야 한다. 이 책은 그동안 많이 다루지 않은 부하가 상사와 어떻게 소통해야 할지를 다루었다. 평범한 조직이 비범한 조직이 되기 위해선 상하 간 소통이 기업문화로 자리 잡아야 한다. 그런 면에서 이 책은 부하는 물론 상사가 읽어봐도 좋은 책이다.

― 최치영 박사 | (주)CMOEKorea 대표이사

성공적인 조직 생활을 하려면 상사의 마음을 먼저 얻는 게 중요하다. 자신의 능력만 과신하다가 상사에게 미움을 사게 된다면 어떤 성과도 기대할 수 없다. 이 책은 상사에 대한 인식의 틀을 완전히 전환시켜 새로운 시너지(synergy)를 창출하여 역동적인 상사-부하의 관계로 탈바꿈시켜주는 최고의 책이다.

― 서우경 박사 | 연세대 리더십센터 겸임교수 및 수석코치
ICF국제코치연맹 마스터코치(MCC)

상사는 나의 최고 고객이라는 점에 동의한다. 상사는 내가 산출한 모든 결과물에 책임지는 사람이란 말처럼 코칭펌을 운영하는 나에게도 구성원들이 생산해낸 모든 산출물에 대해 책임을 져야 한다. 좋은 일은 물론 나쁜 일도 책임져야 한다. 그런 나로서 능력 있는 부하도 중요하겠지만, 그보다 더 중요한 것은 사건이 일어나기 전에 미리 보고하는 구성원들이다. 사건이 발생하면 대응책을 마련할 수 없지만, 미리 보고하면 대응책을 마련할 수 있기 때문이다. 우리 회사 사람들도 내가 바쁘다 보면 대화의 기회를 놓칠 수가 있어서 어떤 형태로든 대화하자고 미리 언급하는 편이다. 이 책은 다양한 면에서 통찰을 얻게 한다.

— 홍의숙 박사 | 인코칭 대표이사

상사가 부하와 소통하는 방법을 저술한 책은 많이 접해봐서 알고 있는 데 반해 이 책은 부하가 상사와 소통하는 방법은 서술한 점이 다르다. 많은 사람들의 공감을 살 것으로 기대한다. 상사가 없는 사람은 없다. 코칭펌의 대표인 나에게도 고객사라는 상사가 있다는 점을 새삼 인식하는 계기를 만들어 준 이 책에 감사를 표한다.

— 우수명 박사 | 아시아코칭센터 대표

어떤 조직이든 구성원들은 자기 팀의 목표달성을 위해 노력한다. 이에 대해 직설적으로 부하는 상사의 성과달성을 위해 존재한다는 말이 마음에 거슬리기는 하지만 엄연한 현실임도 부인할 수 없다. 어떤 조직이든 그 조직의 성과는 조직 책임자에게 있기 때문이다. 공과 과에 대해 부서 책임자가 책임진다는 사실을 인정한다면 상사에게 어떻게 대해야 할지 답은 명확하다. 이 책은 부하가 상사와 어떻게 소통할지에 대해 도움을 주는 책이다.

— 오 스티브 담 (社)한국청소년유해물중독예방협회 이사장

간단하고 쉽게 보고하는 요령은 직장생활 중에는 물론 면접에서도 필요하다. 장황하게 보고하는 부하를 좋아하는 상사는 없다. 이 책은 상사에게 간단하게 보고하는 요령을 터득하는 데 도움을 받을 수 있게 해준다. 취업준비생은 물론 상사 때문에 직장생활을 힘들어하는 사람이나 상사가 있는 직장인에게 한번 꼭 읽어보라고 권하고 싶다.

— 김운형 대표 | (社)한국취업컨설턴트 협회 이사장

상사는 생사여탈권을 쥐고 있다는 말은 지극히 당연한 말이다. 승진 심사 시 직속상사의 평가는 거의 절대적인 영향을 준다. 다른 사람이 아무리 좋은 평가를 하더라도 직속상사가 승진해선 안 될 사람이라고 하면 그것으로 승진은 끝이다. 직장인의 성공 제1요소는 상사에게 좋은 평판을 얻는 것이다. 이 책은 상사에게 좋은 평판을 얻는 길잡이 역할을 하게 해 준다. 오래 근무하려면 상사관리를 잘해서 우군을 확보하는 것이 비결이라 할 수 있겠다.

— 박재욱 사장 | (前)삼성전자, 동부그룹 사장

상사와 맞서 싸워 이기게 되면 순간의 기쁨은 맛볼 수 있으나 뒤따르는 참담함을 감당하기 어려워하는 부하들을 실제로 많이 본다. 상사와 맞서는 것은 지는 게임이기 때문에 상사와 좋은 관계 유지가 성공의 필수 요소라는 이 책의 주장에 동의한다. 상사와 좋은 관계를 왜 유지해야 하는지. 어떤 마음 자세로 어떻게 하면 좋을지에 대한 해결책을 얻는 데 도움이 되는 책으로 적극적으로 추천하고 싶다.

— 안계환 작가 | 한국독서경영센터 대표

지금까지 "부하와 소통을 어떻게 해야 하는지"를 다룬 책은 많다. 그러나 "상사와 어떻게 소통하는지"를 다룬 책은 흔하지 않다. 특히 출중한 능력을 인정받고 있을 때도 상사와 좋은 관계를 유지하라는 말은 되새겨볼 만하다. 잘 나가고 있을 때 떠벌리고 다니면서 상사를 무시하다가 결국은 추락하는 예가 너무 많다. 이 책은 부하로서 어떻게 처신하는 것이 좋은지에 대한 지침서 아니 비법이다. 모든 것은 결국 내가 얼마나 성과를 냈는가, 나의 인간관계는 성공적인가, 그리고 나는 상사를 얼마나 이해하며 그를 위해 최선을 다했는가에서 비롯된다는 것을 분명히 깨닫도록 하고 있다. 읽어볼수록 실질적인 상사와의 소통방법을 깨알같이 알려주는 저자에 대해 경의를 표한다.

— 이동규 충남대 명예교수, 경영학박사, 시인

C o n t e n t

Chapter 01 상사란 어떤 존재인가?

Chapter 04 상사와 커뮤니케이션 방법

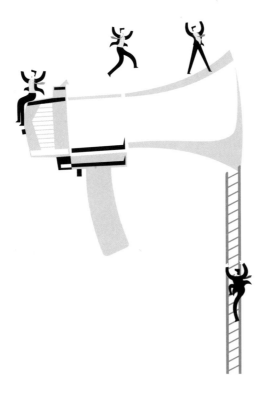

Chapter 01

상사란
어떤 존재인가?

SUCCESS

어떤 경우든
부하의 최대 고객은
상사이다

> 상사는 '나뿐 놈'임에 틀림없지만,
> 나의 최대 고객이다

　'나의 재능과 능력을 마음껏 발휘하여 성과를 낼 준비가 되어 있었지만, 상사 때문에 회사를 떠난다.'는 퇴직자를 많이 본다. 조직에 남아 있는 경우도 상사는 나만 아는 나뿐인 놈, 즉 '나뿐 놈'인 건 마찬가지다. 그런데 어쩌랴. 이런 상사가 나의 최대의 고객임에야.

　고객이란 '내가 산출한 용품과 용역을 사용하는 사람'을 말한다. 이런 점에서 상사는 나의 최대 고객임에 틀림없다. 상사라는 무시무시한 고객은 부하의 모든 결과물을 사용한다. 성과도 사용하지만 과오도 책임진다. 거기다가 승진에 지대한 영향을 주는 평가도 한다. 상사는 평가의 괴로움이 급여에 포함되어 있다고 하지만 피할 수 있으면 피하고 싶어한다.

　상사는 공정한 평가를 하기 위해 부하를 관찰한다. 때로는 관찰이 아니라 비판도 하지만 가능한 한 공정하게 평가하려고 노력한다. 이를 위해 부하 스스로 중간보고와 결과 보고를 원하지만, 현실은 그렇지 못한 경우도 많다. 중간보고 없이 엉뚱한 방향으로 업무를 처리하는 부하를 보면 화를 내는 상사가 있는 반면에 다면진단에 신경 쓰느라 참는 상사도 있다.

어떤 경우든 상사는 나의 최대의 고객이다. 인정하든 인정하지 않든 어쩔 수 없는 현실이다. 그런 고객을 잘못 대하면 불이익을 받는 건 지극히 당연한 일인 줄 알지만, 행동이 따르지 않는다.

좋은 상사를 만났을 때는 어렵지 않게 자기 능력을 마음껏 발휘할 수 있다. 문제는 성격이 맞지 않는 상사를 만났을 때이다. 이런 경우 성과를 내기가 쉽지 않다. 더구나 상사와 좋은 관계 유지는 더욱 어렵다. 이런 난관은 누구나 한 번쯤 만난다. 조직생활 최대의 위기다. 하지만 이런 관계를 슬기롭게 극복하면 다시 탄탄대로를 달릴 수 있다. 어디를 가든 기분 나쁜 상사를 만나게 된다. 이를 잘 극복하면 좋은 평판을 얻고 다시 성공의 길로 들어설 수 있지만 굴복하면 직장에서 패배자가 된다.

부하의 존재 이유는
상사의 성과 달성이다

"난 상사 비위를 맞추려고 회사 다니는 게 아냐.", "조직의 부속품처럼 행동하고 싶지 않아." 라고 주장하는 사람이 있다. 어떤 학자는 "일하는 사람들의 개성을 살려야 한다." 고 강조한다.

이런 생각을 굳이 부정할 생각은 없다. 그러나 조직 구성원은 당연히 조직의 목적 달성을 위한 역할도 해야 한다. 구성원들이 제 역할을 다 하지 못하면 조직이 제대로 작동하지 않는다.

그렇다고 개인의 개성이나 의사를 묵살해도 좋다는 말이 아니다. 오페라 무대를 떠올려보라. 배우들은 각자 자기의 능력을 마음껏 발휘하지만, 전체 틀을 벗어난 행동을 하지 않는 것처럼 조직이 움직인다. 배우 한 사람 한 사람이 각자에게 주어진 역할 속에서 자신의 개성을 마음껏 펼치며 연기를 하지만 전체적 스토리를 벗어나지 않는다. 눈물 흘리는 연기가 장점이라고 해서 그것만 해서도 안 되고, 웃는 연기를 잘한다고 해서 아무 때나 웃어서도 안 된다. 관객에게 감동을 주기 위해서는 전체 연극이 목적지에 잘 도달할 수 있도록 자신이 맡은 부분에 책임을 다해야 한다.

　구성원들이 자아를 실현한답시고 조직에서 자기 마음대로 행동한다면 결과는 불 보듯 뻔하다. 조직에서 개성이란 자기 멋대로 행동하라는 의미가 아니다.

　회사에서 상사는 각 구성원에게 해야 할 방향을 명령하지만, 구체적인 방법은 부하에게 맡긴다. 부하는 주어진 범위 안에서 개성을 살려야 한다. 자신의 장점을 살려 조직의 목적 달성을 위해 매진하라는 것이다.

　팀은 회사의 조직이다. 팀장은 팀을 대표하며, 본부장은 본부를 대표한다. 회사는 이들에게 조직 운영 권한을 주었다. 급여나 승진 결정에 막강한 영향을 주는 평가 권한도 주었다. 상사를 위하여 일한다는 것은, 결국은 회사를 위하여 일한다는 것이다. 때론 상사가 마음에 들지 않아 진퇴를 고민할 수도 있겠지만, 조직에 남아 있는 한 부하의 존재 의미는 상사의 기대를 충족시키기 위해 존재한다는 사실이 기분 나쁘더라도 지극히 현실적인 말이다.

상사보다 더 인정받으려고 하지 말라

| 당신이 정말로 유능하다면 상사를 앞세워라,
| 보답을 받는다

상사보다 더 인정받으려 하지 말라. 그것은 승리처럼 보이지만 어리석은 일로 치명적인 종말을 가져다준다. 현명한 부하는 자기 역할에 잘 맞게 연기하는 배우처럼 행동한다. 필요시 자신의 능력을 감추는 겸손함을 보일 줄도 안다. – 발타자르 그라시안(1601~1658)

관리자로 승진하였다는 것은 최소한 어느 한 분야에서는 뛰어난 성과를 냈거나 능력을 인정받았다는 증명이다. 한 마디로 신경을 조금 써서 찾아보면 존경할 만한 부분이 있다는 뜻이다. 지금은 열정이 떨어져 있거나 성과를 내지 못하는 상사도 있겠지만 그렇다고 이런 상사를 무시해서는 안 된다.

조직에서 다른 사람이 잘되도록 돕는 일은 여간해선 어렵다. 하지만 잘 되는 사람에게 고춧가루 뿌리는 일은 아무나 할 수 있다. 하물며 아무리 무능한 상사라도 마음에 들지 않는 부하 직원을 승진하지 못하게 하는 일은 누워서 떡 먹기처럼 쉽다.

주위에서 유능한 사람이란 평판을 듣더라도, 직속 상사의 인정을 받지 못해 승진 못 한 경우가 많다. 승진 심사 시 "그 사람 별것 아니다. 겪어 본 내가 더 잘 알지 당신이 나보다 더 잘 알겠는가."라는 직속상사의 말 한마디에 승진은 물 건너간다. 주변 사람은 직속상사의 악평에 반론 제기가 힘들다.

주위 사람의 평판은 증명된 것이 아니지만, 직속 상사의 평판은 증명된 것으로 보기 때문이다. 직속 상사의 평가는 승진에 절대적인 영향을 준다.

비록 상사가 당신이 맡은 일을 잘 모른다고 하더라도 무시하지 말라. 상사라고 해서 모든 일을 알 수는 없지만, 판단은 충분히 할 수 있다. 대부분 그렇다.

상사보다 똑똑하다는 점을 드러내 놓고 강조하면 주변 사람들도 결코 좋게 보지 않는다. 정말로 무능한 상사를 두었다면 비난할 것이 아니라 상사 지원자 역할을 자임하는 것이 좋다. 반면교사로 삼아도 좋다,

상사가 정말로 무능하다면 그의 성공을 지원하는 역할을 자임하라. 이런 행동은 주변 사람도 좋게 본다. 제갈공명과 정몽주가 좋은 예다. 그는 주군이 서거한 후 자기가 황제의 지위를 차지할 수 있었음에도 불구하고 유비의 아들, 유선을 섬겼다. 그의 재능은 유선을 능가했지만 늘 그를 존중하고 섬겼다.

이런 행동 때문에 제갈공명은 지금도 유비보다 더 존경받는다. 무능한 상사의 지원자 역할을 한다는 것은 제갈공명과 같은 역할을 하는 것이다. 조선 건국에 반기를 든 고려충신 정몽주도 마찬가지다. 그는 망한 왕조 고려를 지키기 위해 끝까지 충성했다는 점이 높이 평가되어, 조선 시대에도 존경받는 인물이 됐다. 어떤가. 당신이라도 제갈공명이나 정몽주 같은 부하를 쓰고 싶지 않겠는가?

아무리 힘이 없는
상사라도
생사여탈권을 쥐고 있다

> 동물세계와는 달리, 인간세계에서는 육체적으로 힘이 없는
> 사람에게도 직책으로 조직 관리 권한을 부여한다

대부분의 업무는 상사의 지시로부터 시작해서 보고로 종료된다. 업무를 지시하고 보고 받는 것은 상사의 책임이자 권한이다. 상사에게 주어진 이런 책임과 권한을 제대로 사용하지 못하는 상사는 리더십을 의심받는다. 때문에 상사는 강압적인 방법을 동원해 부하를 다그치기도 한다. 이 과정에서 상사는 스트레스의 원인도 제공한다. 회사를 떠나는 직장인의 70~80%가 상사 때문에 회사를 떠난다. 이들은 "회사를 보고 들어와서 상사를 보고 떠난다."고 한다.

그렇다면 상사 없는 조직을 만들면 좋은 성과를 낼 수 있을까? 일반적인 직장에서 부서원과 상사 사이에 재미있는 현상이 발견된다. 상사가 출장을 가거나 외출을 하면 부서원들은 해방감을 느낀다. 분위기가 밝아지고 순식간에 활기찬 기운이 사무실 가득 퍼진다. 하지만 그런 자유로움이 순간적으로 여유로운 분위기를 만들 수 있을지 몰라도 장기적으로는 업무를 결정해 줄 사람이 없기 때문에 일이 진행되지 않는다는 연구결과가 있다. 구조조정이 필요한 방만한 조직이 아니라면 상사는 조직에서 반드시 필요하다.

사장은 회사를 대표한다. 팀장은 팀을 대표하며, 본부장은 본부를 대표한다. 회사는 존재 목적 달성을 위해 조직을 한방향 정렬시켜 성과를 달성하라는 임무를 이들에게 부여한다. 목적을 달성하지 못하거나 태만 할 때 조직은 이들을 제거한다. 당신도 그 조직의 일원임은 두말할 필요가 없다.

세렝게티에서는 힘 있는 자가 평원을 정복한다. 힘이 없으면 생존하지 못한다. 하지만 인간세계에서는 육체적으로 힘이 없는 사람에게도 직책이란 권한을 부여하여 조직을 장악하고, 성과를 달성하도록 권한을 부여한다. 상사는 이런 권한을 부여받은 사람이다. 이런 조직 논리를 무시하면 상사는 가차 없이 자신의 권한을 발휘한다. 그렇게 하지 않으면 상사는 그의 윗분에게 리더십이 부족하다는 평가를 받게 되고, 결국 회사를 나갈 수밖에 없다. 부하는 이런 상사의 입장을 이해할 필요가 있다.

상사와 맞서 싸우는 순간
직장은 지옥이 된다

"독불장군 과장이 한 명 있습니다. 능력이 있기 때문에 어떻게든 고쳐서 좋은 관리자로 키우고 싶다가도 공개석상에서 이미 결정된 사항에 대해 이의를 제기할 때는 그런 마음이 싹 사라집니다. 몇 번 주의를 주기도 했지만 여전합니다. 어떻게 하면 좋습니까?"라고 이슈를 제기하는 팀장에게 뭐라고 하면 좋을까.

이 문제를 어떻게 다루면 좋을지 다른 팀장들에게 물어봤다. 팀장들의 의견은 "우선은 그런 행동을 하지 않도록 분명하게 요청하거나 지시한 후에도 개선되지 않으면 후임을 키워서 대체하겠다."는 의견이 지배적이다.

의사결정 전에 다양한 의견을 제시하는 것은 바람직하다. 하지만 방향이 결정된 후에 뒤에서 딴소리하는 부하는 좋게 보지 않는다. 더구나 공개석상에서 이미 결정된 사항을 반대하는 부하 직원은 한 대 때려주고 싶은 게 상사의 입장이다. 이런 부하 직원을 그대로 둔 채 조직을 이끌 수는 없다. 당장은 그 부하 직원이 필요하기 때문에 반항적인 행동을 묵인할 수도 있지만, 상사는 그 직원 업무를 대체할 사람을 육성하기 시작한다. 사람이 육성된 어느 날, 상사는 최하위 인사고과를 주기 시작한다. 아니면 그를 투명인간으로 만든다. 그런 후 상사는 회사를 그만두게 할 온갖 방법을 동원하는 경우도 있다는 점을 명심해야 한다.

반항하는 팀원을 그대로 내버려 두는 팀장은 그의 상사로부터 리더십을 의심받거나, 리더십이 없다는 평가를 받는다. 결국, 이런 관리자의 승진은 거기서 멈출 뿐만 아니라 명예 퇴직자 명단에 이름이 올려지기도 한다. 이런 이유로 독불장군 부하를 상사는 그냥 내버려 두지 않는다.

애덤 그랜트(Adam Grant)는 『오리지널스』에서 상사는 다음 행동을 하는 사람에게 불이익을 준다고 했다. 바로 대담하게 소신을 말하는 직원이다. 그가 다양한 업종을 2년간 조사한 바에 의하면 이미 결정된 사항에 대해 고위층에게 부정적 의견이나 우려를 자주 표명하는 직원일수록 연봉이 인상되지 않거나 승진탈락 가능성이 아주 높다고 보고

했다.

　삼국지에 오나라 손권은 적벽 전투에서 혁혁한 공을 세운 주유가 자기 마음대로 병권을 휘둘렀다는 이유로 주유에게서 병권을 회수했다가 얼마 후에 되돌려 주었다. 또한, 손권은 생포 명령을 어기고 관우를 죽인 전투의 승자 여몽도 결국은 죽게 했다. 이를 간파한 육손은 자신의 병권을 손권에게 반납하고 때를 기다렸다가 일어난 후, 적벽대전에 버금가는 이릉 전투에서 대승을 거뒀다. 자신의 능력이 뛰어나다고 해서 공개석상에서 공을 너무 드러내고 자기 멋대로 하면 상사의 노여움을 사는 것은 물론, 주위의 사람들도 질투한다. 이런 역학 관계를 잘 파악하고 행동해야 한다. 이런 정치가 뭐 필요하겠느냐고 말하는 사람은 조직의 생태를 잘 모르는 사람이다.

　조직에서 성공하려면 결코 상사와 맞서지 마라. 이는 100% 지는 게임이다.

상사는 부하의 성장에 관심이 많은 사람이다

| 가장 힘든 상사는 투명인간 취급하는
| 무관심한 상사다

상사는 부하에게 관심이 많다. 부하의 성과가 팀의 성과로 연결되기 때문이다. 상사에게 인정받는 부하라면 직장생활이 즐겁겠지만 질책하는 상사를 만나면 가시밭길이 된다. 하지만 상사의 질책은 부하의 성장을 위한 것이기도 하다. 오히려 잘못에 대해 무관심한 상사, 투명인간 취급하는 상사가 더 견디기 힘들다.

질책을 좋은 말로 '부정적 피드백'이라고 한다. 그렇다면 무관심과 부정적인 피드백 중 어떤 것을 더 힘들까? 이 질문이 어렵다면 '일을 잘못했을 때, 아무 말도 하지 않는 상사와 야단치는 상사 중 누가 더 힘든 상사일까?'라는 질문이다. 결론은 아무 말도 하지 않는 상사라는 것이다. 물론 참기 힘들 정도로 심한 언어폭력을 쓰는 상사보다는 무관심한 상사가 더 좋을 수는 있다. 하지만 대부분의 사람들은 '부정적 피드백'보다는 '무관심'을 더 싫어한다. 물론 질책보다는 칭찬이 훨씬 더 좋은 것은 두말할 필요가 없다.

투명인간 취급은 사람을 미치게 만든다. 아마도 이 세상에서 제일 고통스러울 것이다. 그런데도 이런 투명인간 취급하는 경우가 현실에서 종종 일어난다. 때로는 이런 방관이나 무관심을 사랑과 배려로 포장하기도 한다. 실제로 이런 사랑과 배려로 포장된 무관심은 대기업 리더들에게 종종 나타난다. 예를 하나 소개 한다.

10대그룹 계열사의 기획과장을 했을 때의 일이다. 당시, 국제그룹은 어떤 이유인지 모르지만 1985년 2월 15일 해체 됐다. 그룹 해체와 동시 내가 속한 회사도 피 인수되었다. 나는 기획과장이라는 직책 때문에 그룹사를 관리하는 회장실로 파견되었다. 당시 적당한 후임자가 없었기 때문에 나는 피 인수 회사 기획과장도 겸직했다. 피 인수회사 관리자 운명이 대부분 그렇듯 상당수 교체된다. 그 와중에 한 여직원이 지각을 했다. 이를 지적해야겠다는 생각은 했지만 그렇게 하지 않았다. 나 딴에는 그런 행동이 여직원에 대한 사려 깊은 배려라고 생각했다. 그렇게 시간이 흘렀다. 그런 얼마 후 명예 퇴직자 명단 속에 그 여직원이 포함되어 발표되었다. 나는 그 여직원 신분을 보장해 주지 못한 데 대해 미안함을 표시하면서 하고 싶은 이야기가 있다면 하라고 요청했다. 나는 당시 그 여직원에게 아주 충격적인 말을 들었다.

"과장님 제가 며칠 전 지각한 것 아시죠?"
"그래 안다."
"그런데 왜 아무 얘기도 한 하셨어요?!"

이 말을 듣는 순간 나는 쇠망치로 뒷머리를 맞는 것 같았다. 그러면서 속으로 이렇게 소리쳤다.

'아니 무슨 뚱딴지같은 말을 하는가? 명퇴자 명단에 그가 포함될 것으로 예상했기 때문에 사랑과 배려의 마음으로 지각에 대해 아무 이야기하지 않은 건데, 별 거지 같은 말을 다 하네!'

이런 생각을 하면서 한동안 멍하니 정신 나간 사람처럼 있었다. 그는 다시 이런 이야기를 덧붙였다.

"저는 차라리 과장님이 지각한 것에 대해 야단치길 바랐어요. 아무리 상황이 좋지 않아도 지각은 잘못된 것 아닌가요? 그래서 저는 야단 맞을 각오를 하고 있었어요. 그런데 과장님은 아무 이야기도 하지 않았어요. 과장님은 야단은 치지 않았지만, 얼굴에 기분 나쁜 표정이 그대로 드러났어요. 그걸 보면서 너무 괴로웠어요. 내가 큰 죄를 지은 사람처럼 말이죠."

나는 아무 답변도 할 수 없었다. 당황해서 뭐라고 얘긴 했는데 도통 생각이 안 난다. 그가 명예퇴직한 후에도 한동안 그 말이 귓전을 때렸다. 하지만 나는 이해할 수가 없었다. 의문은 십수 년 동안 계속됐다. 그러면서 내가 심리학 공부를 하면서 해답을 찾았다. 무관심보다는 부정적인 피드백이 더 좋다는 사실을 말이다.

심리학에서 이 이야기는 둘째한테 사랑을 뺏긴 첫째 아이의 상실감으로 설명한다. 둘째가 태어난 후, 첫째가 느끼는 상실감은 '폐위된 황제!'가 갖는 상실감과 같다고 한다. 둘째에게 모든 사랑을 빼앗긴 첫째의 상실감이 그만큼 크다는 것이다.

첫째는 부모님의 사랑을 둘째에게서 되찾기 위해 처절하게 노력한다. 어리광도 부려본다. 그러나 첫째는 아무리 어리광을 부려도 둘째의 재롱을 따라가지 못한다. 결국, 부모님이 자기에게 무관심하다는 생각을 한다. 이런 상황에서 첫째는 부모의 관심을 끌려는 최후의 수단으로 둘째의 눈을 찌르기도 한다. 물건을 깨뜨려도 본다. 부모의 관심을 받으려고 말이다. 이유는 무관심보다는 부정적 피드백 즉 부모님의 질책을 통해 자신의 존재감을 느끼려는 것이다.

부모들은 이러한 첫째의 상실감을 이해하고 사랑해 줘야 한다. 혹시 지금 자신이 부하나 자녀에게 한 행동이 '사랑이나 배려란 이름으로 포장된 무관심이나 방임은 아닌지?' 생각해 보라.

부하 직원은 상사의 무관심이나 방임이 가장 두렵고 고통스럽다. 없는 사람처럼 투명인간으로 취급받는 사람은 정신적 고통 때문에 심리치료나 상담을 받아야 하거나 자살도 생각한다.

이런 점을 감안해서 '상사의 질책은 자신의 성장을 위한 회초리'라고 생각하고 개선점을 찾아보라.

긍정적인 피드백을 해 주는 상사라면 더욱 좋겠지만 무관심한 상사, 투명인간 만드는 상사보다는 부정적인 피드백이나마 해 주는 상사가 나를 더 많이 성장시킨다고 생각하면 마음이 조금은 편해진다.

힘들지만 아주 좋은 방법은 야단치는 상사를 칭찬하는 것이다. 이런 행동은 자신의 마음이 편안해지기도 하지만 다른 사람이 보면 대범한 사람으로 보인다. 더구나 당신의 성장을 위하여 상사가 관심을 갖고 있다는 광고가 될 수도 있다. 단지 이런 행동은 쉽사리 하기 어렵다는 단점이 있다. 그렇지만 이런 행동을 하는 사람들이 극히 일부 있다. 그들 중에 일부가 사장이 된다. 그것이 당신이 되지 말라는 법도 없지 않은가.

난관은 축복에 앞서
신이 우리에게 준 선물이다

▽
▽
▽

어려운 상사라면 인간관계 연습 상대로 생각하라. 무책임해 보이지만 사실이다.

"난관이란 우리에게 무엇인가?"

삶을 포기할 정도의 고난을 겪는 사람도 있다. 정도의 차이일 뿐 어려움을 누구에게나 있다. 어릴 때는 장난감을 사기 위해 부모님에게 어떻게 설득할지 걱정한다. 학창시절에는 성적 때문에 걱정하며 사춘기 때는 이성 때문에 괴로워한다. 고등학생은 어떤 대학을 들어갈지 걱정하며 대학생은 취업을 걱정한다. 취업 후에는 진급을 걱정하며, 중년에는 미래를 걱정한다. 직장에선 관계하기 어려운 상사를 만나서 처신을 고민한다.

삶은 고난의 연속이다. 하지만 고난 때문에 행복도 느낀다. 셸리 케이건(Shelly Kagan)은 『죽음이란 무엇인가?』에서 이런 주장을 했다. "우리가 죽은 후 천당이나 지옥에 가서 행복한 시간이나 고통의 시간이 1년도 아니고 10년도 아니고 100년도 아닌, 수천억 년 계속된다면 그것이 행복인지 고통인지 어떻게 알겠으며 무슨 의미가 있겠는가? 윤회하는 삶 속에서 우리는 과거의 어떤 것에서 다시 태어났다 하더라도 그것을 평소에 기억하지 못하고 아무런 연결성을 느끼지 못하면 그것은 우리에게 무슨 의미가 있겠는가?"라는 질문을 하면서 삶의 고통과 행복이 병존하는 지금 여기, 이 순간이 무엇보다도 가장 소중하다는 주장을 깊이 생각해 볼 필요가 있지 않을까?

죽을 만큼 힘든 삶의 역경을 만난 사람 중, 이를 극복한 사람은 우리에게 진한 감동을 준다. 난관이 크면 클수록 이를 극복한 사람은 우리에게 더 큰 용기와 희망을 준다. 열정과 도전의 용기를 얻는다. 2003년 『지선아 사랑해』라는 책을 출간해 화제를 모았던 이지선 씨는 이화여대 재학 중이던 2000년 7월 음주 운전자에게 뺑소니 사고를 당해 전신에 중화상을 입고 40번이 넘는 수술과 재활 치료를 받으면서 죽음까지도 생각했지만, 이를 극복했다. 최근에는 UCLA에서 사회복지학 박사 학위를 받는 등 꿋꿋한 삶을 이어간다는 뉴스는 절망 속에 있는 사람들에게 용기를 준다.

두 팔도 없고 한쪽 다리도 불편하지만, 장애인 수영대회 우승과 천상의 목소리로 좋은 노래를 들려주는 해맑은 모습의 레나 마리아(Lena Maria)도 우리에게 진한 감동을 준다.

어렸을 때 부모에게 버려져 노숙자 생활을 하면서도 꿈을 버리지 않았던 음악가 최성봉의 성공 스토리 또한 환경은 장애가 되지 않는다고 말한다. 이들이야말로 자신에게 닥쳐온 어려움을 극복한 기적을 만들어낸 사람들이라고 말할 수 있지 않겠는가?

스스로 어려운 문제를 만들어 낸 후 이를 극복하여 기적을 만들어낸 사람들도 있다. 뉴턴은 사과가 땅으로 떨어지는 당연한 현상에 목숨 걸고 매달려 '만유인력의 법칙'을 발견했다. 스티브 잡스(Steve Jobs)

는 새로운 제품을 만들 때마다 "이것이 최선입니까?"라는 질문을 끊임없이 해대면서 아이팟과 아이폰을 만들어 냈다. 아인슈타인은 아무도 관심을 가지지 않은 중력과 시공간, 운동에 대한 연구를 통해 상대성이론을 만들어 냈다.

난관은 성공과 행복이라는 축복을 주기 전에 신이 우리에게 준 선물이다. 어떤 사람은 스스로 난관을 만들어 내고는 이를 극복한다. 이들은 신이 준 선물을 잘 활용한 사람들이다. 하지만 우리는 난관에 굴복한 사람도 종종 본다. 어떤 사람이 될 것인지는 스스로의 선택에 달려있다.

꽉 막힌 막다른 골목이라고 생각되는 순간,
절망하지 않고 차분히 돌파구를 만드는 사람이 있다.

모든 사람이 포기한 독불장군과도 마음을 열고
허심탄회한 대화를 나누는 사람이 있다.

정말 관계하기 싫은 독특한 상사나 부하와도
좋은 관계를 유지하는 사람이 있다.

이들도 기적을 만든 사람들이다.
파도는 골이 깊으면 깊을수록 높은 마루를 만들어 낸다.

산은 골짜기가 깊으면 깊을수록
높은 산봉우리와 함께한다.

낮은 마이너스 교류 전기는
에너지 수위가 낮으면 낮을수록
높은 전압을 만들어 낸다.

우리에게 난관은
보다 큰 성공을 만들어 낼 수 있는
엄청난 에너지와 역동을 품고 있다.

우리 앞에 나타난 어려운 상대는
많은 사람과 좋은 관계를 유지 할 수 있도록
신이 우리에게 준 최상의 연습 상대이다.

난관은 극복하면 기적을 만든 사람이 되지만
굴복하면 인생 패배자가 된다.

어떤가?
신의 축복에 앞서 우리에게 준 난관이란 좋은 선물을
연습 상대로 충분히 활용해 보는 것이!

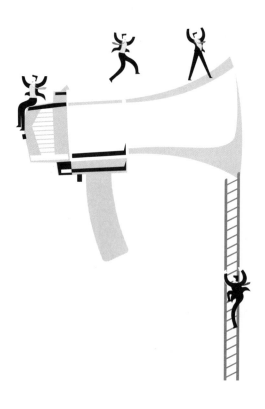

Chapter 02

상사와 커뮤니케이션,
왜 중요한가?

장기판 판세를 모르면
고위직 승진은
어렵다

사내정치를 모르면
고위직 승진은 어렵다

권력이 있는 곳에 정치가 있다. 권력이란 무엇인가? 남을 복종시키거나 지배할 수 있는 공인된 권리와 힘을 말한다. 권력은 정부 고위관료 외에 돈을 많이 가진 자, 즉 회사 오너도 가지고 있다. 이를 굳이 구분한다면 금력(金力)이라고 할 수 있다. 권력(權力)이나 금력(金力) 모두 다른 사람을 복종시킬 수 있는 힘을 가진 건 마찬가지다.

권력이 있는 곳에 정치가 있다. 남을 복종시킬 수 있는 권한을 아무나 가지지 못하기 때문이다. '내가 하면 로맨스, 남이 하면 불륜'이라고 생각하는 것이 사내정치다. 사내정치를 '내가 잘하면 인간관계 능력이 좋은 거고, 남이 잘하면 손바닥을 잘 비비는 아부다.'라고 깎아내리기도 한다.

중앙SUNDAY가 취업컨설팅업체 잡코리아와 공동으로 직장인(응답자 1,815명)을 대상으로 한 사내정치 앙케트 조사에 의하면, 직장인들은 사내정치에 대해 부정적인 인식이 강하긴 하지만 어쩔 수 없는 것이 현실이라고 생각했다. 주로 대기업에선 '사내정치' 혹은 '파벌'을 형성하지 못하게 한다. 하지만 현실은 그렇지 않다. 능력으로만 평가받는 사회가 되면 좋겠지만, 능력을 어떻게 정확하게 평가할 수 있단 말인가? 시험을 통하여 임원을 선발하는 회사는 없다.

사내정치에 대한 직장인들은 지금 일하고 있는 회사에 사내정치가 있느냐는 질문에 직장인 열 명에 아홉 명은 있다(88.4%)고 한다. 사내정치는 공정한 평가와 보상을 위해 없어져야 하지만(38.1%), 어쩔 수 없는 필요악으로 없어지지 않을 것(47.7%)이라고 보는 시각이 우세하다.

사내정치를 잘하려면 무엇보다 자신의 능력을 알려야 하고(54.3%), 실세를 파악해야 한다(49.4%). 소수의 강력한 지지 세력을 구축하는 것도 필요하다(15.5%). 임직원 경조사를 챙기고(14.9%), 나를 따르는 직원은 어떻게 해서든 보호해야 한다(12.3%). 소수 의견 가운데는 '유리한 상황은 증거를 남기고, 불리한 상황은 구두로 한다.'는 내용도 있다.

응답자의 절반 이상은 '사내정치로 불이익을 받은 적이 있다(63.3%)'고 답했는데, 주로 인사고과 저평가, 관계 스트레스, 소외감, 승진기회 박탈 등이었다.

'사내의 경쟁자를 어떻게 물리쳐야 할까?'라는 질문에 '실적과 능력으로 압도한다(69.5%)'가 1위를 차지하였으며, '은근한 업무 비협조(29.6%)', '비리 또는 무능력한 사례 소문내기(22.5%)', '술자리·식사자리에서의 비난(14.8%)'이 뒤를 이었다. '경쟁자의 경쟁자와 협조하거나 외면하고 왕따시킨다.'도 있다.

사내정치가 가장 치열한 직급은 과장(31.3%)이라는 응답이 많았다. 그 뒤는 부장(23.9%), 차장·대리의 순이다. 지금 회사에 '사내정치가 있느냐.'는 물음에서도 과장급 응답자는 전체 평균(88.4%)보다 높은

92.6%가 '그렇다.'고 답했다.

응답자들은 능력으로 올라갈 수 있는 자리는 부장(35.2%)까지고 그 이상은 사내정치가 필요하다고 보았다. 사내 정치적 파벌은 주로 같은 대학(32.8%), 같은 부서 근무 경험(31.7%), 유사한 업무처리 성향(18.1%), 고향(10.5%)에 의해 형성된다고 인식하고 있다.

사내정치가 줄서기라면 결국 잘 보이고 싶은 사람은 첫째, 직속 상사(32.3%), 직속 상사의 상급자(24.0%), 오너 일가를 비롯한 핵심 실세(17.3%)로 나타났다.

'일 잘하는 후배'와 '나를 따르는 후배' 가운데서 선택한다면 '나를 따르는 후배와 함께 일하겠다.'의 비율(53.9%)이 다소 높았다. 선배의 경우 '나를 챙겨주는 선배'와 '능력 있는 선배'의 비중이 비슷했다. 업무 능력이 뛰어난 후배와 사내정치에 능한 후배를 놓고서는 능력 있는 후배와 함께 일하겠다는 응답이 많았다(79.1%). '일 잘하는 게 최고의 사내정치'라는 말에 동의하느냐는 물음엔 56.1%가 '동의한다.'고 했다.

사내정치를 한 단어로 요약해 달라는 질문엔 필요악, 두통(아~머리 아파), 희망(능력 없는 사람들의 마지막 희망), 슬픈 현실, 생명 연장, 줄타기, 여우 짓, 경쟁, 노예(직장인이라면 피할 수 없다), 망하는 지름길, 서러움, 보이지 않는 전쟁 등이다.

상당수 직장인은 사내정치는 골치 아픈 것이지만 살아남기 위해 해야 하며 잘하면 좋은데 자칫 잘못했다간 한 방에 훅 갈 수 있다고 여기고 있었다.

사내정치,
없앨 수가 없다

겉으로는 정치적이지 않은 척해도 누구나 사내정치에 연루되어 있다. 일 잘하는 후배보다 나를 따르는 후배를 선호하는 것 자체가 사내정치라고 봐야 한다. CEO가 회사 핵심인력 리딩 그룹을 운영하는 것 또한 사내정치다. 회사에서 최고의 성과를 내는 리딩 그룹에 들어가면 성공이 보장된다. 직장 내, 보이지 않는 권력을 알고 대처할 수 있는 자만이 살아남을 수 있고 출세할 수 있다. 사내정치에 무감각해서는 안 된다.

유능한 상사를
롤모델로 삼아라

사내정치를 모르면 회사 내 선두 성과그룹에 속하면 된다. 아무리 사내정치가 판친다 해도 성과를 내지 못하는 사람이 생존할 확률은 높지 않기 때문이다. 지금 상사가 성과를 내는 상사라면 그에게 멘토가 돼 달라고 해 보라. 그런데 당신이 성과를 못 내고 있으면 상사는 당신 요청을 거절할 확률이 아주 높다. 어떤 경우든 성과를 내는 것은 기본이다. 핵심은 정치보다는 실력이다. 실력 없는 사내정치란 불가능하다.

일을 제대로 못 하는 사람이 사내정치에만 신경 쓰게 되면 누구나 금방 눈치챈다. 핵심 집단에 발도 들여놓지 못한다. 유능한 상사는 아랫사람을 한눈에 알아본다. 어느 정도 준비되어 있는지, 열정이 있는지, 능력은 있는지, 어떤 유형인지 피부로 느낀다. 일은 하지 않고 어떻게든 줄을 엮어보려는 직원을 반기지 않는다. 열정적 태도로 업무에 임하는 직원, 부족한 점을 배우려는 겸손한 직원, 성취 욕구가 있는 직원을 좋아한다. 자신이 준비된 큰 인물임을 알리면서, 상사를 멘토로 모시고자 한다면 기꺼이 도와준다. 그는 당신의 성장을 돕고 핵심인재로 키우게 된다. 또한 어려움을 겪을 때, 도움을 요청하면 발 벗고 도와준다.

상사가 저성과자라면 부서 이동을 생각해 봐야 하겠지만 그렇다고 그를 무시해선 절대 안 된다. 그가 아무리 힘이 없다고 하더라도 절대적 영향을 미칠 수 있다. 주위에 있는 높은 사람이 당신을 아무리 높게 평가하더라도 상사가 "그 친구 형편없어! 같이 근무해 본 내가 잘 알지 당신이 잘 알겠어!"라고 한마디 하면 "내가 잘못 봤나 보다."라고 꼬리를 내린다. 저성과자 상사를 떠나려는 생각을 했다면 먼저 그 전에 '상사를 도와 성과를 달성할 방법'을 찾아보라. 이 방법을 찾는다면 당신은 상사에게 인정받음은 물론 주위에서도 당신을 데려가고 싶어 한다. 상사도 은혜를 잊지 않는다. 그러나 도저히 방법이 없어 상사를 떠나야겠다고 마음먹었다면, 기한을 정해놓고 열심히 일해서 성과를 낸 후에 떠나라. 나쁜 인상을 최대한 줄이는 노력을 하라.

사내정치란 영어로 Office Politics인데 '줄을 서다.' 또는 '줄을 세우다.' 라는 말로 많이 표현된다. 출신 지역이나 출신 학교 등의 선후배 간에 두드러지게 나타난다.

어느 기업이나 사내정치에만 열 올리는 정치꾼들이 눈살을 찌푸리게 한다. 이들은 이간질도 하고 사조직을 결성하면서 공조직을 무력화시킬 만큼 영향을 발휘하기 때문에 기업에서는 이를 금한다. 하지만 표면적으로만 제어할 수 있을 뿐이다. 오히려 대부분 회사에서는 '핵심 인재 그룹'이라는 명칭으로 이들을 육성한다.

'핵심 인재 그룹'은 알게 모르게 운영되기 때문에 알 수 없다고 말할지 모르지만 조금만 신경 쓰면 알 수 있다. 문제는 성과로 말하면 된다고 생각하면서 무감각하기 때문이다.

상사가 새로운 제도를 도입하려고 할 때 대부분의 부하는 변화하길 싫어하고 따르지도 않는다. 조직적으로 방해하기도 한다. 상사는 이런 상황에서 성과를 내야 하기 때문에 돌파구 조직을 만든다. 이 돌파구 조직도 일종의 변혁적인 선도그룹이다. 이 그룹에 들어가기 위해서는 긍정적인 태도, 성과 달성, 좋은 평판을 얻어야 한다. 회사에서 A-Player 팀을 만드는 것은 지극히 당연하다.

핵심인재그룹을 눈여겨보라

'여우 짓, 눈 가리고 아웅, 사기, 망하는 지름길, 지들끼리, 보이지 않는 전쟁, 필요악'과 같이 부정적 이미지를 떠올리는 사람이 있는 반면에 '생존, 현실, 경쟁, 희망, 능력'과 같은 긍정적 이미지를 떠올리는 사람도 있다는 것이 사내정치에 대한 '중앙SUNDAY'와 '잡코리아'의 공동 조사 발표 자료다.

직장인들은 사내정치를 겉으론 배척하지만, 속내는 그렇지 않다. 일 잘하는 후배보다는 나를 따라주는 후배와 일하고 싶다(53.9%)고 하는데 이는 '줄 세우기'에 해당하는 사내정치다. 이들은 능력으로 올라갈 수 있는 직급은 부장까지(35.2%)이며 사내정치가 가장 치열한 직급은 과장(31.3%)승진이라고 보았다.

대기업에서는 동문 모임이나 동향모임 같은 사내정치를 겉으로는 금하지만, 실제론 존재한다. CEO가 좋아하는 인재 그룹, 또는 회사 정책이나 방향을 주도해서 이끄는 핵심 인재 그룹이 있지 않은가? 임원을 선발할 때 승진 기준 보다는 CEO의 입김이 거의 절대적이다. 정도 차이가 있을 뿐 과장이나 팀장과 같은 하위 직급 승진 심사도 마찬가지다. 성과 외에 평판, 대인관계, 민첩성과 같은 사내정치 요소를 참고한다. 그렇다면 사내정치를 어떻게 하면 좋을까.

사내정치를 잘하기 위해서는 첫째, 여론에 의해 국회의원이나 대통령이 피선되듯 직장인에게도 좋은 평판 유지가 필수적이다. 좋은 평판 유지를 위해서 협조적인 인간관계도 중요하지만, 성과가 밑받침되지 않은 좋은 인간관계는 모래성과 같다. 일 잘하는 것이 최고의 사내정치(56.1%)라는 조사 결과가 이를 말해준다.

둘째, 분위기 파악을 잘해야 한다. 변화하고 있는 대내외 환경에 어떻게 대응해야 할지 평소 관심과 준비가 필요하다. 상사 파악도 필요하다. 어떤 유형의 리더인지, 좋아하는 것과 싫어하는 것은 무엇인지, 집중하는 일은 무엇이며 내가 도울 수 있는 부분은 무엇인지 감지하고 민첩하게 대응해야 한다. 분위기 파악을 못 하거나 눈치 없는 부하를 상사는 결코 좋아하지 않는다.

셋째, 세(勢)의 중심은 어디에 있으며(49.4%) 나는 그 중심 세력에 어떻게 접근할 것인가를 생각해 봐야 한다. 장기판의 판세가 어떤지 알고 있어야 한다. 상사가 세(勢)의 중심에 있다면 적극적인 성과 달성이 중요하다. 멘토로 모시면 더욱 좋다. 상사가 중심세력에서 멀어져 있다면 능력 있는 다른 상사를 멘토로 삼는 것을 고려해 봐야 하겠지만, 능력 없는 상사라고 무시하면 절대 안 된다. 이 외에도 사내정치를 잘하기 위해서는 '자신의 능력을 잘 알려야 한다(54.3%), 소수의 강력한 지지 세력을 구축한다(15.5%). 임직원 경조사를 챙긴다(14.9%). 나를 따르는 직원을 보호한다(12.3%).' 등이 있다.

사내정치가 존재하는 이유는 결국 CEO 때문이다. CEO는 조직 목표를 달성하기 위한 친위 조직을 필요로 한다. 즉 돌파구 조직을 만든다. 새로운 제도나 높은 목표를 제시할 때 구성원들이 저항하기 때문에, CEO는 먼저 선두 그룹이 움직이도록 하면서 그 뒤를 구성원들을 따르게 한다. 이는 조직의 한방향 정렬(Alignment)을 위한 필요 조치다. 능력이 아무리 뛰어나더라도 조직 목표에 반하게 행동하는 사람을 좋아할 회사는 없다.

어떤가? 지위에 관계없이 장기판의 졸이 아니라 전투를 책임진 장군 입장에서 생각하고 판세를 읽고 전략을 짜고 행동하는 사람을, 당신이 CEO라면 핵심인재그룹에 포함시킨 후 육성하지 않겠는가?

상사는 당신 승진을
전적으로 책임진다

직속상사 평가는 절대적이며
주변 사람의 칭찬은 단지 참고사항일 뿐이다

당신이 아무리 주변 사람에게 좋은 평판을 듣더라도 직속상사가 좋게 평가하지 않으면 승진은 물 건너간 것이 된다. 주변의 좋은 평가로 승진 물망에 올랐더라도 직속상사의 악평 한마디에 승진 누락자가 된다. 주변의 좋은 평가는 어디까지나 참고사항일 뿐이다.

직속상사가 "겪어본 내가 더 잘 알지, 당신이 어떻게 나보다 더 잘 알겠는가?"라고 한마디 하면 그들은 고개를 갸우뚱하겠지만, 직속 상사 의견을 따를 수밖에 없다. 직속상사는 가장 근접거리에서 많은 시간을 관찰하기 때문이다. 인사팀장 경력이 있는 나는 이런 사례를 실제로 많이 봤다. 다른 승진 심사위원 말보다 라인에 있는 직속 상사의 말은 거의 절대적이란 점을 잊어선 안 된다.

상사 역량이 조금 부족하더라도 직속 상사의 평가는 승진에 있어 거의 절대적이다. 상사는 승진 길목의 문지기이다. 문지기에게 잘못 걸리면 절대 문 안으로 발을 들여놓을 수 없다.

한비자(韓非子)의 『좌전』에 문지기에 대한 다음과 같은 고사가 있다. 춘추시대 주나라의 중대부 이사(夷射)는 군주 장공(莊公)과 술을 마시다가 취해서 잠시 대문에 기댄 채 쉬고 있었다. 이때 문을 지키던 문지기 월궤란 자가 배가 고프다고 하면서 먹을 것을 조금 나눠 달라고 요청했다. 하지만 이사는 문지기 월궤가 괘씸하다고 생각하여 한바탕 욕지거리를 해 대면서 쫓아냈다. 분을 삭이지 못한 월궤는 물을 한 바가지 떠다가 마치 누군가 오줌을 눈 것처럼 문설주에 뿌렸다.

이튿날 장공이 문을 나서다 문설주 아래 오줌 흔적을 발견하고는 대체 누가 군주의 출입문에 오줌을 쌌느냐고 문지기에게 물었다. "누가 오줌을 쌌는지는 못 봤지만, 어제 이사 중대부께서 술에 취해 이 문 아래에 잠시 서 계시는 것을 보았습니다."라고 월궤가 대답했다. 장공은 크게 성내며 즉각 이사를 잡아들여 목을 베었다.

사실, 문 앞에 서 있던 것과 오줌을 눈 것과는 별개의 사항이다. 하지만 월궤는 의도적으로 연결되지 않은 두 가지 사실을 군주에게 알림으로써 군주를 엉뚱한 방향으로 판단하도록 이끌었다. 이는 자신의 모함을 철저하게 감추는 동시에 술 취한 이사의 행태를 은근히 암시하는 교묘한 술수였다.

오줌 눈 사람이 '이사'라는 결론은 월궤가 아니라 군주가 내렸다. 월계는 있는 사실 두 가지를 얘기했을 뿐이다. 때문에 나중에 군주가 이사의 억울함을 알게 되더라도 월궤에게 책임을 추궁하기 어렵다. 상사는 이런 문지기 역할을 자기에게 충성하지 않는 부하에게 언제든지 할 수 있다. 승진에서 누락시킬 수도 있다. 반면에 당신에게 좋은 평가를 내려서 승진을 도울 수 있는 것도 상사이다. 그러므로 상사와 좋은 관계 유지는 선택이 아닌 필수다.

상사와 좋은 관계 유지는
성과는 물론 행복과도 연결된다

　상사와 좋은 관계 유지는 행복한 직장생활의 보증수표다. 사람들은 자신의 능력을 마음껏 발휘해서 성과를 달성함으로써 상사로부터 능력을 인정받고 싶어 한다. 그런데 회사를 떠나는 대부분의 사람은 상사가 이런 자신의 욕구를 막고 있기 때문에 할 수 없이 회사를 떠난다고 말한다. 상사의 실망스러운 인간성 때문에 같이 일할 수 없다는 것이다.

　비도덕적 비윤리적인 상사, 공과 사를 구분하지 못하는 상사, 원가절감의식이 없는 상사, 폭압적인 상사들을 보면 부하 직원은 일하고 싶은 마음이 사라진다. 이런 상사는 부하 직원의 의욕도 뺏어 간다. 그런 점을 인정한다. 그렇더라도 이런 이유가 태만한 행동의 정당성을 부여하지는 않는다. 그 손해는 고스란히 부하 몫으로 돌아온다. 이는 마치 사춘기의 자녀가 부모를 공격하기 위해 공부하지 않는 등 자신을 망가뜨리는 것과 똑같다. 부모 입장에서 보면 이런 자녀 행동은 안타깝다.

　어떤 면에서 상사의 비상식적 행동은 윗선에서 묵인된 행동이거나 다른 장점 때문에 그 자리에 있을 수도 있다. 그렇지 않다면 그런 상사는 머지않은 장래에 인사권자가 퇴출시킬 것이다. 이럴 때 부하가 할 일은 성과를 내면서 기다리는 미덕을 발휘할 때이지 업무태만 할 때가 아니다. 그러다간 당신이 먼저 퇴출당한다. 못난 상사라고 험담하지 말라. 다른 사람의 뒷담화에 동조도 하지 말라. 이런 사람을 주변에서 절대 좋게 보지 않는다. 시위를 떠난 화살처럼 당신 입을 떠난 험담은 언제가는 상사의 귀에 들어간다. 그렇게 되면 아무리 무능력해 보이는 상사라도 치명적 위해를 가할 수 있다.

물론 마음에 들지 않는 상사 밑에서 성과를 내긴 쉽지 않다. 이 경우 우선 자신만의 스트레스 해소 방법을 찾아야 한다. 도저히 인정할 수 없는 상사라면 일과 사람을 분리하여 대처하는 방법도 있다. 업무적으로만 상사를 대하는 것이다. 즉 일과 사람을 분리해서 객관적인 입장으로 접근하는 방법도 있다.

일반적으로 부하가 상사를 생각하는 것보다는 상사가 부하를 더 많이 생각한다. 상사 역시 부하와 함께 성과를 내야 한다는 압박감이 있다. 상사는 좋지 않은 리더십으로 평가받는 것을 두려워한다. 그는 또한 당신보다 훨씬 더 바쁘다. 이런 상사의 애로를 이해하고 가까이하는 노력도 필요하다.

상사를 도저히 이해할 수 없다면 사장의 입장에서 상사를 바라보라. 상사의 장단점이 잘 보인다. 단점은 반면교사로 배우면 되고 장점은 칭찬하면서 배우면 된다. 부하가 상사를 칭찬하는 것은 어렵지만, 자신의 의식을 사장까지 올려놓으면 상사 칭찬도 쉬워진다. 상사의 칭찬 시작은 상사와 찰떡궁합 관계의 시작이다. 어떤가? 자신의 의식적 지위를 사장이나 회장까지 승진시키고 상사를 칭찬하면서 상사와 좋은 관계 유지를 위한 물꼬를 터보는 것이. 상사와 좋은 관계 유지는 행복한 직장생활의 보증수표이다.

능력이 출중하다고
상사 앞에서 설치지 말라

칼에서 가장 쉽게 틈이 생기는 것은 칼날이고 창에서 가장 쉽게 마모되는 곳은 창끝이다 −사마의 자기 통제의 승부사 '사마의'는 "칼에서 가장 쉽게 틈이 생기는 것은 칼날이고, 창에서 가장 쉽게 마모되는 곳이 창끝이다. 능력이 뛰어난 핵심인력일수록 조직에서 가장 쉽게 상처받는다."라고 하면서 군계일학(群鷄一鶴)이란 많은 닭 가운데 한 마리 학이 뛰어나 보인다는 말이지만 한 마리 학은 주위의 닭들로부터 많은 상처도 받는다고 했다.

당신이 '군계일학'이라는 생각이 든다면 주위의 사람과 좋은 관계를 유지하기 위해 자신을 낮추고 봉사하는 자세가 필요하다. 특히 너무 튀지 않으면서도 상사의 지원을 받을 만한 환경을 반드시 만들어야 한다.

그렇게 하기 위해 첫째, 자신의 업무 성과를 여러 사람 앞에서 너무 자랑하지 말라는 것이다. 둘째, 중간보고를 잘하라는 것이다. 여러 사람 앞에서 자신의 성과를 떠벌리며 말하는 것은 주위의 눈총을 받게 된다. 그렇다고 자신의 성과를 상사가 모르면 업무를 안 한 것과 같다. 이런 점에서 중간보고는 상사에게 자신의 성과를 자연스럽게 알리는 계기도 되지만 업무 방향을 바로 잡는 데도 도움이 된다. 주위 사람과 원만한 관계를 유지하는 방법으로도 좋다.

중국 삼국지에 나오는 위나라 양수는 머리가 비상했다. 그는 조조의 의도를 정확히 읽는 뛰어난 인재였는데 그 총명함 때문에 목숨을 잃었다. 서기 219년 유비와 조조가 한중에서 공방전을 벌이고 있었다. 그런데 번번이 유비에게 패해 더 이상 전진이 불가능한 데다 군량마저 떨어져 가고 있었다. 이러지도 저러지도 못하는 상황에서 그가 저녁 밥상을 받았는데 닭곰탕이었다. 닭갈비를 들고 뜯으려는 데 하후돈[夏候惇]이 조조에게 오늘 밤 성안의 암호가 무엇인지 물었다. 이때 조조는 닭갈비를 보면서 암호를 '계륵'이라고 정했다. 밖으로 나온 하후돈[夏候惇]은 병사들에게 오늘 암호는 '계륵'이라고 알렸다. 이 말을 들은 양수는 "닭갈비는 버리기에는 아깝지만 먹을 것이 없다. 승상께서 말한 '계륵'의 의미는 한중을 유비에게 주기는 아깝지만 이득이 없으니 철수하라는 의미"라고 해석했다.

이 말을 들은 병사들은 더 이상 싸울 생각을 하지 않고 철수 준비를 했다. 이 사실을 알게 된 조조는 크게 화를 내면서 양수를 처형했다. 물론 양수가 이 한 건 때문에 처벌된 것은 아니다. 그는 여러 번 조조의 의도를 읽고 똑똑한 채 자랑삼아 여러 번 떠벌린 결과다.

당신 능력이 아무리 출중하더라도 상사를 앞서 나가지 말라. 상사 의도를 알아채고 앞에서 설쳐대는 부하보다는, 상사보다 반 발짝 뒤에 따라가면 상사 지원자 역할을 하거나, 못 본 방향을 보도록 하는 부하를 더 좋아한다. 당신이 상사라도 마찬가지 아니겠는가.

인간관계와 조직에
충성도가 승진을 좌우한다

실력만 있으면 승진할 거라 생각하는가? 착각하지 마라. 그런 생각은 아예 버리는 게 좋다. 명예퇴직 당한 관리자를 찾아가 물어보라. '실력이 모자라 그런 일을 당했는지!' 혹시 연구소 같은 곳에서 혼자 연구하는 사람이라면 가능할지도 모른다. 하지만 연구소장 승진자 중 85%가 자신의 성공 요인이 인간관계였다고 지적한 카네기는 조사 결과를 눈여겨볼 필요가 있다.

『사피엔스』의 저자, 유발 하라리(Yuval Noah Harari)는 인간이 세상을 지배할 수 있었던 강력한 원천은 같은 스토리를 가진 자들이 서로 협력하여 외부에 대항했기 때문이라고 한다. 정신적 공동체 의식이 없는 조직, 즉 먹고 살기 위해 모인 조직의 최대 규모는 150명이지만 정신적 공동체로 뭉쳐진 조직은 수억 명이 함께 하는 것도 가능하다는 주장이다. 호모 사피엔스가 번성할 수 있었던 것은 스토리를 가진 공동의 신화 때문이라고 했다. 이들은 보름달이 뜰 때, 불 주위에 모여 함께 춤을 추면서 서로 유대관계를 공고히 했으며 음식도 공유했다. 인간은 사회적 동물이다. 외딴 섬에 혼자 사는 사람은 행복을 느끼긴 정말 어렵다. 인간은 기쁨이나 슬픔을 함께할 사람이 없는 것을 가장 두려워한다. '공동체 의식을 가진 무리가 외적에 대항하여 생존한 사피엔스가 지금 우리'라고 한다.

이들은 조직에 충성하지 않는 사람을 배척하였으며 심지어 죽여도 전혀 죄책감을 느끼지 않았다고 한다.

구약성서에 나오는 셈 족은 화신(火神)인 몰렉을 믿었으며 이들은 제사를 지낼 때 어린아이를 불 속에 던져 제사를 지냈다. 이를 본 하나님은 유대인들에게 '몰렉에게 자식을 준 자는 반드시 돌로 쳐 죽이라'고 명령했다. (레위기 20:2)

조직에서는 실력보다도 조직의 충성도를 더 중요하게 생각하는 점도 이와 일맥상통한다. 실력자보다는 충신을 뽑으려는 것도 이와 유사하다. 물론 실력도 있고 조직에도 충성하는 사람을 회사는 원한다.

당신이 승진하지 못했다면 우선 원인을 인간관계에서 찾아야 한다. 그중 상사와 관계는 아주 중요하다. 상사와 소통을 잘해야 한다. 중간보고는 상사와 소통하는 좋은 방법이다. 중간보고를 통하여 당신의 성과를 모두 상사에게 알려야 한다. 예상되는 문제점에 대한 진행 사항을 상세히 안려 주면 문제가 발생했을 때 상사가 당신을 대변해 준다. 하지만 중간보고를 받지 않은 건에 대해 상사는 부하의 잘못을 대변해 주고 싶어도 하지 못한다. 업무 방향을 잘 못 잡았을 때도 중간보고를 통하여 상사의 의도대로 방향을 수정할 수 있다. 이런 일들을 평상시 해야 한다. 회의 시간처럼 공동 주제를 다루는 자리에서 당신 업적을 자주 말하게 되면 속 보인다. 자기 자랑만 늘어놓는다고 주위의 눈총을 받게 된다. 중간보고는 자연스럽게 당신의 성과를 상사에게 알리는 과정이다. 주위의 질시도 받지 않으면서 상사와 좋은 관계를 유지하는 방법이다. 상사에게 충성한다는 인상을 주는 데도 좋다.

직장을 떠날
각오가 없다면
상사와 맞서지 마라

상사와 맞서는 순간
직장은 지옥이 된다

상사는 절대로 자기 권위를 손상시킨 부하 직원을 그냥 놔두지 않는다. 지금 당장은 아니더라도 나중에 온갖 방법을 동원하여 응징한다. 상사와 맞서는 순간 상사는 당신 앞길에 절벽을 만들어 놓는다. 회사 생활을 하지 못할 만큼 힘들게 한다. 사사건건 시비를 건다. 주위에 악평을 늘어놓기도 한다.

상사와 관계 악화는 건강도 해친다. 밤중에 잠 못 이루고 벌떡 일어나게도 만들며, 종교에 귀의하거나 새벽 운동을 하지 않으면 못 견딜 정도가 되기도 한다. 심한 경우는 우울증에 걸리거나 삶의 회의를 느끼게도 만든다.

상사와 관계가 좋지 않을 경우 어떻게 하면 좋은가? 첫째, 상사와 관계가 좋지 않다면 먼저 자기 자신을 돌아보라.

상사와 좋지 않은 관계의 시발점이 무엇인지 곰곰이 생각해 보라. 그 안에 자만심은 없었는지. 상사에게 배울 점이나 존경할 만한 점이 있었지만 무시했는지. 이런 마음 상태가 상사와 관계를 악화시킨 시발점일 수 있다. 아무리 못난 상사라고 하더라도 그가 상사로 임명될 만한 이유가 있다. 높은 성과, 좋은 인간관계, 추진력, 충성도와 같이 관리자로 임명받은 이유가 있다. 그런 사실을 파악하고 인정하고 배울 수 있는 점을 눈여겨 찾아보라. 아무리 눈 씻고 찾아봐도 없다면 역지사지(易地思之)로 배우면 된다.

둘째, 상사와 성격이나 가치관의 차이 때문일 수 있다. 상사의 기대 사항이 무엇인지 첫 대면 시 질문하고 알아보는 시간이 가졌으면 좋았겠지만 그런 타임을 놓쳤다면 지금 즉시 진정성 있는 상사와 대화 시간을 마련해 보라. 상사의 기대 사항은 무엇이며 어떻게 해 주면 좋을지 1대1 대화 시간을 가져보라. 상사와 관계 악화로 부서나 회사를 옮길 생각이 있다면 자신의 좋은 평판 유지를 위해서라도 최대한 노력하는 모습을 보이는 것이 필요하다. 명예 퇴직당할 위기면 더욱 그렇다. 상사와 좋은 관계를 유지하려는 마음에 진정성이 있다면 인사 부서의 도움 받는 것도 생각해 보라. 예를 들면, 회사에 리더십 다면진단을 포함한 교육제도가 있다면 이를 활용하는 것도 좋고 코칭을 받도록 해 보는 것도 좋다.

상사는 내 위에서 일하는 사람이다. 상사와 내가 맞서면 회사는 100% 상사편이다. 조직이 운영되기 위해서 회사는 상사편일 수밖에 없다. 더구나 우리나라는 상하가 분명한 수직적 문화가 존재한다. 상사의 지위를 가졌다는 것은 그가 어떤 부분에서 든 능력이 있다는 증거다. 그런 상사와 맞서고 회사의 위계질서를 흩뜨리는 직원을 조직은 그냥 놔두지 않는다.

물론 상사는 구성원들의 능력을 마음껏 발휘하도록 지원하기 위해 교육도 받고 책도 읽는다. 그래서 신세대 부하 직원의 마음을 읽고 동기부여 방법을 찾기 위한 노력도 한다. 그러나 이런 일들은 전적으로 상사 몫이지 부하의 몫이 아니다.

상사와 맞짱 떠서 이길 부하 직원은 없다. 상사도 감정과 자존심이 있는 사람이다. 자신에게 맞서는 사람보다 자신의 편에 서서 도움을 주는 사람을 선호하는 것은 지극히 당연한 일이다. 당신이 상사 입장이라도 그렇지 않겠는가?

부하를 대하는 것보다 상사를 대하는 것이 수십 배 어렵다. 그래도 상사에게 다가가야 한다. 상사에게 멘토가 되어 달라고 해 보는 것도 좋다. 상사는 자기를 존경하는 부하를 좋아한다. 좋은 상사는 멀리 있지 않다. 부하 직원이 상사를 독하게도 만들고 좋은 상사로 만들기도 한다. 먼저 자신이 좋은 부하 직원이 되도록 노력해야 한다. 직장에서 좋은 인간관계의 핵심은 겸손과 존중의 상호 작용이다.

관계가 좋지 않은 상사에게 다가가는 것이 불가능한 일이라고 생각할 수 있다. 그렇다면 당신은 지금 불가능한 일에 도전해 보는 사람이 되는 것이다. 성패보다 더 중요한 것이 이런 과정 속에 얻는 교훈이나 노하우를 배운다는 점이다. 좋은 평판을 얻는 것은 덤이다. 이런 시도가 어렵다면 자신의 마음속 지위를 지금의 직위보다 2~3단계 올려놓아 보라. 그러면 당신 상사도 의식적으로는 부하가 된다. 이런 마음을 가지면 상사도 별것 아니다. 그의 장단점이나 의도가 뭔지 다 읽힌다. 당신은 의식적인 상사로서 겸손하게 그의 장점을 칭찬해 주면서 다가가 보라. 상사와 좋은 관계의 시작은 여기서부터 시작된다.

부하 직원에게 높이 올라갈 사다리를 제공할 것인지 낭떠러지로 가는 길을 안내할 것인지는 온전히 상사의 몫이다. 상사가 별 볼 일 없어 보이더라도 무조건 좋은 관계를 유지해야 한다. 중요 순간에 상사는 디딤돌 역할도 하지만 치명적인 걸림돌이 되기도 하기 때문이다.

상사와 관계가 원만해질 때 비로소 인정받는 인재가 된다. 상사의 뒷담화는 허당이 되는 길이다. 험담에 대한 당신의 맞장구는 때에 따라 누군가에 의해 상사 험담 주동자로 만들어지기도 한다.

어떤 사람이라도 장단점은 있다. 어떻게 보느냐에 따라 장점이 단점이 되기도 하고 단점이 장점이 되기도 한다. 상사가 앞에 있든 없든 상관없이 상사를 세워주는 일은 당신에게 더 이로운 일이다. 상사와 조화로운 관계의 시작은, 행복한 직장생활의 시작이다. 성공적인 프로젝트의 축하 자리라면 그 공로와 영광은 상사의 몫이라는 이야기를 해 보자. '상사가 빛나면 나도 빛난다'는 생각으로 진정성 있게 상사를 대해 보자.

적당히 하려면
상사를 떠나라

상사 때문에 적당히 하려면 회사를 떠나라. 엉거주춤은 아무에게도 이익이 안 된다. 그런데 이런 결정전에 반드시 스스로에게 다음 질문에 답을 해 보면서 방법을 찾는 노력도 필요하다.

첫째 질문, '나는 현재 가진 내 능력의 몇 %를 사용하고 있는가?' 만약 이 질문에 60% 이하라는 대답이 나온다면 상사를 떠날 준비를 하는 것이 더 현명할 수 있다. 원인이 상사에게 있든, 부하에게 있든 마찬가지다. 원인이 당신에게 있다면 당신 스스로 해답을 찾아서 시도해 봐야 한다. 그래야 후회하지 않는다. 반면에 상사에게 있다고 생각된다면 두 번째 질문에 답해야 한다. '나는 상사와 관계 개선을 위해 어떤 노력을 했는가?' 라는 질문을 스스로에게 하고 노력한 흔적들을 나열해 보라. 만약 적은 것이 별로 없다면 상사를 떠나기 전에 상사와 관계 개선 노력을 해 봐야 한다. 만약 당신이 해 본 것들이 많다면 그것을 나열해 본 다음 세 번째 질문에 답해 보라. '나는 상사와 관계 개선을 위해 더 이상 노력해 볼 것이 정말 없는가? 그 말은 사실인가? 무엇으로 증명할 수 있는가?' 라는 질문을 해 보라. 이 질문을 스스로에게 했음에도 "더 이상 방법이 없다."라고 생각된다면 상사를 떠나라. 그것이 상사나 당신 모두에게 이익이다.

만약 방법이 아직은 남아 있다고 생각되면 그 방법을 연습한다는 마음으로 실행에 옮겨보라. 꼭 성공하겠다는 마음보다는 마지막으로 한 번 더 연습해 본다는 자세로 상사에게 다가가 보라.

상사를 떠날 땐 떠나더라도 주위 사람과 상사에게 가능한 한 좋은 인상을 남기도록 노력하라. 자신에 대한 평판은 어디에 가더라도 자를 수 없는 꼬리표가 되어 따라다닌다.

마지막 인상을 좋게 하기 위한 방법은 첫째, 상사를 떠나겠다는 기한을 정하고 그 기한 안에 최대한 성과를 창출하라.

둘째, 헤어질 상사라도 편안한 마음으로 할 수 있는 데까지만 관계 개선 노력을 해 보라. 좋은 관계가 유지되든 안 되든 이런 노력은 좋은 평판을 만들기 때문에 옮겨간 곳에서도 사랑받는다.

셋째, 절대 상사를 비난하지 않겠다는 다짐을 하라. 이직을 원하는 중견 사원의 자기 상사 비난을 좋게 봐 줄 곳은 없다. 부서를 옮길 때도 저성과자라는 낙인이 찍히게 되면 부서 이동이 어렵다. 이직은 더욱 힘들다.

상사를 떠나겠다고 마음먹었다면 좋은 인상을 남기기 위한 좋은 평판 얻기 기간을 정하라. 3개월도 좋고 6개월도 좋다. 1년을 잡을 수도 있다. 기간을 정하게 되면 행동 변화 시도가 쉬워진다. 고통받는 시간이 무한정이라면 자포자기하기 쉽다. 하지만 내일이면 고통이 끝난다고 생각하면 오늘 하루 참는 것은 가능하다. 군대에서 '거꾸로 매달아도 3년은 간다'는 말도 같은 의미다.

『죽음의 수용소』를 쓴 빅터 프랭클(Viktor Frankl)은 크리스마스가 되면 해방된다는 근거 없는 믿음을 가졌던 사람들이 크리스마스 전후에서 평상시보다 많은 사망률을 보였다고 했다. 이는 반대로 크리스마스까지는 기간이 정해져 있어서 그때까지 어렵더라도 살 수 있었지만, 크리스마스가 지나도 해방되지 않자 기약 없는 해방을 기다리는 것이 너무 힘들어 사망률이 높았다고도 볼 수 있다. 시간이 정해져 있지 않은 고통보다 시간이 정해진 고통이 훨씬 더 견디기 쉽다.

상사를 떠날 시간을 스스로 정했다면 다음은 언제 상사를 떠날 것인지 상사와 의논하라. 운이 좋으면 상사 도움을 받을 수도 있다. 사내 이동을 원한다면 자신의 역량을 개발하기 위해 부서를 옮기고 싶다고 하는 것도 좋다. 하지만 결코 상사를 비난하지 말라.

엄청난 고통을 감내할 생각이 없다면 절대 아무 준비 없이 회사를 떠나지 말라. 실직의 고통은 상상 그 이상이다. 생각보다 오랜 기간 직장을 구하지 못할 수도 있다. 생계가 걱정되는 생활이 상당 시간 지속될 수 있다는 점도 고려해서 준비하라. 가능하면 사표를 내기 전에 옮겨 갈 회사를 확보하라. 후계자를 양성했다면 더욱 좋을 평판을 얻을 것이다.

상사와 좋은 관계를 유지 하지 못하는 원인으로는

- 상사와 좋은 관계 유지는 업무가 아니다.
- 상사는 무조건 피하는 것이 좋다.
- 상사와 의사소통은 중요하지 않다.
- 상사 의견에 사사건건 불평하거나 반대한다.
- 결정된 사항에 불만을 품고 명령에 따르지 않는다.
- 겉으로는 따르는 척하면서 일을 태만하게 한다.
- 상사 나이가 어려 복종하고 싶은 마음이 없다. 등이 있다.

이유야 어떻든 상사와 관계가 나빠지면 많은 문제가 뒤따른다. 상사 스트레스로 엄청난 고통을 받음은 물론 업무 효율성도 떨어진다. 조직 내 입지도 흔들려 외톨이가 된다. 훌륭한 잠재적 기회를 아까운 줄 모르고 포기하게 된다.

상사와 좋은 관계 유지는 직장 생활 시작부터 끝까지 따라붙는 숙제다. 이를 간과한 채 직장에서 높은 관리자로 성장하는 것은 불가능하다. 어디 가더라도 상사를 만나게 된다. 그리고 얼마 후엔 당신도 상사가 된다.

마음에 드는 상사에게는 좋은 점을 배워라. 마음에 들지 않는 상사라면 반면교사로 삼아라. 상사 입장이 돼 보면 이해되는 부분이 많아진다. 먼 훗날 생각하면 더욱 그렇다.

상사 지시에 반대한다면 공개석상이 아니라 1대1 면담을 이용하라. 토의 시간이라면 반론을 제시해도 좋지만, 사전에 이런 질문을 자기에게 해 보라. "나는 무엇 때문에 이 일을 반대하는가? 실패가 두려워서 인가? 더 좋은 방법이 있다는 건가? 일이 늘어나서인가? 감당을 못해서인가? 도움이 필요하다는 이야긴가?"라는 질문을 통해 스스로 답해 보라 많은 아이디어가 떠오를 수 있다.

상사의 지시에 반대하는 의견을 제시할 때는 두 번까지만 하라. 세 번째는 상사 지시에 진정성을 가지고 따르라. 상사의 실패를 기대하면서 잘못됐을 때 "내가 반대했잖아요!"라고 말하지 말라. 성공한 비즈니스맨의 자세가 아니다. 바보 상사가 아닌 이상 당신 마음이 다 읽힌다. 엉거주춤하거나 적당히 하려면 상사를 떠나라.

근무 태만은 상사에 대한 보복이 아니다

상사가 내 존재를 인정해 주지 않거나 무시할 때는 복수라도 하고 싶지만 마땅한 방법이 없다. 근무 태만을 복수 방법으로 선택하기는 하지만 자기만 해칠 뿐이다. 근무 태만은 절대 상사에 대한 복수가 되지 않는다. 이는 마치 사춘기의 자녀가 부모에게 저항하기 위해 공부를 하지 않는 것과 같다.

어떤 경우든 조직에서 살아남기 위해서는 성과를 창출해야 한다. 아무리 어려운 상사를 만났더라도 성과창출은 필수다.

상사와 관계 악화로 성과를 낼 방법이 없다면 차라리 부서 이동이나 회사를 옮기는 것이 더 좋을 수 있다. 문제는 성과도 나쁜데 상사와의 관계까지 나쁘면 부서 이동이 쉽지 않다는 점이다. 더구나 회사를 옮기기는 더욱 어렵다. 부서나 회사를 옮기려고 생각했다면 먼저 성과 창출과 좋은 평판 유지를 위한 자기 나름대로 노력을 기울여 봐야 한다.

다행히 부서를 옮기거나 회사를 옮기게 됐더라도 절대 상사를 비난해선 안 된다. 상사에 대한 비난이 자신에게 향할 것이라고 예측되는 사람을 받아들일 상사는 없기 때문이다. 더구나 첫인상은 굉장히 오랜 기간 따라붙어 다니면서 사람을 괴롭힌다.

어떤 경우든 좋은 평판 유지를 위한 노력이 필요하다. 지금의 상사와 가치관이나 성격이 맞지 않아 꼭 옮길 거라 하더라도 좋은 평한 유지를 위한 노력이 필요하다. 이럴 때는 상사를 떠날 기한을 자기만의 마음속에 정해 놓고 최선의 노력을 해 보는 것이 도움된다. 끝 인상은 평판에 절대적 영향을 주기 때문이다.

행복한 직장생활을 하기 위해 가장 필요한 것은 상사와 좋은 관계를 유지다. 상사와 찰떡궁합 관계이면 더욱 좋다. 모래알 같은 관계라면 지옥이 된다. 성과는 관계의 즐거움 속에서 나온다. 상사와 불편한 관계에서 성과를 기대하는 것은 낙타가 바늘구멍을 지나가는 것만큼이나 어렵다.

상사가 바뀔 때가
직장생활 전환 포인트다

좋은 상사를 만날 때도 있고 싫은 상사를 만날 때도 있다. 좋은 상사란 자신의 능력을 인정해 주고 열심히 일할 수 있는 분위기를 만들어 주는 사람이다. 당신이 어느 정도 직위를 가지고 있는 사람인데 아직 힘든 상사를 만나기 않았다면 당신은 정말 큰 행운을 잡은 사람이다.

직장 생활을 오래 하다 보면 자기와 배포가 맞지 않는 사람을 만날 수도 있지만, 성격이나 가치관이 다르거나, 나이가 적은 상사를 만날 수도 있다.

지위만을 이용해 성과를 내려는 상사를 만나기도 하고, 포악한 리더를 만날 수도 있다. 이럴 때, 상사의 가치관이나 성격과는 다른 행동을 하게 되면 관계가 순식간에 나빠지게 된다. 한번 나빠진 관계는 좀처럼 해소되지 않는다. 점점 더 수렁에 빠진다. 결국, 회사생활을 지속할지에 대한 여부를 고민하게 될 수도 있다.

이런 불상사에 대비하기 위해 상사가 바뀌면 그의 성격이나 가치관이 나와 맞는지 내가 맞출 수 있는지 세심히 관찰하라. 이를 위해 부임 직후, 상사와 일대일 면담을 통해 성격이나 가치관, 자신에게 무엇을 바라는지, 어떻게 해 주면 좋은지 질문해 보라. 질문할 때는 사전에 상사에 대해 얻을 수 있는 정보와 자신이 말해야 할 것을 준비한 후 면담하라. 아무 준비 없이 "제가 어떻게 하면 좋을까요?" 라든가, "저에게 바라시는 것이 무엇인가요?"라고 질문하면 건방져 보인다. 즉 상사와 면담 전에 상사 정보를 파악하라. 상사의 전 직장 직원에게 알아볼 수도 있고, 인맥을 통해 알아볼 수도 있다. 그런 다음 면담 시간을 약속한 후 준비 사항을 질문하라.

예를 들면 "제가 이러이러하게 일을 처리하면 좋겠다는 생각을 해 봤는데 어떠신가요?" 또는 "제가 키워야 할 역량이나 보고사항 등이 이러이러한 것이라고 생각하는 데 어떠신지요?"라고 준비된 질문을 하라. 이런 준비가 왜 필요하냐고 말하지 말라. 회장도 다른 사람을 만날 때 세심하게 이런 준비를 한다는 사실을 기억해야 한다. 높은 자리에 오른 사람을 눈여겨보라. 그들이 툭툭 던지는 정제된 말은 그냥 하늘에서 떨어진 것이 아니다. 많은 준비와 노력의 결과다. 많은 준비와 노력을 했다고 해서 그대로 되지도 않는다. 대개는 상당히 빼 먹거나 다르게 이야기한다. 하지만 이런 노력이 결국은 좋은 결과를 만들어 낸다.

이런 노력을 통하여 새로운 상사와 가까워질 수 있는 노력을 60일 동안 해 보라. 그런데도 불구하고 상사와 좋은 관계를 유지하지 못하게 되었다면 상사를 떠날 준비를 하되 다음과 같은 노력을 해 보라.

첫째, 상사를 떠나겠다는 이유가 성격이나 가치관이라면 차이를 인정해 줄 수 있는지 질문해 보라. 역량문제라면 어떻게 역량을 키우면 좋을지 조언을 구하라. 의외로 상사는 이런 부하를 좋게 보고 도와주려는 상사도 있다. 다른 업무를 해 보고 싶은 이유를 대고 싶다면 "관리자로 성장하기 위해 제가 다른 일을 해 보고 싶어서 부서를 옮기고 싶은데 어떻게 하면 좋을까요?"라고 질문하는 것도 좋다.

이런 과정 속에서 과거의 나와 다른 나를 발견할 수도 있고 새로운 인간관계 유지 노하우를 터득할 수도 있다. 만약 성격이나 가치관이 상사와 차이가 있다면 먼저 당신이 상사에게 맞추는 노력을 해야 한다. 대부분의 고급 관리자는 다양한 사람들에게 영향력을 행사해서 성과를 창출해야 하기 때문에 성격이 두리뭉실해지는 경우가 많다. 이런 점을 감안하면 당신의 성격만 주장하는 것은 고위직 관리자가 될수 없음을 나타내는 것일 수도 있다.

어떻든 상사의 성격이나 가치관의 차이를 부하로서 받아들이지 못하면 지옥 같은 직장생활이 된다는 점이다. 가장 나쁜 것은 상사를 떠날 생각도 없는데도 불구하고, 상사와 소원한 관계를 유지하면서 그 자리에 머무는 것이다. 상사의 입장에서 보면 어차피 내 사람이 되지 않을 것이라고 생각하는 사람은 언제든 내친다.

애매한 태도를 보이면서 겉도는 부하를 놔두면 조직이 생동감을 잃고 업무 효율성도 떨어지고 자신의 리더십도 손상되는 것이 지극히 당연하기 때문이다. 많은 부하를 거느린 상사가 다양한 부하 직원들에게 일일이 맞춤 서비스를 할 수 없다는 점도 이해해야 한다. 역지사지로 상사의 입장에서 생각하면 지금의 상사를 어떻게 대하면 좋을지 방법을 찾을 수도 있다. 혹시 당신에게 부하가 있다면 부하가 대신해 주길 바라는 대로 상사를 대하는 것도 좋은 방법이다.

상사가 바뀌었을 때 60일 안에 진퇴를 결정하라는 의미는 저성과자로 전락하기 전에 회사를 떠나라는 의미다.

상사를 떠날 때도 준비가 필요하다. 어느 날 갑자기 상사를 떠난다고 하면 좋지 않은 평판을 얻을뿐더러 다른 곳으로 옮긴다 해도 불이익을 당한다. 옮기는 곳이 타부서이거나 타 회사이거나 상사가 마음만 먹으면 얼마든지 부하에게 불이익을 줄 수 있기 때문이다.

상사를 떠날 때, 끝 인상을 좋게 하는 노력을 최대한 기울여라. 평판은 어디에 가든 꼬리처럼 따라붙는다.

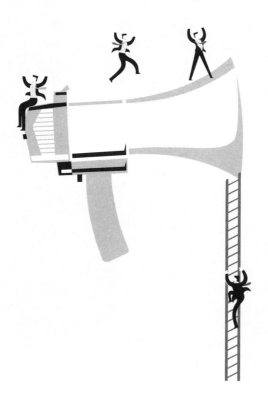

Chapter 03

먼저 상사를 얻어라

상사를 이해하라

상사는
신이 아니다

　상사에 대한 불평 원인은 너무 큰 기대 때문이다. '상사는 훌륭한 리더십을 발휘해야 한다. 상사를 마치 신처럼 합리적이고 공평해야 한다.'는 기준으로 바라보면 크게 실망한다. 상사는 전지전능한 신이 아니다. 당신과 똑같은 사람이다. 상사가 불합리하거나 감정적인 행동을 하는 즉시 조목조목 따지고 개선하려고 하면, 상사는 자신의 권위에 도전하는 것으로 보기 때문에 결코 용서하지 않는다. 두고두고 상사에게 당신의 도전적인 행동이 기억될 수 있다.

　특히 부정적인 행동은 더 잘 기억한다. 상사가 불합리하고 감정적인 모습을 보였을 때 기다리는 여유가 필요하다. 억울한 표정이나 황당하다는 태도를 취하지 말라. 시간이 지난 후, 상사도 그 상황을 복기하면서 자신의 불합리한 점을 깨달을 수 있다. 그런 상사는 자신의 잘못에 대한 보상을 하려고 신경을 쓴다.

　상사의 지시가 잘못됐다고 판단되더라도 우선은 그 자리에서 긍정적인 태도를 보이고 물러서라. 자리에 돌아와서 객관적으로 상사의 입장을 곰곰이 생각해 보라. 그런 후에도 상사의 지시나 판단이 잘못되었다고 생각이 된다면 시간이 흐른 후, 아니면 다음 날 상사의 지시사항에 대해 "어제 이런 지시사항에 대해 이런 것은 어떨까 하고 생각해 봤어요."라고 간접 의문문으로 말해 보라. 그래도 상사의 지시사항이 변함없다면 상사의 지시 사항을 따르는 것이 좋다. 이럴 때 상사의 기분을 너무 살피는 것도 좋지 않지만 그렇다고 아무 때나 보고 하는 것도 좋지 않다. 적당한 기회를 찾아, 보고해야 한다. 예를 들면 상사의 윗분에게 야단을 맞고 왔을 때 보고 하는 것보다는 감정을 정리할 시간을 가진 다음 보고 하는 것이 더 좋다.

상사 세대를 이해하라

요즘같이 급변하는 세대에는 6개월도 세대 차이를 느낀다고 한다. 하물며 상사와의 세대 차이는 클 수밖에 없다. 세대 간 차이는 생각이나 사고방식의 차이로 나타난다. 차이를 극복하기 위해 상사가 다가오기를 기대하지 말라. 먼저 다가가라. 상사가 살아온 시대적 배경이나 특징을 이해하도록 노력하라. 상사는 이런 부하를 사랑한다. 노래방에서 상사 세대 노래를 불러주면 아주 좋아한다. 상사가 사용하는 용어를 사용해 보는 것도 좋다. 상사가 부하와 맞추기 위해 노력하는 모습에 감동하듯이, 상사도 부하의 이런 노력을 높이 평가한다.

상사를
험담하지 말라

무능력해 보이는 상사는 어디든지 있다. 주변에 이런 상사가 있다 해도 무시하지 말라. 상사가 그 자리에 오른 것은 어떤 장점이 있기 때문이다. 사실 아무리 좋은 상점도 지나치면 단점이 된다. 낭신이 단점이라고 생각하는 것도 다른 사람에게는 장점이 되기도 한다.

잘났건 못났건 상사는 상사다. 생사여탈권을 쥐고 있다. 회사 내에서 어느 누구와도 상사 험담을 하면서 비밀이 유지 될 것이라고 생각하지 말라. 험담은 반드시 상사에게 들어간다고 생각하고 말하라.

김 대리는 학교 선배에게 상사가 '이런 것을 고치면 정말 좋겠다.'라고 이야기했다. 이를 들은 선배 박 팀장은 막역한 사이인 김 대리 상사인 이 팀장에게 '이런 점을 부하들이 고쳤으면 한다.'고 이야기를 하면서 아무 생각 없이 누구에게 그런 이야기를 들었는지 출처를 밝혔다. 이런 일이 있고 난 후 김 대리는 원인 모를 상사의 싸늘한 눈초리를 느껴야 했다. 이런 상황은 직장에서 종종 일어난다. 결코 직장 내에서 아무리 친하다고 해도 상사 험담은 독이다. 상사 험담은 안 하는 것이 좋다. 스트레스 때문에 꼭 하고 싶다면 비밀이 보장될 만한 비즈니스 코치나 상담사와 같은 외부 사람에게 하는 것이 좋다.

상사와 인간적인
친밀감을 유지하라

상사에게 먼저 다가가라. 상사가 올 때까지 기다리지 말고 먼저 다가가라. 박 대리는 밝은 얼굴로 상사와 동료에게 아침 인사를 하는 것으로 주위 사람을 기분 좋게 만들기도 하지만 자신이 밝은 목소리로 아침 인사를 하면서 스스로 오늘 하루를 기분 좋게 시작하겠다는 마음의 다짐을 하기도 한다. 이런 박 대리를 보면 주위 사람도 왠지 에너지가 생긴다. 전날 상사에게 꾸지람을 들었을 경우도 박대리는 상사의 마음도 편하지 않음을 알기 때문에 이런 행동을 일부러 하기도 한다.

상사를 업무적인 관계로만 보면 가까이 다가가기 힘들지만, 인간적인 선배로 바라보고 다가가면 의외로 상사의 인간적인 면을 볼 수 있다.

상사에게 꾸중을 듣게 되면 상사에게 다가가기 쉽지 않다. 하지만 상사의 꾸중은 업무관계에서 일어난 것이다. 회사에서 만나지 않았다면 업무로 꾸중 들을 필요가 전혀 없다. 한번 상사가 꾸중했다고 가까이하기를 두려워하면 점점 상사와 멀어지게 된다. 상사의 꾸중이 자신의 성장을 위한 것이라고 생각하고 긍정적으로 받아들여 보라. 몇 번 이런 행동을 하면 상사도 당신을 긍정적으로 받아들이게 된다.

같이 출장을 가게 됐을 경우나 우연히 상사와 단둘이 있게 될 공간이라면 상사의 관심사항을 물어보는 것도 좋고 자녀가 상을 받게 됐다면 그것을 이야기해도 좋다. 이렇게 하려면 평소 상사에 대한 관심을 기울여야 한다. 평소 '상사관심카드'를 만들어 두면 이럴 때 요긴하게 사용할 수 있다.

경청도 상사와 친밀감을 유지하는 좋은 도구다. 상사의 말에 추임새를 넣거나 상사의 말을 잘 듣고 있다는 표현으로 패러프라이징 (paraphrasing:다른 말로 바꾸어 표현하기) 방법을 사용하는 것도 상사의 말을 경청하고 있다는 신호를 보내는 것으로 상사와 가까워지는 좋은 방법이다.

이 외에도 상사에게 적극적으로 배우는 자세, 상사 지시사항에 대한 업무 진행 중간보고를 하면서 상사의 의도나 상황이 바뀌지 않았는지 확인해서 좋은 성과를 달성하려는 태도도 상사와 친밀 관계를 유지하는 좋은 방법이다.

상사 인맥을 파악하라

상사가 어떤 사람들과 의견을 같이하고 어떤 사람들과 의견 대립하는지 파악하라. 상사가 어디서 정보를 입수하는지 알 수 있으며 상사의 지시의도를 쉽게 파악할 수 있다. 상사가 친하게 지내는 사람에게 좋은 평판을 얻도록 하라.

채 과장은 김 팀장과 친하게 지내고 있는 협력업체 박 사장과 좋은 관계를 유지하고 있다. 그러다 보니 박 사장은 채 과장 상사인 김 팀장을 만날 때마다 채 과장을 칭찬한다.

사람들은 이해관계가 없다고 생각하는 사람의 평판을 신뢰한다. 채 과장의 상사인 김 팀장이 친구인 박 사장의 칭찬을 액면 그대로 받아들이는 것은 지극히 당연한 결과다. 기억하라, 상사와 가까이 보내는 사람에게 좋은 평판을 듣도록 하라. 그렇다고 주위에서 질시할 정도의 아부를 하는 것은 오히려 해가 될 수 있다.

상사의 썰렁한 유머도 웃어줘라

상사의 썰렁한 유머는 당신과 가까워지려는 시도이다. 절대 무표정하거나 무시하는 태도를 취하지 말라.

요즈음 아재개그가 유행하고 있다. 아재 개그는 나이 많은 사람이 하는 썰렁한 유머이다. 상사가 아재 개그를 했을 때 무안하지 않도록 반응을 보여주는 것은 상사가 당신과 가까워지려는 노력에 호응하는 것이다. 썰렁한 개그라도 호응해주는 사람을 좋아하는 것은 인지상정이다.

상사의 사생활에 관심을 가져라

상사는 늘 자신의 미래에 대해 걱정을 한다. 중년이 되면 미래에 대한 불안을 느끼는데 이를 '중년위기'라고 한다. 자녀에 대한 걱정, 승진에 대한 걱정, 퇴임 후 경제력에 대한 걱정, 실직에 대한 두려움을 가지고 있다. 상사는 때로는 이런 걱정거리를 들어 줄 사람이 필요로 한다. 좀처럼 이런 일을 부하와 나누고 싶어 하진 않지만, 상사의 취미나 성공경험, 출퇴근 습관 등에 대한 이야기를 나누면서 상사의 걱정거리에 관심을 표해보라. 상사는 당신의 관심에 감동한다.

이 밖에 상사에게 관심을 가지고 할 일 들로는 음주 후 고의로 필름 끊지 않기, 용기를 잃지 말라고 격려해드리기, 한 번쯤은 목숨 걸고 밀어드리기, 뻔한 거짓말 하지 않기, 징징대지 않기, 안 계실 때 더 잘하기, 유머 모아드리기, 작은 일도 칭찬해 드리기, 6개월 앞서가기, 사사건건 말대답 안 하기, 때때로 좀 쉬시라고 해 드리기, 젊은 애들과 어울리게 해 드리기, 최신 유행 알려드리기, 작은 배려에도 크게 기뻐하기, 자식 자랑이나 걱정 들어드리기, 뒤에서 험담 안 하기, 돈 때문에 배신하지 않기, 냉소 날리지 않기, 자립심을 키워 상사에게 기대지 않기, 오래오래 연락드릴 것 약속드리기, 상사도 사람이란 것 알아드리기, 1년에 서너 번 위문공연 해 드리기, 성공은 상사 덕분이라고 얘기하기, 웬만하면 옳다고 해 드리기, 잘 늙고 계시다고 믿음 드리기 등이 상사에게 해 드려야 할 것들이라고 인터넷에 떠돌고 있는데 공감되는 부분이 많이 있다.

상사도 고충이 있는 사람이다

상사에게도 모셔야 할 윗분이 있다. 누구에게나 상사는 있다. 전문경영인 CEO에게는 회장이나 이사회 의장이 있다. 상사는 부하 직원이 받는 압박보다 더 큰 압박을 받는다. 직위가 높은 상사일수록 스트레스를 더 많이 받는다. 열심히 일만 한다고 직위 유지나 승진이 보장되지 않는다. 특히 임원은 성과와는 별개로 상황에 따라 언제든지 회사를 그만둘 준비를 하고 있는 사람들이다. 임원은 스스로를 '임시직'이라고 하면서 쓸쓸해 하는 사람들이다. 이런 사람들의 고충을 이해해야 한다.

상사의 굴종을 비웃지 말라

상사가 굴종의 자세를 취하면 부하는 실망한다. 더구나 그런 행동이 살아남기 위한 방편으로 비칠 때 연민의 정도 느낀다. 하지만 상사는 정의의 사도가 아니다. 상사의 뒤에는 부양해야 할 가족이 있고 거느려야 할 부하 직원이 있으며, 모셔야 할 상사가 있다. 이런 상사도 한때는 촉망받는 인재라고 인정되어 그 자리에 있다는 점을 지나쳐선 안된다. 상사의 마음을 이해해 주는 태도를 취하면 고마움을 잊지 못한다. 반면 상처를 주는 말도 결코 잊지 않는다. 어떤 상사는 반드시 보복한다. 상사가 비굴한 태도를 보이더라도 비난하지 말라. 이럴 때 당신의 도움이나 따뜻한 말 한마디를 상사는 결코 잊지 않는다.

상사 고독을 이해하라

상사는 농담도 함부로 하지 못하는 사람이다. 아무에게도 상의할 수 없는 어려운 문제에 직면할 때는 더욱 고독을 느끼는 사람이다. 이럴 때 부하 직원들과 함께 이야기하고 싶어 한다. 이런 맘을 아는지 모르는지 부하 직원들은 불러주지도 않는다. 때로는 부하 직원들을 위해 자리를 피해준다. 이런 상사에게 모임에 함께 가자고 하면 무척 좋아한다. 겉으로 거절하기도 하지만 마음으로는 자신을 챙겨준 당신에게 고마움을 느낀다. 상사의 고독을 이해하고 한 발짝 다가가 보자.

입장 바꿔 생각하라

상사는 부하에게 항상 베풀어야 한다는 의무감 때문에 대부분 식사비용이나 술값을 지불한다. 식사비용은 당연히 상사가 내야 한다는 생각을 가진 직장인이 많다. 상사는 급여도 많이 받지만 쓸 곳도 많다. 상사가 밥값을 지불했다면 아이스크림이라도 사거나 고맙다는 문자라도 보내라. 그 정도로도 상사는 위안받는다.

상사를 존중하라.
마음으로 느낀다

정서적으로 상사와 잘 맞는 경우도 있지만, 그 반대도 있다. 상사의 싫은 면이 있다는 것은 심리학적으로 당신에게도 그런 면이 있다는 신호이다. 당신의 어두운 면이며, 그림자일 수도 있다. 그것이 당신의 그림자라면 자신을 먼저 다스려야 할 것이다.

상사와 영 코드가
맞지 않는다면?

성격상 도저히 맞지 않는 상사를 만날 수 있다. 이런 상사라면 일과 사람을 분리해서 생각해 보라. 일은 일이라 열심히 해야 하지만 사람은 그냥 한 발짝 떨어져서 객관적으로 바라보는 연습을 해 보라. 여건이 허락된다면 당신 스스로 향후 어떤 로드맵으로 회사에서 성장할 것인지를 기한과 함께 정하라. 그다음 상사와 자신의 거취 문제 즉 타부서로 이동 등에 대해 상사와 상의하라. 예를 들면 6개월이나 1년 또는 3년 등과 같이 기한은 정하면 훨씬 더 열정적으로 일 할 수 있다.

어차피 당신이 오너가 아니라면 직장을 그만둬야 하다 60세 이후에 직장을 갖기에는 쉽지 않은 것이 우리나라 현실이다. 그 이후에 할 수 있는 일은 결국 사장이 되는 일밖에는 없다. 언젠가는 사장이 될 거라면 자신의 마음속 지위을 지금부터 사장으로 승진시키고 상사를 바라보라. 좋은 점도 쉽게 보이고 나쁜 점도 쉽게 보인다. 좋은 점이 한 톨도 없다면 나쁜 점을 하지 않겠다고 역지사지로 배울 수도 있다. 이는 당신 마음에 달려있다.

이렇게 마음먹어도 도저히 인간적으로나 도덕적으로 인정이 되지 않는 상사라면 조용히 다른 곳으로 떠날 준비를 하는 것도 필요하다. 그것도 어려운 상황이라면 묵묵히 당신에게 주어진 일을 하면서 때를 기다리는 것이다. 때를 기다리면 언젠가 기회가 온다. 좋은 평판을 받지 못하는 상사라면 길어도 3년이나 6년을 넘기지 못한다. 이런 예는 기업에도 많지만, 역사 속에서도 때를 기다릴 줄 아는 인물들이 성공한 예는 많다. 도쿠가와 이에야스는 도요토미 치하에서 17년이란 세월을 기다렸다. 사마의도 까다롭기로 이름난 조조 치하에서 묵묵히 기다렸다. 삼국지에는 강성한 적과 싸워 이기는 전술은 적이 나태해지기를 기다리다가 적이 원하지 않는 시간에 원하지 않는 곳을 공격해 승리한 전투가 많이 나온다. 기다리면서 역량을 키우는 지혜는 직장에서도 필요하다.

상사의 말을
즉각 반박하지 말라

상사의 지시사항에 즉각적으로 반발을 하거나 건성으로 듣지 말라. 적극적으로 메모하는 모습을 보여라. 상사의 말을 당신 말로 요약해서 잘 이해했는지 물어보라. 열심히 듣는 척이라도 하는 부하에게 불만을 가질 상사는 아무도 없다.

상사의 말을 즉각적으로 반박하게 되면 부정적인 사람으로 낙인찍힌다. 심하면 왕따를 당하기도 한다.

당신의 유능함으로
상사를 압도하지 말라

상사는 유능한 부하를 좋아한다. 하지만 상사에게 위협적인 존재로서의 부하는 좋아하지 않는다. 상사 앞에서는 무조건 겸손해야 한다. 당신은 상사라는 호랑이 등을 타고 달리는 사람이라고 생각하라. 호랑이는 언제든 고개를 돌려 당신을 물어 죽일 수 있다. 설령 상사가 당신보다 무능함이 증명됐다고 해도 당신에게 불이익을 줄 힘은 충분하다는 사실을 기억하라.

도요토미 히데요시는 자신이 거의 다 이긴 전투를 만들어 놓고 나서, 주군인 오다 노부나가에게 마지막 한 수를 부탁하는 방법으로 공을 상사에게 돌렸다. 그는 결국 오다 노부나가가 뒤를 이어 쇼군이 되었다. 반면 한신 장군은 자신이 이끌 수 있는 군대는 다다익선, 즉 많으면 많을수록 좋지만 자기 주군인 유방이 이끌 수 있는 군대는 10만 명에 불과하다고 말한 것도 한 가지 원인이 되어 토사구팽당했다는 점을 기억해야 한다.

당신의 유능하다고 상사를 뛰어넘는 행동을 함부로 하지 말라. 당신의 유능함은 상사가 됐을 때 충분히 발휘할 시간이 남아있다.

자신의 그릇을
키워라

자신의 성장은
자기의 그릇만큼 성장한다

당신은 조직에서 얼마만큼 성장할 것으로 예측하는가? 회사가 CEO 그릇만큼 성장할 수 있듯이 당신도 당신의 그릇만큼 성장한다. 당신의 그릇 크기는 무엇으로 결정되는가? 당신의 사명, 핵심가치, 비전의 크기와 태도, 실행력으로 결정된다.

당신이 주발 크기만큼 성장하고 싶다면 최대한 주발만큼 성장할 것이며, 항아리만큼 성장하고 싶다면 최대한 항아리만큼 성장할 것이다. 당신이 호수나 바다만큼 성장하고 싶다면 어떨까? 아마도 당신이 이런 꿈을 가졌다면 주위에선 과대망상증이라고 할지도 모른다. 하지만 이런 꿈이 없이 호수나 바다만큼 성장하지는 못한다. 설령 이런 높은 꿈만큼 성장하지 못하더라도 좋다. 이런 꿈을 실현시키기 위해 매일 무언가를 하는 사람이라면 그 꿈에 도달하는 과정을 즐기면 된다. 중요한 것은 이러한 큰 꿈이 없는 사람이 큰 사람이 됐다는 이야기를 들어본 적이 없다는 점이다. 큰 꿈을 꾼 사람 중 일부가 그 꿈을 이룬다.

회사에서도 마찬가지다. 과장까지 성장하겠다는 사람이라면 최대한 과장까지는 승진할 것이다. 팀장이 목표라면 최대한 팀장까지 승진할 가능성이 아주 높다. 당신 꿈이 사장이라면 어떨까? 사장이 될 수도 있고 안 될 수도 있다. 문제는 사장이 되겠다는 꿈을 가진 사람과 과장까지 승진하겠다는 사람은 근본적으로 보는 방법이나 결단력에 차이가 있다. 이 차이가 쌓이면 많은 차이를 만들어 낸다.

대부분의 사람들은 회사에 들어올 때는 사장을 목표로 한다. 하지만 어느 순간에 그 목표가 쪼그라들어 과장이 되기도 하고 팀장이 되기도 한다. 팀장이 되어서는 바쁜 생활 때문에 자신의 꿈을 다 잊고 산다. 그런데 누군가는 사장의 꿈을 잊지 않고 사장이 되기 위해 지금 지위에서 오늘 할 일이 무엇인지 발견하고 묵묵히 해내는 사람 중에 누군가 사장이 된다.

사장의 입장으로 문제의식을 가지고 창의적인 해결방법을 찾기 위한 노력을 하는 사람에게는 남다른 성과가 찾아올 수도 있지만, 편안하게 봉급자의 생각으로 업무를 처리하는 사람은 늘 '안 된다.'라는 말이 따라붙는다.

당신은 어느 쪽인가? 사장이 목표인가? 과장이 목표인가? 그 어느 쪽도 나쁜 건 없다. 선택일 뿐이다. 그렇다고 사장을 목표로 한 사람은 행복하고 과장을 목표로 한 사람은 불행하다는 의미가 아니다. 과장으로 여유 있는 생활을 즐길 수도 있고 사장으로 명성을 날릴 수도 있다. 행복의 기준은 사람마다 다르다.

당신이 만약 높은 목표를 가지고 그것을 잘게 쪼개 오늘 할 일을 찾기를 원한다면 로버트 하그로브가 제창한 마스터풀 코칭 개념이 도움이 될 것이다. 마스터풀 코칭 개념은 자신의 부족한 리더십 역량을 보완해서 성과를 내는 것보다는 굉장히 높은 목표, 즉 불가능한 미래 (Impossible Future) 꿈을 만들어 놓고, 역으로 어떻게 리더십을 발휘할 지를 생각해 보고 행동하라는 것이다. 이는 Reverse Re-engineering Leadership이다.

불가능한 미래 꿈을 가졌다면 어떤 난관도 감사하며, 오늘 하루를 최고로 멋지게 살라. 미래 꿈은 너무 자주 바라보지 말고 가끔씩 바라 보라. 지친다.

오늘 하루에 집중하라. 북한산을 올라가 본 사람은 안다. 높은 계단 을 만났을 때 산 정상을 계속 바라보고 올라가면 힘들지만, 계단 하나 에 집중에서 한 발자국씩 올라가다 보면 어느새 산 정상에 다다른 경 험이 있지 않던가?

한 계단도 올라갈 수 없을 정도로 힘이 빠졌다면 멈춰 쉬어라. 쉬면 서 자신에게 되물어 보라. '정말 한 계단도 올라갈 수 없다는 이 말은 사실인가?' 아니라는 대답이 나온다면 '다시 한 계단씩 올라가라.' 그렇 게 오늘 하루를 멋있게 살라. 이런 삶은 결국 일생 중 하루를 멋있게 산 것이 된다. 그런 날이 많아지면 많아질수록 인생을 멋있게 산 날이 많아지게 된다. 그러다 보면 내 꿈도 이뤄지고 내 삶도 멋있는 삶이 되 지 않겠는가?

상사를 얻기 전에 먼저 자기를 발견하라

상사를 얻었다는 것은 상사에게 인정받았다는 말이다. 하지만 상사 에게 인정받는 것이 행복의 기준이 돼서는 안 된다. 그렇게 되면 당신은 상사의 눈치를 살피는 사람으로 전락할 가능성이 아주 높다. 이보다는 먼저 당신을 발견해야 한다. 물론 상사가 어떤 사람인지를 알아야 한다. 상사와 직업가치나 성격이 비슷한지 다른지를 알아본 후 어떻게 대처하는 것이 좋을지를 연구해야 한다. 다행히 상사가 먼저 이런 차이점을 이해하려고 한다면 금상첨화겠지만 그렇지 않은 경우 당신 자신이 노력하거나 다른 사람의 도움을 받을 필요가 있다. 요즘은 인사나 교육담당 부서에서 성격유형이나 직업가치 차이점을 진단해 주기도 한다. 이런 것을 활용해도 좋다. 간단하게 직업가치나 생활가치 또는 성격을 진단하는 방법을 소개한다.

첫째, 자신과 상사의 직업가치 차이점을 찾아보라. 직업가치가 다른 경우 충돌이 일어난다. 예를 들면 상사의 직업가치가 '도전'인데 나는 '안전'이라면 서로 충돌이 일어날 수 있다. 직업가치를 확인하기 위해 자신은 아래 표를 활용할 수 있겠지만, 상사 진단은 어려울 수 있다. 이런 경우 상사의 업무 스타일을 보고 판단 할 수도 있다. 상사와 면담시간을 통하여 상사가 중요하게 생각하는 업무 기준을 물어봐도 좋다. 상사에게 업무 스타일을 맞추기 위해 상사의 직업가치를 물어보는 부하를 싫어할 상사는 없다. 상사도 자신을 발견하는 데 도움이 된다고 하면 기꺼이 응할 가능성이 아주 높다.

아래 표에 나오는 직업가치는 전부가 아니다. 자신만이 중요하게 생각하는 가치가 있을 수 있으며 의미도 차이가 있을 수 있으므로 상사에게 질문하는 것이 제일 좋다.

항목	중요하지 않다 ⇔ 매우 중요하다				
도전- 끊임 없이 새로운 시도를 함	1	2	3	4	5
소통- 다른 사람과 대화를 즐김	1	2	3	4	5
창의성- 다른 사람이 생각하지 못한 것을 생각해 냄	1	2	3	4	5
전문성- 특정 분야에서 자신만의 지식이나 기술이 있음	1	2	3	4	5
자유- 지시를 싫어하며 자신만의 여유 공간과 시간을 갖길 원함	1	2	3	4	5
봉사- 다른 사람의 성공이나 어려운 일을 돕는 것을 좋아함	1	2	3	4	5
연결성 - 보다 큰 존재나 작은 존재와의 연관성을 중요시 함	1	2	3	4	5
독립성- 스스로 알아서 일을 처리하며 다른 사람의 도움 없이 일하기를 좋아 함	1	2	3	4	5
학습- 끊임 없이 배우기를 좋아 함	1	2	3	4	5
장소- 자기가 원하는 특별 환경을 좋아 함	1	2	3	4	5
경제적 여유- 큰 돈을 벌어서 자유롭고 여유로운 생활을 하길 원함	1	2	3	4	5
소속감- 잘 알려진 조직의 일원이 되는 것을 중요하게 생각함.	1	2	3	4	5
평화- 갈등이나 압박이 있는 조직을 피하고 싶음	1	2	3	4	5
인간관계- 다양한 사람을 만나는 것에 행복을 느낌	1	2	3	4	5
신체활동- 앉아서 일하는 것보다 움직이는 일을 좋아 함	1	2	3	4	5
압박- 마감일을 정하고 긴장감 있게 일 하는 것을 즐김	1	2	3	4	5
승진- 승진기회가 있는지가 열정을 불러 일으키는 중요한 요소임	1	2	3	4	5
인정- 다른 사람들의 인정받고 싶은 욕구가 강함	1	2	3	4	5
반복- 변화보다는 단순 반복되는 업무를 좋아 함	1	2	3	4	5
안정- 미래가 보장되는 것을 좋아 함	1	2	3	4	5

지위– 다른 사람을 통솔할 수 있는 지위나 사회적으로 존경 받는 위치를 선호함	1	2	3	4	5
관리직– 다른 사람을 관리하고 책임지고 동기부여하는 일을 선호 함	1	2	3	4	5
업무환경– 명랑하고 즐겁게 일하는 분위기 좋아 함	1	2	3	4	5
팀웍– 동료 또는 상하간 협력하여 함께 성과를 내는 것을 좋아 함	1	2	3	4	5
단독 플레이– 혼자 일하는 것을 즐김	1	2	3	4	5
그 밖에					

둘째, 생활가치를 찾는 것이다. 생활가치를 찾으려 할 경우 아래 표를 이용하면 도움이 된다. 찾는 방법은 아래 표의 질문에 계속해서 답을 해 보는 것이다. 각 질문에는 한 가지 답만 하도록 한다. 한 질문에 여러 개가 생각나더라도 한 가지만 답하면 된다. 결과는 마찬가지다. 질문에 답한 내용 중 맨 마지막에 나온 것, 또는 반복적으로 나온 형용사나 동사 중 자신이 가장 중요하게 생각하는 것이 핵심가치이고 나머지들도 자신이 중요하게 생각하는 가치들이다. 이 가치들이 상사 또는 동료와 충돌하게 되면 관계의 어려움을 겪게 된다.

나는 무엇이 되고 싶은가?	⇨	무엇이 그것을 가로막고 있는가?	⇨	그것은 나에게 무엇을 주는가?
				⇩
그것은 나에게 무엇을 주는가?	⇦	그것은 나에게 무엇을 주는가?	⇦	그것은 나에게 무엇을 주는가?
⇩				
그것은 나에게 무엇을 주는가?	⇨	그것은 나에게 무엇을 주는가?	⇨	그것은 나에게 무엇을 주는가?

셋째, 성격 파악하기. 성격을 진단하는 방법은 DISC, 애니어그램, MBTI, 에고그램 등 외에도 여러 가지가 있다. 그중 어떤 것을 활용해도 좋다. 그중 그림, 즉 도형심리학을 기초로 한 성격진단을 소개하고자 한다. 이 방법이 가장 쉽고 정확하게 성격을 진달 할 수 있는 방법이다.

위의 도형으로 심리를 정확히 진단하기 위해서는 상당 수준의 노력이 필요하지만 여기선 간단하게 도형으로 성격을 진단할 수 있는 방법을 소개하겠다.

우선 위의 네 개의 도형 중 제일 마음에 드는 한 개의 도형을 선택한다. 다음으로 두 번째 마음에 드는 도형을 선택한다. 첫 번째 선택한 마음에 드는 도형은 당신이 직장생활을 하면서 후천적으로 형성된 성격일 수 있다. 당신의 본성은 오히려 두 번째 선택한 도형일 가능성이 아주 높다. 각 도형이 나타내는 성격은 아래 표를 참조하면 된다.

─○ 세모를 선택한 경우

긍정적인 면은 성취 지향, 강한 승부욕, 리더십, 결단력, 진취적임 등이 있다.

부정적인 면은 일 중독, 조급, 자기중심적, 경솔, 독단적, 지위 중시 등이 있다.

○ 동그라미를 선택한 경우

긍정적인 면은 관계 중시, 다정다감, 친절, 출세지향, 사려 깊음 등이 있다.

부정적인 면은 갈등 포기, 감성적, 우유부단, 게으름 등이 있다.

○ 네모를 선택한 경우

긍정적인 면은 꼼꼼함, 신중, 분석적, 믿음, 신뢰, 규율 준수 등이 있다.

부정적인 면은 깐깐함, 변화거부, 트집, 불평이 많음 등이 있다.

○ S를 선택한 경우

긍정적인 면은 창의적, 예술적, 자유분방, 직관적, 재치 등이 있다.

부정적인 면은 절차나 규정을 무시하는 경향, 실천력 없음, 튀는 행동을 함 등이 있다.

각각의 도형에 해당하는 성격은 좋고 나쁨을 나타내는 것이 아니라 차이를 나타낸 것이다. 어떤 성격도 완전히 좋은 점만 있는 것이 아니다. 어떤 성격이든 지나치면 단점이 된다.

각각의 다른 성격은 서로 인정하지 않으려는 경향이 있다. 예를 들면 규정이나 일의 순서를 좋아하는 네모형은 자유분방하고 창의력이 뛰어나지만, 규정을 잘 지키지 않는 에스형을 좋아하지 않는다. 그 반대도 마찬가지다.

이런 각각의 성격 차이를 알고 상대에 맞게 행동하면 좋다. 특히 사랑받는 부하가 되려면 상사 성격에 맞는 행동을 하되 분위기를 봐서 자신의 성격을 이야기하는 것도 좋다. 단 자신에게 상사의 성격을 맞추라고 강요는 하지 말라. 성격이 다른 부하를 이해하고 인정해 주는 상사가 있긴 하지만 부하가 상사 성격에 맞춰야 한다. 많은 부하들에게 상사가 개별적으로 성격을 맞추기는 힘들다. 또한, 회사는 상사에게 조직을 장악한 후 성과를 달성하라는 권한을 주었기 때문이다.

모양	긍정적인 면	부정적인 면	직업유형
△	리더십, 자신감, 목표집중, 결정력, 진취적, 활동적, 조급, 승부욕	자기중심, 신경질적, 경솔, 성급, 독단적, 저돌적, 일 중독, 지위 중시	경영학, 마케팅, 기획, 전략부서, 노무사, 정치, 군대집단, 경찰관, 법률가, 판검사, 환경운동가, 영화감독, 운동감독, 경기심판, 펀드매니저, 보험계리인, 도시계획자, 컨설턴트
○	다정다감, 친절, 보살핌, 설득력, 정(情), 관대, 안정적, 출세지향, 현실적, 사려깊음	갈등포기, 감성적, 수다, 자기비판, 정치무관심, 우유부단, 게으름, 개인적	인문사회, 언어계열, 마케팅, 영업, 보험설계사, 연예인, 여행안내, 아나운서, 상담가, 심리치료, 외교관, 간호사, 영양사, 특수학교교사, 공연기획자, 파티플래너, 변호사
□	체계적, 꼼꼼, 신중, 분석적, 믿음, 조용, 태평, 신뢰, 지적욕구 강함, 참을성, 완벽주의자, 인내심	깐깐, 트집, 미루기, 냉담, 변화거부, 불평	교육자, 역사학자, 공학전문가, 수공예 예술가, 디자이너, 조경, 직업훈련교사, 회계사, 경제학자, 직업훈련교사, 번역가, 세무사, 전문비서, 통계연구원, 한의사
S	예술적, 자유분방, 유머, 독창적, 개념적, 미래지향, 직관적 풍부한 표현, 의욕적, 재치, 감각적	규정을 싫어함, 질서없음, 실천력 부족, 자유분방, 현실에 어둠, 지나친 열정, 튀는 행동, 순진	웹디자이너, 종교인, 예술가, 연예인 모델, 작곡가, 작가, 회계사, 엔지니어, 칼럼니스트, 보석세공원, 게임 기획, 코디네이터, 이공학계 교수, 물리학자, 수학자, 세무사

직장인의
성공요소(PRO-A)를 갖춰라

경쟁은 없지만, 정년은 보장되는 직장이 있다면 얼마나 좋을까? 그런 직장이 있을까? 아마 없을 것이다. 그런 직장을 찾기보다는 경쟁에서 살아남는 방법을 찾는 것이 더 현명하다. 그렇다면 어떤 요소들을 갖춰야 할까.

직장인은 돈을 받고 일한다. 한마디로 '프로'다. 프로는 자신이 받는 보수 이상의 성과를 내야 한다. 직장인은 마치 A-매치에서 뛰는 축구선수들과 다르지 않다. 직장에서 생존하려면 B팀이 아니라 A팀에서 뛴다는 마음 자세가 필요하다. 그래야 보상도 많이 받는다. 직장이라는 축구장에서 살아남으려면 PRO-A 요소를 갖춰야 한다. PRO-A란 성과(Performance), 관계(Relationship), 자기표현 (Own-expression), 한방향 정렬(Alignment)을 말한다. 이 요소를 세부적으로 알아보자.

첫째 조직에서 성공하기 위해서는 성과(Performance)를 내야 한다. 성과를 못 내면 생존이 어렵다. 성과는 생존의 제1 필수 요소다. 때문에 직장인들은 모든 수단과 방법을 동원해서 성과를 달성하려고 한다. 하지만 지금 같은 고도화된 정보화 사회에서 비도덕적으로 수단과 방법을 가리지 않고 성과만을 내는 기업이나 구성원은 사회가 절대로 용납하지 않는다.

이런 이유로 기업은 역량에 앞서 성품을 갖춘 인재를 선발한다. 그렇다고 성품만 좋다고 되지 않는다. 성과가 뒷받침돼야 한다. 상사는 저성과자의 건의를 잘 받아들이지 않지만, 고성과자의 건의는 잘 받아들인다. 결국, 고성과자는 상사와 훨씬 많은 소통을 통해 업무도 명확히 하지만 자기의 업적을 상사가 모두 알게 한다. 때문에 상사와 소통이 성과와 상승 작용을 일으킨다.

반면에 저성과자는 상사와 소통을 잘하지 못한다. 소통이 부족하면 업무 방향을 잘못 잡기 때문에 성과가 떨어지기 시작한다. 결국, 추락에도 가속도가 붙는다. 이를 방지하기 위해서는 상사가 관심을 가진 분야에서 예측하지 못한 방법으로 기대 이상의 결과를 두세 번 만들어 내면 상사는 당신을 다시 보기 시작한다.

상사와 관계가 나쁘면 결국 성과도 떨어지게 된다. 상사가 미울 때 더욱 그렇다. 이럴 때 나태함으로 상사에게 보복하려는 행위를 많이 한다. 결코, 보복이 되지 않음을 알면서도 그런 행동을 하는 직장인들이 의외로 많이 있다. 결과는 뻔하다. 당신이 만약 이런 상황에 있다면 어떻게 하겠는가. 상사를 떠나든가, 성과를 내든가 둘 중 하나를 선택해야 할 것이다.

둘째 직장에서 성공하기 위한 요소는 관계(Relationship) 요소이다.

요즘같이 복잡한 사회에서는 혼자만 잘한다고 성공하지 못한다. 주위의 도움이 필요하다. 팀으로 성과를 달성해야 할 과제가 많이 있다.

다양한 사람과 좋은 관계를 유지하게 되면 아무리 어려운 일도 헤쳐 나갈 방법을 찾거나 도움을 받을 수 있다. 설령 당신이 정말 유능하여 탁월한 성과를 냈더라도 주변 사람과 좋은 관계를 유지해야 한다. 나는 헤드헌팅 일을 하면서 이런 일을 많이 봤다. 한해는 성과가 뛰어나 억대 연봉을 받던 사람이 그다음 해는 실적이 바닥을 기는 경우가 있다. 자만 때문이다. 자기 혼자 성과를 이뤄냈다고 생각하고 주의를 돌아보고 배려하지 않으면 성과가 떨어질 수밖에 없다. 주위를 배려하지 않는 그에게 걸려온 전화를 주위 사람이 받지 않거나 퉁명스럽게 받기도 한다. 결국, 고객이 떨어져 나가고 성과도 급격히 하락한다.

삼국지에서 유비는 관계 리더십으로 나라를 세웠다. 그의 리더십이 조조만 못하다고 평가하는 사람도 있지만, 짚신을 팔던 그가 일국을 세우고 황제가 됐다는 것은 지금으로 치면 빌 게이츠나 스티브 잡스 같은 훌륭한 일을 해낸 것이다. 유비는 우선 관우, 장비를 얻었을 뿐만 아니라 전투 중에도 백성과 함께하려는 모습을 보였다. 이런 그의 노력이 맨손에서 나라를 만들게 했다. 관계는 이처럼 중요하다. 부하와 좋은 관계를 유지하는 것도 중요하지만 이에 못지않게 상사와 좋은 관계를 유지하는 것도 필요하다.

셋째 요소는 자기표현(Own Expression)이다.

직장인들은 이 요소를 가장 소홀히 한다. 코칭을 하면서 이런 질문을 해 본다. "팀장님께서 하신 모든 업적을 100으로 볼 때 상사는 당신 업적을 몇 % 안다고 생각하십니까?" 라는 질문을 하면, 대부분의 팀장들은 자신의 성과의 60~70%를 상사가 알고 있다고 대답한다. 즉, 자신이 한 실적 중 30~40%를 상사가 모른다는 이야기이다. 결국, 자기 실적의 30~40%는 하지 않은 것이나 별반 차이가 없다. 이는 누구의 잘못인가? 물론 상사가 꼼꼼히 살피지 않은 잘못도 있지만, 자신의 업적을 제대로 알리지 않은 부하의 잘못이 더 크다. 자기 성과를 정확히 상사가 알게 하는 것도 부하의 역할이다. 중간관리자가 이 역할을 잘못하면 자신은 물론 부하 직원들의 성과도 저평가된다.

중간보고는 자신의 성과를 자연스럽게 상사에게 알리는 좋은 방법이다. 이는 자신의 성과를 상사에게 잘 알리는 기회도 되지만, 업무 진행이 곤란할 경우에도 상사의 도움을 받을 수도 있다. 더구나 사고가 발생했을 때는 상사의 보호를 받을 가능성이 아주 높다. 보고 하지 않으면 상사는 모른다. 특히 사고 발생 전 중간보고를 하였다면 상사의 보호를 기대해 볼 수 있지만 그렇지 않은 경우, 상사가 먼저 징계위원회에 회부할 지도 모른다. 중간관리자에게 중간보고는 업무를 잘하는 지름길이다.

상사의 업무 지시 후에도 상황이 바뀔 수도 있다. 명확한 지시를 못 내릴 상황일 수도 있다. 이 경우 중간보고는 업무 방향을 바로 잡거나 명확히 하는 데 필수적이다. 중간보고는 상황변화에 대처할 수도 있게 해 준다. 열심히 일했는데, 방향이 틀린 보고를 했다면, 배움에는 도움이 되겠지만, 성과와 연결되진 않는다. 이 점을 방지하기 위해서도 중간보고는 꼭 필요하다.

중간보고에 더하여 관점전환이나 새로운 아이디어 제공도 필요하다. 이때, 코칭 대화법인 간접화법을 사용하면 좋다. "왜 이렇게 하지 않으셨어요?"와 같은 비난조의 건의보다는 "이런 방법이 어떨까 하고 생각해 봤어요." 와 같이 간접질문화법을 사용하면, 뜻은 그대로 전달하면서도 공손하다는 인상을 상사에게 줄 수 있다.

넷째로 자신의 비전이나 목표가 조직과 한 방향(Alignment) 정렬되어 있어야 한다.

회사의 경영이념이나 핵심가치가 자신의 비전이나 핵심가치와 맞지 않으면 조직에서 성장하긴 어렵다. 자신의 비전이나 핵심가치를 도저히 회사와 연결시킬 수 없다면 오히려 회사를 떠나는 것이 피차 이익일 수 있다.

당신이 중간 관리자라면 구성원들을 회사의 비전이나 핵심가치 또는 목표를 달성하기 위해 한방향 정렬시켜야 한다. 중간관리자에게 구성원들은 한방향 정렬시키는 것은 제일 중요한 일이다. 상사는 조직을 한방향 정렬시키기 위해 존재한다고도 볼 수 있다. 즉 회사와 비전과 핵심가치, 방침, 전략, 목표를 한방향으로 정렬시키지 못하는 상사는 존재 이유를 상실한다. 따라서 부하는 상사의 이러한 노력을 인정하고 따라야 한다.

위와 같은 PRO-A(Performance, Relationship, Own-expression, Alignment) 요소는 조직에서 생존하기 위한 직장인들의 필수 생존 요소들이다.

성과 달성을 위한
방법

성과 달성을 위한 방법은 구체적 방법으로는 시간 관리, 성공한 모습 그리기, 마감일 준수가 있다.

❶ 시간 관리를 잘해야 한다

시간 관리는 누구에게나 중요하지만, 자신의 직위가 올라갈수록 중요성은 더욱 커진다. 디테일한 관리와 권한 위임 사이에서 많은 고민을 하게 된다. 너무 디테일한 관리를 하다 보면 대리 같은 팀장이나 대리 같은 임원이란 소리를 듣게 된다. 심지어 대리 같은 사장이란 말을 듣는 사람도 있다. 반대로 너무 많이 위임하면 아무 일도 안 하다는 핀잔을 듣는다.

시간 관리를 위한 방법

첫째, '빼기 전에 더하지 마라.'는 로버트 하그로브 박사의 지침을 참고하면 좋다. 업무를 줄이기 전에 추가하면 녹초가 된다. 자신의 업무 중에서 과감하게 삭제하거나 줄일 일을 찾아서 제거하라.

둘째, 다른 사람이 하면 더 좋은 일은 위임하라.

셋째, 자신만이 할 수 있는 일을 찾아서 하라. 시간 관리에서 중요한 것은 핵심을 찾아 집중하라는 것이다.

❷ 성공 모습을 미리 그려보고 현재 할 수 있는 일을 하라

지금 당장 눈앞에 닥친 일만 해결하다 보면 매일 바쁘기만 하다. 일에 자신이 끌려가게 된다. 중장기적인 목표도 중요하지만 우선 성과를 내지 못하면 직장에서 생존하기 어렵다는 현실은 인정해야 한다. 하지만 이런 상황 속에서도 미래를 생각해 보는 여유를 가져야 한다. 결과를 예측하면서 일을 처리하게 되면 전혀 다른 방법이 보이기도 한다. 전문가의 의식으로 업무를 바라보는 것도 새로운 해결 방법을 찾는 데 도움이 된다.

반드시 달성해야 할 과제라고 해서 수단과 방법을 가리지 말라는 말은 아니다. 지금과 같은 인터넷 세상에서는 비윤리적인 일 처리는 언젠가 그 민낯을 드러낸다. 심하면 자신은 물론 회사가 망하기도 한다.

❸ 마감일 전에 일을 마쳐라, 지시사항은 처리 기한이 있다

우수한 부하는 기한 전에 일을 마친다. 보통 부하는 기한 내에 일을 처리한다. 하지만 수준 이하의 부하는 마감 기한을 넘긴다.

일을 빨리 처리하면 계속 다른 지시 사항을 추가하는 상사 때문에 마감일이 돼서야 보고하는 경우도 있긴 하다. 이런 경우 중간보고를 하면서 자신의 부족한 시간 활용과 추진 계획을 알리면서 상사 의도를 확인하거나 우선순위 결정을 상사에게 요청하는 것도 좋다.

상사의 지시 목적이 불명확한 경우는 특히 중간보고를 하면서 방향을 바로 잡아야 한다. 성과를 내고 있는 부하라면 목표나 업무량에 대한 상사의 기대 수준을 조율할 필요도 있다.

상사와 좋은 관계를 위한 조건과 방법

❶ 서로의 기대에 대해 자주 이야기하라

상사의 기대심리를 충족시켜라. 부하는 상사의 기대를 관리해야 한다. 나쁜 소식이 있을 때는 곧바로 상사에게 알려 상사의 비현실적인 기대를 조정해야 한다. 상사의 기대 변화에도 주의를 기울이고 주기적으로 확인해야 한다. 당신이 외부에서 영입되었기 때문에 사내 문화와 정치를 이해하지 못한 경우에는 기대를 반드시 재조정해야 한다. 어떤 리더십을 발휘하면 좋을지, 요구하는 성과 수준은 어느 정도인지, 관리 범위는 어디까지인지 상사 기대 심리를 파악한 후 충족시켜라.

❷ 상사와 협력관계를 위해 100% 헌신하라

상사에게 진정성 있는 헌신을 하라. 상사가 먼저 손 내밀길 기대하지 말라. 충분한 시간과 자원 제공도 기대하지 말라. 그런 회사는 꿈속에서나 만날 수 있다. 상사와 협력관계 구축은 전적으로 당신에게 달려 있다. 당신과 좋은 관계 구축을 위해 상사가 노력한다면 그건 덤이라고 생각하라.

당신의 100% 헌신 노력이 주변의 빈축을 살 경우, '어떤 것이 회사를 위한 길인가?'라는 질문을 스스로에게 한 후 방향을 결정하라. 어떻든, 주위의 반감을 사지 않으면서 티 나지 않게 상사를 챙겨주는 것이 더 좋다. 예를 들면, 업무 관련 정보를 제공하거나 중간보고를 통하여 자연스럽게 상사에게 헌신하고 있음을 알리는 것이다.

❸ 상사와 중요한 사항을 논의할 주기적 면담시간을 확보하라

상사와 시계추 미팅을 하라. 당신이 완벽한 해결책으로 상당한 성과를 냈거나 새로운 일을 성공했다고 하더라도 상사가 알지 못하면 실적과는 무관하게 된다. 어쩌면 일을 독단적으로 처리했다고 화낼지도 모른다.

부하가 할 일은 어떤 경우든, 상사에게 진행과정을 알리는 것이다. 중간보고는 자연스럽게 상사에게 성과를 알리는 것이기도 하지만, 어려움을 당했을 때 상사의 지원을 받는 장치도 된다. 일이 잘못되었을 경우에는 상사의 보호를 기대해 볼 수도 있다. 상사와 주기적인 면담시간을 확보하여 중간보고와 함께 당신의 실적을 자연스럽게 알리는 방법을 반드시 찾아보라.

❹ 상사의 관심 부문에서 괄목할만한 성과를 달성하라

상사의 의표를 찌를 수 있는 부분에서 성과를 달성하라. 당신만의 최우선 과제가 중요한 게 아니다. 상사의 최우선 과제와 연결된 당신의 과제가 중요하다. 이를 파악하기 위해서는 먼저, 상사의 관심이 무엇인지 조사해야 한다.

상사의 최우선 순위 목표는 무엇인가? 그중에 당신이 할 일은 무엇인가? 스스로에게 질문하면서 우선순위를 정하라.

성과 달성 목표는 우선순위가 높은 순위로 하라. 상사의 우선순위 업무나 중요도를 모르면 중간 보고시간에 자기 업무의 우선순위를 정한 후 상사에게 확인받는 과정에서 진의를 파악해도 좋다. 상사가 중요하게 생각하는 부문에서 성과를 내는 것이 분위기를 제대로 파악한 업무처리 방법이다.

만약 당신이 중요하다고 생각하는 이슈가 있다면 상사와 논의 후 우선순위를 정한 후 성과를 창출하라.

⑤ 상사가 존중하는 사람들로부터 점수를 따라

상사는 직접적인 상호작용을 통해 달성한 업무로 당신을 평가하지만, 자신이 신뢰하는 사람들이 내리는 평가도 중요시한다.

상사는 당신의 동료나 직속 부하들, 또는 협력업체의 사람과 우호적인 관계를 맺기도 한다. 이런 사람들의 평가에 대해 상사는 신뢰한다. 때문에 이들에게 좋은 평판을 얻으면 도움이 된다. 그렇다고 이들의 비위를 맞출 필요는 없다. 다만 상사는 당신을 평가하기 위해 다양한 채널을 활용한다는 점을 염두에 둘 필요는 있다.

상사는 성과 없는 부하를 신용하지 않는다

조직에서 살아남기 위해 가장 중요한 것이 무엇인가? '성과'이다. 어떤 짓을 하더라도 '계속' 성과를 내는 사람은 성공한다. 중요한 것은 일시적 성과가 아니라 '계속적인 성과'를 내야 한다는 것이다.

단기간의 성과는 누구나 낼 수 있지만, 지속적인 성과를 내기는 쉽지 않다. 남을 속이거나 비윤리적 방법으로 달성하는 성과는 지속되지 않는다. 지금처럼 발달한 정보화 사회에서는 비밀보장이 어렵기 때문이다. 이는 자신은 물론 기업에도 큰 피해를 준다.

일찍이 패트리셔 애버딘(Patricia Aburdene)은 21세기를 영성이 요구되는 사회라고 예언했다. 영성이란 서로 연결된 존재로서 공존공영할 수 있는 이타심을 발휘하는 것이다. 이런 사회적 요구에 발맞춰 기업은 경영이념이나 핵심가치에 '상생, 윤리, 정도, 인간존중, 사회적 책임'과 같은 영적 요소들을 포함시키고 있다.

이런 영적 요소들은 작동하는 기업도 있지만, 액자 속에서 잠자고 있는 기업도 있다. 분명한 것은 영적 요소가 작동하지 않는 기업은 생존 자체가 불투명하다는 것이다.

이런 영적 요소가 기본적으로 작동한다고 볼 때 성과 창출을 위해 가장 필요한 것이 바로 상사와 좋은 관계 유지이다. 찰떡궁합 관계면 더욱 좋다. 모래알 같은 관계라면 마음도 지옥이 된다. 성과는 일의 즐거움 속에서 나온다. 마음이 지옥이면 성과는 기대할 수 없다.

사람들은 '자신의 있는 능력을 마음껏 발휘해서 성과를 달성함으로써 상사로부터 능력을 인정받고 싶어 하지만 상사가 이를 막고 있다.'고 말한다. 상사의 실망스러운 인간성 때문에 같이 일하고 싶지 않다는 것이다. 비도덕적이고 비윤리적인 상사, 공과 사를 구분하지 못하는 상사, 원가절감 하지 않는 상사, 폭압적 언어를 쓰는 상사, 이런 상사 때문에 일하기 싫을 수도 있다. 그렇다고 비난하고 나태한 행동만 하면 그 손해는 고스란히 부하 몫이다. 이는 마치 사춘기의 자녀가 부모에게 보복하기 위해 공부하지 않는 등 자신을 망가뜨리는 것과 똑같다. 부모가 보면 이런 행동은 안타깝듯이 상사의 입장도 그럴 수 있다.

어떤 면에서 상사의 비상식적 행동은 윗선에서 묵인된 행동일 수 있다. 그렇지 않다면 그는 머지않은 장래에 인사권자가 퇴출시킬 것이다. 당신은 성과를 내면서 기다리는 미덕을 발휘할 때이지 태만히 손놓고 있을 때가 아니다. 그렇게 하면 당신이 먼저 퇴출당한다. 못난 상사라고 험담도 하지 말라. 상사를 험담하는 사람을 주위에서 좋게 보지 않는다. 시위를 떠난 화살처럼 당신 입을 떠난 험담이 상사의 귀에 들어가면 아무리 무능력해 보이는 상사라도 당신에게 치명적 위해를 가할 수 있다.

물론 마음에 들지 않는 상사 밑에서 성과를 내는 건 쉽지 않다. 이런 경우 우선 자신만의 스트레스 해소 방법을 찾아야 한다. 자신만의 스트레스 해소 방법을 찾는 방법은, 어떤 것을 했을 때 시간이 금방 30분이 지나간 경험이 있다면 그것은 좋은 스트레스 해소 방법이 된다. 예를 들면 그림 그리기, 붓글씨 쓰기, 음악감상, 영화감상, 마라톤, 등산 같은 것을 했는데 시간이 후딱 가 벼렸다면 그것은 당신만의 좋은 스트레스 해소 방법으로 봐도 좋다.

신뢰(Trust)의 요소
A³C³를 갖춰라

상사가 나의 건의 사항을 받아들이게 하려면 먼저 나 스스로에게 이런 질문을 해 봐야 한다. '상사는 나를 얼마나 신뢰할까?' 내가 만약 상사가 신뢰할 수 없는 사람이라면 그는 내 말에 관심을 기울이시 않는다. 아무리 내 밀이 옳더라도 건설적인 비판으로 받아들이지 않는다. 불평으로 받아들일 가능성이 아주 높다. 하지만 내가 성과를 내고 있거나 목표를 달성하고 있다면 그는 내 말에 귀를 기울일 것이다. − 스티브 M.R. 코비

'콩으로 메주를 쑨다고 해도 믿지 않는다.'는 말을 듣는 사람이 있다. 어떤 사람이 이런 말을 듣는가. 신뢰할 수 없는 사람이 이런 말을 듣는다. 상사가 다른 사람의 말은 잘 받아들이면서도 내 건의를 무시한다면 상사의 신뢰를 얻지 못한 것이 원인일 수 있다.

신뢰를 얻으려면 어떻게 해야 하는가. A³C³을 지키면 된다. A³은 능력(Ability), 관심(Attention), 진정성(Authenticity)이며, C³는 일관성(Consistency), 명확성(Clarity), 약속(Commitment)이다. 이들 요소의 총합으로 나타나는 행동이 약속이다. 약속은 객관적으로 이행 여부 확인이 가능하다. 약속에는 성과 달성 약속, 마감기한 준수도 포함된다.

❶ 능력(Ability)

상사는 저성과자의 말은 무시한다. 아무리 기발한 아이디어를 제안하더라도 상사는 성과를 내지 못하는 부하의 말은 듣기 싫어한다. 반면, 고성과자의 말은 귀담아듣는다. 성과를 낸 부하는 앞으로도 계속 성과를 낼 수 있다고 믿기 때문이다. 때문에, 상사와 신뢰 관계를 구축하고 싶다면 우선, 성과를 내야 한다.

가능한 한 상사의 관심 분야에서 단기간 내에 성과를 내는 것이 좋다. 그런 다음 자신의 역량을 키워야 한다. 자신이 지금 하고 있는 일에서 필요 역량이 무엇인지를 확인한 후 역량을 키워라. 필요역량이 무엇인지 모르면 상사에게 도움을 요청해도 좋다.

필요 역량이 도출되면 강점을 더욱 육성할 것인지 단점을 보완할 것

인지 우선순위를 정하라. 약점은 보완하지 않을 경우 심각한 타격을 입을 것이라면 보완해야 하겠지만 그렇지 않다면 강점을 육성하는 것이 더 빠른 길일 수도 있다.

❷ 관심(Attention)

자신의 능력을 향상시킴과 동시에 상사에 대한 관심을 가져야 한다. 상사의 고민은 무엇이며 어떤 일에서 성과를 내고 싶어 하는지 상사의 최우선 관심사항 3가지는 무엇인지, 이와 관련된 업무는 어떤 것이 있는지를 확인한 후, 우선적으로 이 부분에서 성과를 내는 것이 좋다. 당신의 관심사항이 아니라 상사의 관심사항에서 성과를 내는 것이 훨씬 더 효과적이다.

상사의 업무 관심사항 외, 개인의 관심사항에 대해서도 관심을 가져라. 좋아하는 운동은 무엇이며 가족에 대한 고민이나 취미 또는 축하해 줄 일을 무엇인지 등을 기재할 수 있는 상사관심카드를 만들어라. 상사관심카드는 소프트웨어를 사용할지 노트 같은 하드웨어를 사용할지는 자신의 취향이나 능력에 따라 정하라. 스마트 폰을 사용하여 정리할 수도 있다. 요즘은 블루투스 키보드가 있어 스마트 폰을 수첩처럼 사용할 수 있기 때문에 이것을 활용하는 것도 좋다.

상사의 관심사항이 파악되면 이를 활용하도록 노력하라. 평상시 관심을 말이나 행동으로 표현하도록 하라. 표현하지 않은 관심은 상사는 알지 못한다.

❸ 진정성(Authenticity)

관심 표현은 진정성이 있어야 한다. 진정성이 있는지 없는지는 조금만 관심을 기울이면 누구나 알 수 있다. 진정성이란 내면의 선한 마음이 외부로 표현되는 행동과 일치하는 것을 말한다. 진정성이 없는 사기꾼은 겉으로는 상대를 생각하고 위하는 것처럼 행동하지만, 내면에는 선한 마음이 없다. 사기꾼은 언젠가는 믿는 사람을 자기 이익을 위해 이용한다.

진정성 있게 상사의 성공 지원자 역할을 해보라. 상사는 반드시 이에 대한 보답을 몇 배로 할 것이다.

❹ 일관성(Consistency)

'상황에 따라 변화해야 한다.'는 말은 좋은 말이기도 하지만 '변덕스럽다'는 말이기도 하다. 아침에 한 말을 저녁에 바꾸는 조변석개(朝變夕改)는 부하를 힘들게 만든다. 물론 아침에 한 말을 저녁에 꼭 바꾸어야 할 만큼 중요한 변수가 발생했다면 당연히 조변석개해야 한다. 이런 상황에서도 바꾸지 않는다면 리더로서 큰 결격 사유가 된다. 하지만 이런 상황에서도 아침에 지시한 상황이 저녁에 바꾸지 않으면 안 되었는지에 대해 미리 조금만 더 고민했다면 변수를 감안할 수 있지 않았는지 자신을 돌아봐야 한다.

부하들이 가장 싫어하는 상사 중 으뜸은 변덕스러운 상사이다. 부하에게 변덕스러운 지시를 하지 않으려면 중간 관리자는 상사의 의중을 정확히 파악하고 지시해야 한다. 이렇듯 상사에게 일관성이 필요하듯이 부하에게도 일관성이 필요하다. 일관성이 없는 사람을 스테레오 타입이라고 한다. 스테레오 타입은 언제 어떻게 바뀔지 모른다.

성과를 달성해야 하는 상사는 부하의 욕구를 맞추기 위해 과감한 변신을 시도하기도 한다. 부하의 요청에 의해 리더십 스타일을 바꾼 상사에게 "팀장님 변하셨어요!"라는 비난조의 말을 듣게 되면 상사는 거의 멘붕 상태에 빠진다. 상사도 일관성을 유지해야 하듯 부하도 일관성 있는 태도가 필요하다.

⑤ 명확성(Clarity)

부하로서 명확한 업무 지시를 받으려면 첫째, 자신이 명령을 잘 이해하고 있는지 자신의 말로 요약해서 질문하면 좋다. 즉, "제가 지시사항을 이렇게 이해했는데 맞는지요?" 라고 질문하면 된다. 부하가 잘못 이해했다면 수정해 줄 것이고 맞았다면 그렇게 하라고 할 것이다.

둘째, 중간보고 과정을 통해서 업무 방향을 명확히 하라. 상사의 입장에서 모든 지시를 중간 수정 없이 명확하게 할 수 있는 상황은 그리 많지 않다.

예를 들면 사장님이 신규 사업의 방향이 정립되지 않은 상황에서 신규 사업을 검토 인력을 충원하라는 지시를 인사담당 중역이 받았다면 아무리 명확한 지시를 하려 해도 그렇게 하지 못한다. 이런 경우 명확성을 유지하려면 지시사항을 이행하면서 중간보고를 통해 목표를 명확하게 만들어 가야 한다. 당신이 중간 관리자라면 당신도 명확하지 않은 지시를 내린 경험이 있을 것이다. 이런 경우 중간보고를 한 부하 직원의 방향을 수정해준 경험이 있지 않던가?

⑥ 약속(Commitment)

신뢰 관계를 유지하는데 누가 뭐래도 제일 중요한 것은 약속을 잘 지키는 것이다. 신뢰 행동이 견과로 나타나는 마지막 행동이 약속이다. 약속 지키기는 업무에서는 마감일 준수다. 마감일을 지키지 않는 사람은 절대 신뢰받지 못한다. 어떤 경우는 한 번의 약속 불이행으로 그 사람 전체를 판단하기도 한다.

지키지 못할 약속은 하지 않는 것이 좋다. 약속했다면 반드시 지켜야 하며 피치 못할 사정으로 약속을 어기게 될 경우는 미리 상황을 알려야 한다.

마감일 준수 약속은 늦게 잡는 것이 좋겠지만, 이런 행동은 상황이 급박한 경우는 부정적인 사람으로 비치게 된다. 식사 약속이나 사교적인 약속은 가능하면 시간 여유를 두고 잡으면 상대가 존경받는 느낌이 든다. 예를 들면 저녁에 퇴근하면서 갑자기 저녁을 같이하자고 하면 난감해 하지만 한 달 후에 저녁 식사 일정을 잡으면 상대도 일정을 조정할 수 있기 때문에 좋아한다.

회사에서 우수사원과 일반 사원의 차이는 마감일 준수로 나타난다. 우수 인재는 마감일 전에 일을 완료한다. 보통 인재는 마감일을 지킨다. 반면에 저성과자는 마감일조차 준수하지 못한다.

상사와
오버커뮤니케이션 하라

성과를 못 올린다고 호통치는 상사 앞에서 죄인처럼 아무 얘기하지 못하다가 퇴근 후 동료들과 술잔을 기울일 때는 열정적으로 상사를 안주로 삼는 부하가 있다. 이런 행동은 스트레스 해소에는 도움이 되겠지만, 직장인에게는 바람직하지 못한 행동이다. "스트레스 해소를 위해 술자리에서 어느 정도 상사를 안주 삼는 건 허용할 수 있지!" 라고 말하는 상사라도 실제 부하 뒷담화를 전해 듣고 좋아할 상사는 없다.

적당한 스트레스는 삶에 활력을 불어넣기도 하지만, 과도한 스트레스는 건강을 악화시킨다. 스트레스를 조절할 자신만의 방법을 찾아야 한다. 아니, 반드시 있어야 한다. 스트레스 해소 방법으로는 운동이나 음악 감상도 좋다. 게임도 좋다. 수다도 좋다. 하지만 뒷담화는 언젠가는 상사 귀에 들어간다는 점을 염두에 둬라.

뒷담화를 듣고 나서 상사가 기분 나빴다면 어떤 행동을 할 것 같은가? 당신이 상사라면 뒷담화한 부하를 어떻게 하겠는가? 어떤 상사는 자신이 취할 수 있는 모든 행동을 취한다. 이로 인해 당신은 알게 모르게 따돌림을 당할 수 있다. 말도 안 되는 일로 당신을 야단칠 수도 있다. 문제는 이런 경우 부하의 대응방법이 별로 없다는 점이다. 최악의 경우에는 회사를 떠나야 할 상황이 발생할 수도 있다.

즐거운 회사 생활을 하려면 상사에게 다가가라. 상사가 내게 먼저 다가오길 기대하지 말라. 상사는 당신보다 훨씬 더 바쁜 사람이다. 상사의 성공을 도와라. 상사의 성공을 돕는다는 말에 기분 나빠하지 말라. 상사는 회사 조직이다. 구성원의 성과는 조직의 성과다. 높은 성과 달성은 결국 상사를 돕는 것이다.

그렇다고 아부하라는 건 아니다. 진정성 없는 아부는 사기꾼이 하는 짓이다. 사기꾼은 겉 표현과 속마음이 다르다. 진정성이란 자신의 내면의 선한 마음과 외부로 표출되는 행동이 일치하는 것을 말한다.

당신이 바깥에서 한 행동을 집에 와서 후회한다면 그건 진정성이 없는 행동이다. 진정성 없는 행동으로 밖에서는 좋은 사람으로 평가받을지 모르지만, 스트레스로 인해 집안에서는 폭군이 되어 가족을 파괴하기도 한다.

상사에 대한 충성이 자연스럽다면 진정성 있는 행동일 것이다. 하지만 이런 행동도 동료의 빈축을 살 수 있다. 시간과 장소를 잘 가려서 행동해야 한다.

상사와 커뮤니케이션은 상당히 어렵지만, 과도할 정도로 커뮤니케이션 해야 한다. 과도한 소통은 명확하게 업무 지시를 이해할 수 있기 때문에 부하에게도 명확한 업무지시를 할 수 있다.

상사와 커뮤니케이션은 부하와 커뮤니케이션 하는 것보다 수십 배 어렵지만 그래도 해야 한다.

상사와 커뮤니케이션을 잘하려면 첫째, 상사와 싸움은 진 싸움이라고 생각하라. 상사는 인사권자이다. 조그만 회사의 상사는 사장이자 오너이다. 직원이 오너를 이길 수는 없다. 싸움은 다른 사람을 바꾸려는 데서 시작된다. 싸워서 상사를 바꾸면 금상첨화겠지만 그런 예를 들어본 적이 없다. 앞으로도 영원히 그런 일은 일어나지 않을 것이다. 당신 자신도 때때로 못 바꾸면서 상사를 바꾸기는 불가능한 일이다. 지나친 욕심이다. 오히려 나를 바꾸는 것이 훨씬 쉽다. 내가 먼저 변하면 상대도 변한다. 웨스트민스터 대성당 지하 묘지에 있는 한 영국성공회 주교의 묘비에 이런 글이 적혀 있다.

나 자신
내가 젊고 자유로워서 상상력의 한계가 없었을 때
나는 세상을 변화시키겠다는 꿈을 가졌었다.
좀 더 나이가 들고 지혜를 얻었을 때
나는 세상이 변하지 않는다는 것을 알았다.
그래서 시야를 약간 좁혀

내가 살고 있는 나라를 변화시키겠다고 결심했다.

그러나 그것 역시 불가능한 일이었다.

황혼의 나이가 되었을 때

나는 마지막 시도로

나와 가장 가까운 내 가족을 변화시키겠다고 마음을 정했다.

그러나 이아, 아무도 달라지지 않았다.

이제 죽음을 맞이하기 위해 자리에 누운 나는 문득 깨닫는다.

만약 내가 내 자신을 먼저 변화시켰더라면,

그것을 보고 내 가족이 변화되었을 텐데.

또한 그것에 용기를 얻어

내 나라를 더 좋은 것으로 바꿀 수 있었을 텐데.

그리고 누가 아는가.

세상까지도 변하게 되었을지!

자신을 바꾸는 것이 제일 쉽지만, 이것 또한 잘 되지 않다는 경험을 누구나 했을 것이다. 이런 경우를 대비해서 상사에게 미움받을 용기를 가지고 다가가면 훨씬 편하게 접근할 수 있다.

백세 인생을 살아야 하는 지금, 직장생활을 60세까지 했다면 선방한 셈이다. 그런데도 60세에 직장을 은퇴한 것은 이제 겨우 인생 삼종 경기 중 2개의 경기를 마쳤을 뿐이다. 다음 경기를 준비해야 한다. 그 기간은 30~40년이다. 직장생활보다 훨씬 더 길다.

태어나서 30년까지를 1종 경기를 한다. 다음 60세까지는 직장이라는 경기장에서 2종 경기를 한다. 마지막으로 60세에 은퇴하면 30~40년이 라는 기간 동안 인생 3종 경기를 해야 한다. 인생의 마지막 3종 경기에서 직위는 대부분 사장이다.

사장이 마지막 인생 3종 경기종목이라면 사장 되는 준비를 지금 당장 해야 하지 않겠는가? 사실, 직장 생활을 하는 동안 늘 사장 되는 준비를 해야 한다. 사장 준비를 한다는 것은 모든 일을 사장이 됐다는 입장에서 바라보고 처리하는 것이다. 사장 입장으로 의식을 올려놓는 것이다. 당신의 의식적 지위를 사장까지 올려놓고 지금 상사를 바라보면 어떻겠는가? 장점을 칭찬하기가 수월해진다. 상사의 성공을 돕는 일도 쉽게 된다.

부하가 상사를 칭찬하는 것이 쉽지도 않고 자연스럽지도 않지만, 상사를 얻기 위해서는 먼저 상사를 칭찬할 수 있어야 한다. 정말 상사에게 칭찬이 어렵다면 당신의 의식을 사장 또는 회장 레벨로 올려놓아 보라. 상사 칭찬이 훨씬 쉬워진다. 어차피 당신은 사장이나 회장이 될 테니까 말이다. 조금 일찍 자신을 승진시켜라. 그런 의식으로 상사를 얻는 방법을 생각해 보라.

둘째, 당신 마음에 꼭 맞는 상사를 만날 확률은 제로에 가깝다. 이런 기대는 아예 하지 말라. '연애 때 너무 좋아해서 절대 싸움 같은 것은 하지 않을 것'이라고 맹세했지만 결혼하면 어떤가? 가끔씩 다투지 않았던가. 사실 부부간의 싸움은 없는 것보다 약간의 다툼이 있는 부부가 건강한 가정이다. 서로 다투며 맞춰가는 것이다. 직장 상사도 마찬가지이다. 마음에 들지 않는 부분은 맞춰가면서 좋은 관계를 유지하면 된다.

완벽한 부하가 없듯이 완벽한 상사도 없다. 회사에서 겪는 수많은 갈등은 너무 큰 기대에서 시작된다. 기대가 크면 실망도 크다. 기대가 큰 사랑이 실망도 크듯이 상사와 관계도 또한 같다.

셋째, 꼴 보기 싫은 상사에게도 존경할 만한 점이 있다는 사실을 깨달아라. 자기와 성격이나 행동유형 때문에 꼴 보기 싫은 상사가 있다. 당신과 정반대 행동유형이기 때문에 그런 경우도 있지만, 상사에게서 당신의 모습 즉, 그림자를 보기 때문에 그럴 수도 있다. 상사를 미워하기 전에 우선 자신을 바라보라. 그런 후 상사의 좋은 면을 찾아보라. 보인다. 세상에 장점만 있는 사람은 없다. 장점을 다른 면에서 보면 단점이 된다.

상사의 장점을 육성하고 단점을 보완하는데 당신이 일조한다고 생각하라. 정말로 무능력하고 쓸모없는 상사라고 자타가 공인한다고 해도 상사는 조직에서 당신의 생사여탈권을 쥐고 있는 강력한 존재라는 것을 잊어선 안 된다.

상사는 늘 외롭다. 직위가 올라갈수록 더 외로워진다. 그래서 코치가 얘기만 들어줘도 사장님들은 스스로 답을 찾는다. 생각을 정리한다. 당신이 상사의 이야기를 잘 들어주는 코치의 역할을 해도 좋다.

상사는 때로는 부하의 능력을 믿지 못하면서도 일을 시키기도 한다. 이런 일을 정성 들여 해 오면 상사는 감동한다. 이런 일들이 몇 번 반복되면 상사는 당신을 핵심인재로 키워준다. 승승장구하는 직원은 상사가 무심코 흘린 이슈의 해결책을 제시해서 사랑을 받는다.

상사의 입장에서 생각해 보고 해결책을 제시하라. 상사의 관심사와 고민을 파악하는 동안 상사를 이해하게 된다, 좋은 인상을 심어줄 수 있다. 이런 경지는 항상 상사에 대해 생각하고 연구해야만 가능하다.

상사의 마음을 얻는 능력과 습관을 지니려면 우선 자신이 하고 있는 업무에서 성과를 내야 한다. 그다음 진정성 있는 태도로 상사와 소통하는 것이다.

상사의 마음을 얻은 부하의 공통된 특징은 상사와 대화 시간을 많이 갖는다는 것이다. 그들은 자연스럽게 상사와 식사를 함께하며 저녁 회식자리도 가진다. 물론 상사의 경조사도 잘 챙긴다. 이렇게 차근차근 상사와 친밀 감정을 쌓는다.

조직에서 성공하고 싶은가? 최소한 동료들보다는 승진에서 뒤처지고 싶지 않은가? 그렇다면 상사의 마음을 먼저 얻어라. 모 그룹 부사장들의 설문조사 결과에 의하면 부하 직원들에게 원하는 모습은 회사 전체를 위해 부문과 협력하여 조화를 이루는 것이었다. 상사는 기본적으로 성실하고 책임감 있는 부하, 동료들과 화목한 분위기를 만드는 직원을 좋아한다.

마지막으로 회사에서 성공의 두 개 날개는 '실력'과 '상사와의 인간관계'라는 점을 기억해 두라. 조직에서 상사는 나의 '생사여탈권'을 쥐고 있다. 직장에서 성공하기 위해서는 상사를 얻어야 한다, 상사를 내 편으로 만들어야 한다는 것을 잊지 말라.

마음속 지위를
조직의 최고 수준으로 올려라

기차나 전철을 타 보면 앞칸에 동력장치가 있다. 앞칸은 뒷칸들을 끌고 간다. 조직도 마찬가지이다. 자발적 동력장치로 앞에서 끌고 가는 사람이 있고 뒤에서 수동적으로 따라가는 사람이 있다. 당신은 어떤 사람인가. 자기 일에서 재미를 찾은 사람이라면 자발적 동력장치를 가진 사람이다. 이런 사람이 창의력을 발휘한다. 조직을 선두에서 이 끈다.

글로벌 경영컨설팅사인 타워스 왓슨(Towers Watson)에 의하면, 한국인은 직장인의 6%만이 '일에 몰입'한다고 한다. 글로벌 평균은 21%다. 우리나라는 상당히 낮은 수치다.

스스로 일을 찾아서 하는 사람을 '주인의식' 또는 '기업가 마인드'를 가졌다고 말한다. 기업마다 이를 강조하지만, 조직 일부 사람들에게만 스며든 말이다. 하지만 CEO는 이런 사람을 원한다. 당신이 고위직 관리자가 되려면 자발적 동기부여가 된 사람이 되어야 한다.

우리는 언젠가 사장이 된다. 조직 생활을 그만두고 나오면 사장을 할 수밖에 없다. 그것이 60대일 수도 있고 30대일 수도 있다. 언젠가는 자기 사업을 하게 된다. 기업가 마인드를 가져야 한다. 자기 사업을 하지 않아도 될 만큼 경제적 여유가 있더라도 무언가를 해야 한다. 그렇지 않으면 후회한다.

동아일보에 게재됐던 아랫글은 많은 걸 생각하게 해 준다.

어느 95세 어른의 수기

나는 젊었을 때 정말 열심히 살았습니다.
그 결과 나는 실력을 인정받았고 존경을 받았습니다.
그 덕에 65세 때 당당한 은퇴를 할 수 있었죠.
그런 내가 30년 후인 95살 생일 때 얼마나 후회의 눈물을 흘렸는지 모릅니다.

내 65년의 생애는 자랑스럽고 떳떳했지만

이후 30년의 삶은 부끄럽고 후회되고 비통한 삶이었습니다.

나는 퇴직 후 이제 다 살았다. 남은 인생은 그냥 덤이다. 라는 생각으로 그저

고통 없이 죽기만을 기다렸습니다.

덧없고 희망 없는 삶….

그런 삶을 무려 30년이나 살았습니다.

30년의 시간은 지금 내 나이 95세로 보면

3분의 1에 해당하는 기나긴 시간입니다.

만일 내가 퇴직할 때 앞으로 30년을 더 살 수 있다고 생각했다면

난 정말 그렇게 살지는 않았을 것입니다.

그때 나 스스로가 늙었다고

뭔가를 시작하기엔 늦었다고 생각했던 것이 큰 잘못이었습니다.

나는 지금 95살이지만 정신이 또렷합니다.

앞으로 10년, 20년을 더 살지 모릅니다.

이제 나는 하고 싶었던 어학 공부를 시작하려 합니다.

그 이유는 단 한 가지

10년 후 맞이할 105번째 생일날

95살에 아무것도 시작하지 않았는지

후회하지 않기 위해서입니다.

100세 시대를 살고 있는 지금 우리들을 깊이 생각하게 하는 글 아닌 가. 우리는 누구나 다 언젠가는 사장이 된다. 자기 사업을 하거나 1인 기업을 해야 한다. 사장의 눈으로 바라보면 중요하지 않은 건 하나도 없다. 모든 것이 소중하다. 나중에 사장이 된다는 생각으로 지금 직장 생활을 바라보면 뭔가 달리 보인다. 사장은 일을 시키지 않아도 스스

로 하는 자발적 동기 부여된 사람이다.

당신이 지금 당장 기업가 마인드를 가진다면, 당신 자신을 조직의 최고 책임자인 사장으로 의식을 승진시키면, 리더십 변혁은 즉시 일어난다. 사장 눈으로 바라보면 모든 것이 다르게 보인다. 풍부한 창의력도 생기고 남다른 결단력 기준도 갖게 된다.

당신 스스로 불가능할 것 같은 높은 목표, 가슴 설레는 높은 목표가 있다면 다음은 매일 무엇을 하면 그것을 달성할 수 있는지를 정하라. 그리고 하루를 멋있게 살라. 그렇게 하루하루를 멋있게 즐기면 당신은 그런 날만큼 인생을 설렘으로 즐기며 산 것이다. 그런 날이 많으면 많을수록 인생은 풍요로워진다. 일을 스스로 찾아서 하게 된다. 자발적 동력을 얻게 된다.

당신의 의식을 사장의 위치에 올려놓고 상사를 바라보면 장점도 쉽게 발견할 수 있다. 칭찬도 자연스럽게 할 수 있다. 사람들은 잘난 사람을 만나면 그 사람을 끌어내려 자기 수준으로 만들려고 한다. 만약 그런 마음이 생기면 즉시 그 사람보다 더 높은 지위로 당신 의식을 올려놓으면 된다. 아무리 잘난 사람이라도 당신이 위축되지 않는다. 칭찬도 쉬워진다. 가까운 관계가 되는 것도 쉽다.

실제로 이런 마음을 느낀 것을 글로 적어 보았다.

휘몰아치는 태풍에 꿋꿋하게 서 있는
장엄한 바위를 바라보면
놀랍기도 하지만 왠지 자신이 위축된다.

수천 년을 살아온 큰 고목 앞에 서서
하늘을 찌를 듯한 나뭇가지를 바라보면
시원도 하지만 인생의 짧음도 느껴진다.

인간으로서 도저히 해낼 수 없을 것 같은
위대하고 훌륭한 업적을 만든 사람을 만나면
존경스럽기도 하지만 자신의 초라함도 함께 본다.

더구나 그런 사람 옆에 서면
왠지 부정적인 사람이 되기도 한다.

그러나
우리에게 의식의 한계는 없다.
꿈의 한계도 없다.

자기의식을 스스로
지금보다 수십 또는 수백 배 높게 올려놓으면
모든 것은 찻잔 안의 태풍이 된다.

모든 것이 긍정적으로 보인다.
모두 별것 아니다.

가슴 설레는 높은 목표는 이따금씩 바라보면서
오늘 하루를 최고로 멋있게 즐기는 데 집중하면
불가능한 목표 달성은 그냥 덤이다.

상사와
성공적 관계를
구축하라

평상시 상사와
성공적인 관계를 구축하라

상사와 가까워지도록 노력하라. 상사에게 이끌리는 자석처럼 다가가야 한다. 상사가 당신에게 먼저 다가오길 기다리지 말고 당신이 먼저 상사에게 다가가라. 상사와 원활한 소통은 명확한 업무 지침을 받는 데도 도움이 되지만 성과를 자연스럽게 알리는 방법으로도 좋다.

상사가 부하의 모든 일을 손바닥 들여다보듯이 알게 되면 상사는 후원자가 된다. 상사를 후원자로 얻게 되면 직장생활은 천국이 되지만 상사와 증오관계가 되면 직장은 지옥이 된다.

상사와 소통 방법은 상사가 승인하는 것이면 어떤 것도 좋다. 상사가 좋아하고 싫어하는 소통 방법을 알기 위해서 고민하지 말고 상사와 의논하라. 예를 들면 문자나 카카오톡도 괜찮은지? 쪽지 보고는 어떤지 등에 대해 사전에 협의하라. 보고 항목이나 수준에 대해서도 상사와 합의하면 좋다. 이때 아무 준비 없이 '제가 상무님께 어떻게 보고하면 좋을까요?' 처럼 상사에게 질문하지 말라. 미리 당신이 생각한 준비

사항을 열거하면서 즉 '제가 이러이러한 것을 매주 월요일 오전 10시에 보고하려고 하는 데 상무님 생각은 어떠신지요? 혹시 다른 방법이 있다면?' 처럼 질문하는 것이 훨씬 더 준비된 사람처럼 보인다.

사전 보고 없이 당신 스스로 결정권자처럼 행동하는 것은 매를 버는 짓이다. 상사의 기대 사항도 상황에 따라 변할 수 있다. 수시로 업무와 관련된 변동 사항에 대한 대책안을 마련하여 보고하는 부하를 상사는 사랑한다. 상황에 따라서는 비유나 은유를 사용한 질문을 사용하면 더욱 좋다.

상사를 당황하게 하지 말라. 상사가 편해야 당신도 편해진다. 나쁜 소식을 상사에게 전하고 싶은 사람은 많지 않다. 그렇더라도 발생된 문제는 상사에게 즉시 알려야 한다. 상사가 가장 싫어하는 보고는 터진 문제에 대한 대응 시간을 다 소비한 후 코앞에 벌어진 사건을 알리는 것이다. 더 나쁜 최악의 상황은 문제가 있다는 사실을 제3자로부터 듣는 것이다. 이를 방지하기 위해 예상되는 문제가 있다면 문제와 진행사항을 모든 방법을 동원해서 상사에게 알리는 것이다. 문제 발생 즉시 상사에게 보고하는 것도 좋지만, 반드시 대안도 같이 보고해야 한다. 그렇다고 대안이 만들어질 때까지 보고 시간을 늦추면 더 큰 사고가 발생한다. 대안이 없다면 보고하기 전까지 생각한 것이라도 보고하라.

문제가 있을 때만 상사를 찾지 말라. 문제가 생기기 전 상사를 만나라. 문제만 던져 놓는 사람을 좋아하는 상사는 없다. 완벽한 해결책이 아니더라도 대안을 함께 제시해야 한다. 그렇다고 완벽한 해결책만 준비하다 보면 보고 시한이 너무 늦어져 상사가 다른 루트를 통해 알게 되는 낭패가 발생하기 때문에 그것보다는 빨리 보고하는 것이 좋다.

문제 해결을 위하여 필요한 자원이 무엇인지만 보고해도 좋은 경우가 많다. 예를 들면 시간이 더 필요하다든지, 다른 사람의 도움이 필요하다든지, 아니면 상사의 지원이 필요하다든지를 보고하는 것도 좋다. 부하에게 지시할 때도 완벽한 해결책을 가지고 오라고 지시하는 것보다, 어떻게 대처하면 좋을지, 필요한 자원은 무엇인지를 보고 하라고 하는 것이 더 좋을 수 있다.

자신의 성과만 너무 나열하지 말라. 너무 자기 자랑만 하면 가볍게 보인다. 상사와의 면담 시 고위관리자조차 자신의 과거 성과를 자랑하는 경향이 있다. 특히 회의 석상에서 자기 자랑만 늘어놓으면 동료에게 미움받는다. 상사가 알고 싶은 것은 미래이지 노골적인 자기 PR이 아니다. 상사의 관심은 부하 목표가 무엇이며 어떤 것을 도와주면 좋을지, 필요한 의사 결정은 무엇인지를 더 알고 싶어 한다. 바쁜 상사의 시간 절약을 위하여 간단명료한 보고 방법도 터득해야 한다. 아무리 훌륭한 성과를 달성했다고 하더라도 중언부언 보고는 성과를 갉아먹는다.

상사를 바꾸려 하지 말라. 상사를 바꿀 수 있다고 생각하는가? 상사의 업무 스타일이나 성격이 당신과 다른 것은 지극히 정상적이다. 상사의 소통 방법, 동기부여 방법, 관리방법을 바꾸려 하지 말라. 당신이 원하는 스타일로 바꿀 수 있다면 좋겠지만 성공한 예가 거의 없다. 이 과정에서 오히려 당신이 엄청난 상처를 입는다.

그렇다고 상사를 바꾸려는 노력을 하지 말라는 말은 아니다. 상사 스타일을 바꾸고 싶다면 이런 코칭 질문을 시도해 볼 만하다. '만약 상무님께서 허락하신다면 다른 소통 방법은 제안해 보고 싶습니다. 어떠신지요?'라고 질문한 후, 자신의 의견을 얘기해 보는 방법이다. 다른 방법으로는 지나가는 말처럼 "상무님께서 이러 이러한 소통 방법을 사용하시면 부하 직원들이 훨씬 더 좋아하고 동기 부여도 되지 않을까 하고 생각해 봤어요." 라고 툭 던지는 것이다. 그러면 상사는 당신의 제안에 대해 곰곰이 생각해 볼 것이다. 상사가 바뀔 수도 있고 안 바뀔 수도 있겠지만, 상사에게 판단 권한을 줬기 때문에 편안하게 생각할 것이다. 더구나 부하에게 자발적 동기부여를 시키고 싶은 상사는 부하가 좋아하는 일을 검토해 보고 싶은 생각이 든다.

이런 제안이 성공하든 안 하든 이런 행동을 통하여 상사에게 좋은 이미지나 평판을 덤으로 얻는다.

비밀은 없다.
뒷담화는 언젠가 상사 귀에 들어간다

술자리에서 흔히 상사를 안주 삼는다. 동료끼리 한 것이니까 괜찮겠다고 생각하면 오산이다. 인간관계는 언제 나빠질지 알 수 없다. 당신과 술자리에서 기분 좋게 상사를 헐뜯던 동료와 뜻하지 않게 관계가 나빠질 수 있다. 당신 동료는 한편으론 승진 경쟁자이다. 그런 그가 궁지에 몰리면 상사 뒷담화를 당신이 선동했다고 할 수도 있다. 동료의 그런 말에 변명할 기회가 주어지면 좋겠지만 그런 기회는 대부분 주어지지 않는다. 이로 인해 당신은 원인도 모른 채 상사의 미움을 받을 수 있으며 승진 대상자에서 멀어질 수도 있다. 상사의 험담은 언젠가는 상사 귀에 들어간다고 보는 게 좋다.

당신의 동료가 상사 흉을 볼 때 적극적으로 동조하지 말라. 당신 동료가 상사에게 충성심을 보여야만 할 상황이 발생하면 당신의 동조를 선동으로 바꿀 수 있다. 설마 이런 일이 발생하겠느냐는 의심을 갖지 말라. 실제 경험을 이야기하는 것이다. 동료가 상사를 비난할 때 경청을 잘한답시고 맞장구를 친 것을 조금 바꿔 당신이 선제적으로 상사를 비난했다고 누군가 말할 때 변명할 수 있을까. 어렵다. 당신의 동조가 선동과 다르다고 항변한다고 크게 달라지는 긴 없다.

어떤 경우든 상사를 험담하지 말라. 정말 상사를 험담하고 싶다면 코치나 상담사를 찾아서 이야기하는 것이 좋다. 아니면 직장과 전혀 관계없는 친구에게 하는 것도 한 방법이지만 이것도 조심해야 한다. 그 친구가 당신의 상사와 가까운 사이일 수도 있고, 다른 루트를 통해서 상사에게 뒷담화가 전달될 수 있기 때문이다. 이런 경우 악의가 없는 경우도 있다. 상사와 친분 있는 그분이 당신 상사의 리더십 변혁을 위해 충고 할 수도 있기 때문이다. 그렇더라도 이런 이야기를 전해 들은 상사는 기분 나쁘다. 이 말이 의심스럽다면 직장 생활을 오래 한 선배를 찾아가 물어보라.

요즘 많은 직장인이 페이스북이나 카톡 같은 SNS를 통해 의사소통을 한다. 소통에 많은 도움도 되고 재미있기도 한 SNS 때문에 곤혹을 치른 예를 주위에서 보았을 것이다. 어떤 경우는 조직을 떠날 수밖에 없는 원인을 제공한다. 중소기업 S과장은 요즘 업무실적 때문에 매일 사장에게 시달리고 있었다. 그는 평소 절친한 회사 동료와 메신저로 "어휴 저 인간은 실적만 중요하게 생각하는 속물이야. 과정은 생각지도 않고 늘 성과가 없으면 회사를 그만두라고 야단이지!" 등의 멘트를 날리면서 스트레스를 해소하는 중이었다. 공교롭게 동시에 사장이 메신저로 업무 진행 상황을 물어온 것이다. 여러 개의 메신저를 동시에 열어놓고 대화를 하던 그는 동료에게 비난 글을 보낸다는 것을 잘못해서 사장에게 보내는 실수를 하고 말았다. 순간 조그만 사무실을 살벌한 상황으로 돌변했다. 오래지 않아 그는 회사를 그만두게 되었다.

인터넷에서 상사나 회사 생활에 대한 불만 표출 외에도 반사회적인 글들을 무심코 퍼 나르는 사람이 있다. 자신의 주장을 펴는 것이기 때문에 누가 뭐라 할 수 없다고 생각하지만 그렇지 않다. 우연히 이런 것들을 상사가 볼 수도 있고 인사부서에서 볼 수도 있다. 입사 원서 제출자의 성격이나 성향을 파악하기 위해 인사부서에서 SNS를 조사하기도 한다. 이런 이유 때문에 시간과 경비를 들여서 좋지 않은 인상을 줄 만한 SNS 내용을 삭제하는 사람도 있다. 이는 비단 입사준비생들에게만 해당하는 일이 아니다. 상사나 인사팀에 노출되어 인사고과에 악영향을 받을 수도 있다. 취업생의 경우에는 입사가 취소되기도 한다.

블로그나 SNS에 게재된 글은 상사나 동료, 부하 직원에게 100% 노출된다는 사실을 잊어서는 안 된다. 사소한 불만이더라도 인터넷에 올리는 것은 스스로 무덤을 파는 일이다.

험담이나 불만은 칭찬보다 20배 많이 전파된다는 것이 통계이다. 남을 험담하는 것은 스스로 직장생활의 끝을 앞당기는 것이다.

직장은 여러 사람이 힘을 합하여 성과를 내는 곳이다. 때문에 과거 험담했던 상사나 동료의 도움이 필요한 경우가 생긴다. 이런 경우 지난날 '나를 안주 삼았다.'는 사실을 알게 된 상사에게 도움받을 수 있을까? 그 반대일 것이다.

성공한 사람들은 뒷담화보다는 상사의 허점을 감춰준다. 대부분의 상사는 이미 자신의 단점과 허물을 잘 알고 있다. 그들도 인간이기 때문에 잘 고쳐지지 않을 뿐이다. 자랑할 만한 것들은 다른 면에서 보면 단점이지 않은가. '느려 터지다'는 다른 말로 '신중하다. 또는 여유가 있다'이다. '빠르다'를 단점으로 보면 '경솔하다.'가 된다. 이런 점을 감안해 상사의 좋은 점을 보려면 좋은 점이 보인다.

조직은 긍정적인 사람을 좋아한다. 긍정적인 사람은 주위에서도 같이 일하고 싶어 하고 도와주려고 하기 때문에 우수한 성과를 낸다.

그리스 철학자 에픽테토스(Epiktetos)는 남을 비판하거나 험담하는 사람은 본인이 세 가지 측면에서 해를 입는다고 지적했다.

- 매사를 부정적 관점으로 본다.
- 열정적으로 일할 에너지를 스스로 잠식당한다.
- 마침내 자신도 남에게 비판받고 험담에 시달리는 운명을 맞게 된다.

인간은 혼자 살아가지 못한다. 수많은 사람과 관계를 맺으며 살아간다. 더구나 인터넷이 발달한 지금 세상에서는 모든 것이 실시간으로 알려진다. 크든 작든 다른 사람의 도움이 필요하다. 이타심이 필요한 시대에 살고 있다. 보다 큰 존재 또는 작은 존재와 연결된 존재로 기여하려는 노력이 필요하다. 영성이 필요한 시대에 살고 있다는 의미다. 따라서 친한 사이일수록 서로 돕고 칭찬하는 말을 해야 한다.

어떤 경우라도 상사나 동료를 험담하는 것은 금물이다. 험담에 대한 화살은 바로 나 자신에게 돌아온다는 점을 명심하라.

상사의 단점 보완자 역할을
자임하라

사람은 어려울 때 받은 도움을 결코 잊지 못한다. 위나라 장군 오기는 병영에서 신음하는 부하의 환부에 난 고름을 입으로 손수 빨아주었다. 이에 감동한 부하는 전쟁터 선두에 서서 오기 장군을 위하여 용맹하게 싸우다 죽었다. 이는 부하에게만 해당하는 이야기는 아니다. 상사가 어려울 때, 또는 자신의 약점을 보완해 주는 부하에게 상사는 고마움을 느낀다.

높은 직위로 올라갈수록 더 고독을 더 느낀다. 더구나 자신이 잘 알지 못하는 부분을 책임졌을 때 상사는 괴롭다. 이럴 때 당신이 상사보다 조금 더 안다고 해서 상사를 무시하거나 깔보면 큰코다친다. 승진해서 자신의 업무 범위가 넓어질 경우 모르는 부분이 있는 것은 지극히 당연한 일이다.

완벽한 상사는 없다. 당신이 완벽한 부하가 아닌 것과 같다. 더구나 상사와 당신은 대등한 입장이 아니다. 단순히 나이가 많다고 팀장이나 임원이 되는 것은 아니다. 최소한 어느 한 부분에서는 뛰어난 성과가 인정받았기 때문에 상사는 그 자리에 있는 것이다. 상사에게서 장점을 찾아보라. 보인다. 불행히도 단점만 보인다면 역으로 돌려보면 그것이 장점이다. '느려 터졌다'는 '꼼꼼하다, 신중하다'이며, '덜렁거리다'는 '긍정적이다, 추진력이 있다'는 것으로 대체된다.

상사의 좋은 면만 보면 언젠가는 그 이득을 당신이 챙긴다. 상사의 단점을 보완해 주면 당신의 단점도 상사가 보완해 준다. 업무의 효율성이 높아지며, 조직 내 입지가 확고해진다. 부수적으로 훌륭한 성과를 낼 수 있는 많은 기회가 주어진다.

상사를 선택할 수는 없다. 어딜 가든 상사를 만난다. CEO는 고객이나 주주 또는 이사회라는 상사를 만난다. 상사는 그림자처럼 당신을 따라다닌다. 무엇을 하든 옆에 붙어 있다. 떼어 버릴 수 없는 상사와 함께 가야 한다. 함께 가기 위해서는 단점을 떠벌리는 것보다는 보완해 주는 것이 당신에게 훨씬 더 이득이다.

상사는 외롭다. 다른 사람들처럼 어울리고 농담도 하고 싶다. 하지만 농담을 유머로 받아들이지 않을 때도 있어서 힘들어한다. 같은 팀장이나 사원일 경우는 "너 얼굴 좋다!"라는 말이 농담이다. 그러나 임원이 돼서 "너 얼굴 좋다!"라고 이야기하면 같은 말인데도 해석은 전혀 다르게 되기도 한다. 직위가 차이 날 경우 "너 얼굴 좋다!"는 "너일 별로 하지 않는구나!"로 받아들일 수 있기 때문이다. 그래서 상사는 말을 조심한다.

행복한 직장생활을 위해서 상사와의 좋은 관계는 선택이 아니라 필수다. 좋은 관계 유지를 위해서 상대를 돕는 것만큼 중요한 것은 없다. 상사가 의사 결정을 잘할 수 있도록 정보를 제공하거나 지금 업무의 개선 방향을 제시해서 성과를 내는 것이 상사에 대한 최고의 지원일 수 있다. 지원받은 상사는 은혜를 결코 잊지 않는다.

상사의 단점을 보완해 주면 오히려 더 많은 이득이 돌아온다. 아주 강력한 원군을 얻는다. 상사를 도와 목표를 달성할 수 있도록 지원하면 상사는 당신을 핵심인재로 육성한다. 무능력하다는 평판을 받는 상사라고 하더라도 당신에게는 얼마든지 좋은 평판을 안겨 줄 수 있다는 점을 기억하라. 이렇게 되면 상사도 성장하고 당신도 성장하는 윈윈 관계가 성립된다.

상사에게 순종하는 자세는
신뢰를 얻는 지혜로운 처세다

기원전 4세기 중국에 무기라는 장군이 있었다. 하루는 부하 장군이 전투를 시작하기도 전에 돌격해 적군 몇 명의 목을 베어 돌아왔다. 부하 장군은 충성심을 발휘했다고 생각했지만, 무기는 그렇게 생각하지 않았다. 무기는 그 장수의 목을 베라고 명령하면서 이런 말을 덧붙였다. "재능은 있지만 순종할 줄 모르는 장수다." 재능을 믿고 상사에게 순종하지 않으면 알게 모르게 불이익을 받는다는 걸 보여준 예다.

부하가 승리의 자만에 빠지지 않도록 주의를 준 예도 있다. 마케도니아 왕 필리포스는 대승을 거둔 장군을 강등시킨 일이 여러 번 있었다. 부하가 자만에 빠지거나 자신과 동등한 지위가 아니라는 것을 일깨우기 위함이었다. 적벽대전을 승리로 이끈 주유도 주군인 손권을 무시하는 행동으로 인해 일시적으로 병권을 잃었다. 성과를 낸 다음에 더 겸손해야 함을 말해준 좋은 예다. 영광을 윗사람에게 돌림으로써 그가 불편한 마음이 들지 않도록 하라는 것이다.

상사에게 순종하는 자세는 신뢰를 얻는 지혜로운 처세다. 반면에 공식 석상에서 상사의 권위를 무시하면 반드시 보복당한다. 중견 사원으로서 새로운 회사에 진입했을 때나 새로운 상사가 부임했을 때 그와 신뢰관계가 구축되지 않은 상태에서 회의 시간마다 개선점을 지적하고 새로운 아이디어를 늘어놓으면서 좋은 인상을 주려는 행동은 불행히도 상사의 미움을 사게 된다. 이런 행동은 지금까지 상사가 구축해 온 개선의 틀을 깨는 것으로도 보일 수 있기 때문이다.

많은 직원은 자신의 똑똑함을 드러내기 위해 지금까지의 관행을 지적한다. 자신의 능력을 보여주기 위해 온갖 아이디어와 제안들을 쏟아

낸다. 이러한 열정은 좋은 것이기는 하다. 문제는 상사의 신임을 얻은 후에 하는 것도 조심스러운데 신임을 얻기 전에 이런 행동을 한다는 데 있다. 이런 행동은 자칫, 회사를 비난하는 것으로 들린다. 회사는 구성원들이 조직에 존경심을 보이기 전에 똑똑한 체하는 것을 좋아하지 않는다. 좋은 의도라고 모든 것이 용서되는 건 아니다. 먼저 회사와 상사에게 존경심을 보이지 않으면 상사는 당신을 두렵고 위협적인 존재로 느끼고 회사는 당신을 방해자로 인식한다.

반드시 기억해야 할 것은 절대 상사를 앞선 모양새를 취하지 말라는 것이다. 상사는 당신의 운명을 쥐고 있다. 부하가 자신의 자리를 위협한다고 느끼는 순간, 그는 부하가 얼마나 유능하고 똑똑한지는 관심 밖이다.

당신의 똑똑함을 증명하기 위해 상사의 스포트라이트를 낚아채지 말라. 회사는 관리자를 도와 업무 성과를 높이는 데 재능을 발휘하는 직원을 승진시키지, 관리자를 비난하거나 비판하는 직원을 절대 승진시키지 않는다.

당신의 승진문제가 거론될 때 상사의 머리 끄덕임은 절대적 영향을 미친다. 그가 머리를 끄덕이지 않으면 당신은 위로 절대 올라가지 못한다. 당신의 능력은 상사의 성공을 돕는 데 써야지 당신 야망만을 달성하는 도구로 써서는 안 된다. 도요토미 히데요시는 전쟁을 다 이겨 놓은 다음에 주군인 오다 노부나가에게 조그만 도움을 요청해 승리를 상사의 것으로 만들었기 때문에 농부에서 쇼군이 될 수 있었다는 고사는 깊이 음미해 볼 필요가 있다.

상사를 앞서지 않으면서
당신 능력을 보여주는 방법

🔑○ **❶ 의견을 물을 때 견해를 제시하라**

신뢰관계가 형성되지 않은 상태에서 자주 문제를 제기하거나 잘못을 지적하지 말라. 의견을 물었을 때 개선해야 할 긍정적인 핵심 해결책을 제시하라.

🔑○ **❷ 상사가 당신 제안을 무시하면 입을 다물어라**

당신이 상사가 된 뒤에, 얼마든지 자신 뜻대로 할 수 있다. 당신이 부하인 이상 상사보다 잘할 수 있더라도 그의 뜻을 따라야 한다. 이런 행동으로 명성을 얻으면 당신이 상사가 됐을 때 그 진가를 톡톡히 발휘한다.

🔑○ **❸ 이미 갖춰진 시스템에 호의와 존경심을 표하라**

누구나 만족하는 시스템은 없다. 시스템 운영 방법에 대해 다른 생각이 있을 수도 있다. 그러나 회사는 당신 상사에게 조직운영 권한을 주었다. 일단 방향이 정해졌다면, 당신에게 더 좋은 의견 제시를 요청하면 모를까 그렇지 않으면 그 시스템은 존중되고 유지해야 한다.

🔑○ **❹ 팀에 공헌할 수 있는 좋은 제안을 했다면 상사에게 공을 돌려라**

구성원의 성과는 조직의 성과이다. 성공적인 제안을 당신이 제안했다면 그것 역시 당신은 물론 팀 성과이자 상사의 영광이다. 상사는 누가 그 제안을 했는지 정확히 알고 있다. 당신이 강조하지 않아도 상사는 고맙게 생각한다. 빚이 있다고 느낀다.

남보다 앞서거나 돋보이기 위해 자신이 똑똑하다는 것을 증명하려고 하지 말라. 그렇다고 당신이 한 일을 상사가 몰라도 좋다는 얘기가 아니다. 당신 혼자 아무리 괄목한 만한 성과를 달성했더라도 상사가 모르면 실적이 없는 것과 별반 차이 없다. 더구나 발생한 문제의 진행 사항을 상사가 모르면 안 된다. 당신 혼자 해결 하려고 하지 말라.

상사에게도 상사가 있다. 위로 올라갈수록 더 많은 정보를 주위에서 듣는다. 발생한 문제의 진행 사항을 당신의 상사가 모르게 되면 상사도 윗분에게 호되게 당한다. 무능력한 관리자로 낙인찍히게 된다. 심한 경우, 리더십을 의심받아 승진에서도 누락된다.

특히 당신이 하는 일 중에 문제가 발생했을 경우 당신 책임으로 해결되지 않을 이슈는 반드시 상사에게 중간중간 보고해야 한다. 보고해야 할 것과 그렇지 않은 기준을 설정하기가 상당히 어렵다. 이런 점을 감안한다면 당신이 하는 모든 일을 상사가 손바닥 들여다보듯이 알도록 하는 것이 더 좋을 수 있다.

당신 재능은 오로지 상사를 돕기 위한 것이라고 생각하라. 당신이 하는 모든 일을 상사가 알도록 하라. 그렇게 되면 곤경에 처했을 때 상사가 당신을 방어해 주거나 도움을 줄 수도 있다. 반면에 사고결과만 보고하게 되면 상사의 분노를 사게 된다.

상사와 관계가 원만할 때
비로소 인정받는 인재가 된다

상사는 절대로 자신의 권위를 침범한 부하를 그냥 두지 않는다. 겉으론 태연한 척하더라도 결코 잊지 않고 응징한다.

초한지에 유방과 한신과의 대화가 있다.

유방 : 나는 몇 명의 군사를 거느릴 수 있겠느냐?

한신 : 주군이 거느릴 수 있는 군사의 수는 몇백에 불과합니다.

유방 : 그러면 당신은 몇 명의 군사를 거느릴 수 있느냐?'

한신 : 저는 많으면 많을수록(다다익선) 좋습니다.

이 말을 들은 유방이 몹시 언짢아하자 한신은 "주군이 거느리는 몇백 명은 장군들입니다."라고 둘러댔다. 하지만 이런 말이 원인이 되어 천하를 통일하는데 혁혁한 공을 세운 한신도 결국 유방의 손에 죽었다.

상사는 항상 내 위에서 일하며 팀과 조직을 통솔한다. 상사가 되었다는 것은 그가 최소한 어느 한 부분에 능력이 있다는 것이다. 다만 그 능력이 보이지 않을 수는 있다.

야생에서는 힘 있는 자가 힘없는 자를 지배한다. 그러나 인간조직 세계에서는 힘없는 자에게도 부하를 관리 할 수 있는 권한을 부여한 후 이 권한을 잘 사용하길 원한다. 때문에 상사와 맞서는 일은 위계질서를 파괴하는 행동이라고 생각하여 조직은 이를 허용하지 않는다.

어떤 경우든 상사와 대립하지 말라. 당신 스펙이 좋다면 더욱더 겸손하라. 아무리 당신 스펙이 좋더라도 상사와 싸우게 되면 조직은 상사편이다. 순간적으로 상사와 싸워 이길 수는 있지만, 직장생활 전체를 놓고 보면 결코 이긴 싸움이 아니다. 아예 상사와 대립할 생각을 하지 않는 것이 좋다. 부하가 좋은 상사를 만나길 바라듯 상사도 좋은 부하를 만나길 바란다. 자신의 출중한 능력만 믿고 상사를 무시하는 부하가 있다. 직장 생활을 오래한 사람이라면 이들처럼 어리석은 사람이 없다는 것을 잘 안다. 부하 직원이 비상하느냐 추락할 것이냐에 대한 권한을 상사가 쥐고 있다. 별 영양가가 없어 보이는 상사라 할지라도 원만한 관계를 유지해야 한다. 결정적인 순간에 상사 한마디가 승진 방향을 뒤틀어 버릴 수도 있기 때문이다. 상사와의 관계가 원만할 때 비로소 회사에서 인정받는 인재가 된다.

기본 예의를 지키면
극한 대립상태 방지에 도움이 된다

상사를 얻기 위한 예의 지키기는 기본이다. 성격 차이, 가치관의 차이가 있는 경우 감정적 대립으로 예의를 지키기 어렵지만, 극한 대립까지 가지 않기 위해 평소 기본 예의를 지켜야 할 필요성이 있다.

부부간 대화할 때 존대어를 쓰는 사람에게 물어봤다. "무엇 때문에 부부간에 존댓말을 쓰는지? 듣기에는 거리감이 있는 것처럼 느껴지는데 어떤지?" 라고 질문했더니 이런 답변이 돌아왔다.

"부부간에 늘 좋은 일만 있는 건 아니죠. 때로는 얼굴 붉힐 일도 있고 상대의 행동이나 태도가 마음에 안 들 때도 있죠. 이런 것들이 쌓이다 보면 부부싸움을 하게 되는데 이때 상호 존댓말을 쓴 것이 도움이 됩니다. 부부간 쓰던 존댓말 때문에 싸움을 하더라도 심한 욕은 하지 않죠. 저는 반말을 하는 부부간 싸움 중, 심한 욕설로 인한 상처로 헤어지기까지 하는 경우를 목격했습니다. 그런 일까지 가지 않기 위해 우리 부부는 존댓말을 합니다." 이런 말을 듣고 내 과거를 돌아보니 나도 그런 경험이 있었다. 부부싸움을 하다 보니 감정이 격해져 심한 욕설을 하게 됐다. 그것도 어린 애들이 있는 중에 일어난 일이다. 지금도 아내는 그때 일을 기억하고 나에게 가끔씩 핀잔을 준다.

직장에서도 마찬가지다. 상사에게 최대한 예의를 지키려는 마음이 밑바탕에 있으면 감정의 악화로 상처받는 말을 하지 않는 데 도움이 된다. 행여 감정이 상하는 말을 했다면 바로 즉시 사과하라. 도저히 마음이 허락하지 않으면 자신의 감정이 조금 가라앉길 기다렸다가 기본 예의를 벗어난 행동에 대해 사과하라. 상사가 이를 안 받아들일 수도 있다. 하지만 예의를 지키려는 이런 행동이 시간이 지나면 도움이 된다.

상사가 앞에 있어도 허용할 수 있는 험담의 수준을 유지하라

뒷담화 없는 직장은 없다. 뒷담화는 일종의 '연대감'을 만들기도 한다. '내 편인가 아닌가?'를 점검하기 위한 방법으로도 활용한다. 상사를 험담하는데 아무 대꾸도 하지 않으면 '혹시 상사 심복이 아닌가?' 하고 의심한다. 듣기만 하는 사람이 무서워진다. 지금 내가 한 말을 고스란히 상사에게 전달할 것 같은 느낌 때문에 경계심이 생긴다. 그렇다고 뒷담화가 좋다는 것은 아니다. 잭 웰치(John Frances Welch Jr)는 좋은 리더가 되려는 상사는 부하를 어떤 자리에서든 험담하지 말라고 한다. 하물며 부하가 상사를 험담하는 것은 바람직하지 않다. 그래서 딜레마에 빠진다.

이런 경우 다른 사람의 뒷담화를 하면 그 사람 말을 반복해 주거나, 감정을 읽어주는 선에서 그치는 것이 좋다. 예를 들면 "자네 말은 본부장님이 너무 밀어붙인다는 거지!, 그래서 많이 힘들었겠다."처럼 하는 것이 좋다. 가능하면 뒷담화 자리에서 빠지는 것도 한 방법이다. 다른 방법으로 상사의 험담에 맞장구를 쳤다면 그 자리가 아닌 다른 자리에서 상사의 좋은 점도 같은 빈도 또는 그 이상으로 말하는 방법도 있다.

'벽에도 귀가 있다.'는 속담을 기억하라. 상사가 앞에 있다고 하더라도 허용할 수 있는 범위까지는 상사의 험담에 맞장구쳐라. 상사와 성과가 밑바탕이 된 신뢰관계가 구축되었다면 어느 정도 험담이 수용될 수 있겠지만 그렇지 않은 경우, 아주 작은 험담도 수용되지 않는 경우도 있다.

상사 관심 카드를 만들어라

성공한 영업사원들은 고객관리카드가 있다. 고객관리 카드에는 사소한 고객의 개인적인 일들이 기재 돼 있다. 생일이나 결혼기념일 같은 것들이다. 매년 반복되는 일정은 전자다이어리에 기재해 놓으면 매년 기재하는 수고를 하지 않아도 된다. 페이스북이나 밴드 같은 SNS에서는 중요 기념일이 자동적으로 팝업 창에 뜬다. 힘들이지 않고 고객을 관리할 수 있는 좋은 도구이다.

영업사원들이 고객관리 카드를 작성하듯 성공한 리더는 부하 직원이나 상사관심카드를 활용한다. 상사가 부하 직원을 챙기는 것도 중요하지만, 부하가 상사를 챙기는 것도 중요하다. 어떤 경우든 상사는 나의 최대 고객이다. 세심하게 관심을 기울여야 할 대상이다. 기억력이 좋은 사람이라고 하더라도 보조수단으로 상사관심카드를 활용하는 것이 좋다. 상사에게 중요 이벤트가 있을 때 이에 대한 관심을 표현하면 좋다. 상사의 1초 멘트에 감동을 하듯이 부하의 1초 멘트가 상사를 신나게 할 수 있다. 긴 대화보다는 짧은 멘트가 훨씬 더 인상적이다. 광고회사에서 1분짜리 광고보다 10초짜리 광고를 만드는데 더 비싼 비용을 청구하듯이 임팩트 있는 짧은 멘트가 사람을 사로잡는다.

평소 관심을 갖지 않으면 상사의 장점을 발견하지 못하거나 의도를 파악하지 못한다. 상사의 관심카드를 만드는 것이 필요한 이유이다.

상사와 주기적인
만남의 시간을 가져라

당신의 직속 상사와 주기적인 만남의 시간을 상의해 보라. 주기적인 면담 시간엔 중간보고가 필수겠지만, 상사가 필요한 정보도 제공하겠다고 하면 대부분의 상사는 승낙한다. 아무 주제나 이슈 없이 상사에게 주기적인 만남을 요청하면 상당히 건방져 보인다. 상사와 주기적인 만남이 유익한 시간이 되기 위해 당신의 준비 사항이나 제공할 정보가 무엇인지 보여줘야 한다. 업무 진행사항 정리보고도 좋고 상사 관심사항 조사 보고도 좋다. 업계 환경이나 트렌드, 신문기사나 연구결과와 같은 것을 준비해서 말씀드리겠다고 하는 부하를 싫어할 상사는 없다. 이런 일은 상사에게만 도움을 주는 것 같지만, 실제론 당신에게 더 이득이다. 이런 과정을 통해서 당신의 역량과 지식이 향상됨은 두말할 필요가 없다.

상사의 관심 사항을 보고하는 미팅을 갖고 싶다면 나름대로 예상되는 관심사항을 정리한 후 "이러이러한 것이 본부장님의 관심사항이라고 생각해서 주기적으로 보고 드리려고 하는 데 어떠신지요? 혹시 다른 주제가 있으신지요?" 라고 질문하면 좋다. 하지만 상사의 지시사항만 처리하는 데도 눈코 뜰 새 없이 바쁘다면 그것을 먼저 정리해서 보고하는 것이 좋다. 당신이 정말 눈코 뜰 새 없이 바쁘다면 나름대로 업무 우선순위를 정한 후 시간 활용에 대해 상사 의견을 들어보라. 당신이 정한 우선순위가 잘못됐다면 상사가 수정해 줄 것이다. 당신이 상사라면 이런 부하를 좋아하지 않겠는가.

| 상사와 성공적인 관계 구축은
| 성과와 직결된다

'회사에서 성공하기 위한 핵심은 무엇인가?', 간단하다. '상사와 좋은 관계를 유지하는 하는 것'이다. 상사와 성공적인 관계를 구축하였다는 것은 당신의 성과를 상사가 95% 이상 알고 있다는 반증이며, 당신의 고민거리에 대해 상사의 지원받을 수 있다는 탁월한 관계 유지의 증명이다. 이는 당신이 행복한 직장생활을 하고 있다는 표징이다.

문제는 상사와 좋은 관계 유지가 쉽지 않다는 데 있다. 더구나 문제 발생 후에 상사를 찾으면 도움보다는 미움을 산다. 평상시 상사와 좋은 관계구축이 필요한 이유이다.

상사와 성공인 관계를 유지하기 위해서는

- 상사에게 먼저 다가가라.
- 상사의 기대 수준을 확인하라.
- 상사에게 100% 헌신하라.
- 상사와 주기적 면담시간을 확보하라.
- 상사의 관심 분야에서 괄목할만한 성과를 달성하라.
- 상사가 촌중하는 사람늘로부터 섬수를 따라.

이런 점들이 상사와 좋은 관계유지를 위한 방법이다. 만약 당신이 지금 상사와 진정성 있는 좋은 관계를 유지하고 있다면 당신은 행복한 직장 생활을 한다는 의미이다. 승진을 바라볼 수도 있다. 그렇지 않다면 당신의 최우선 과제는 상사와 좋은 관계를 회복하는 것이다.

상사와 좋은 관계
유지를 위한 MERCY

성공하고 싶은가? 지속적 성과를 내면 된다. 자기 혼자만 열심히 노력해서 성과를 내면서도 직장에서 생존이 가능한 사람은 부하 직원이 하나도 없는 말단 사원에게나 해당되는 일이다. 상사를 모시고 있는 중간관리자라면 관계를 통하여 성과를 달성해야 한다.

사회적으로 성공한 사람들을 대상으로 한 카네기의 연구 결과를 보면 놀랍게도 성공한 사람들은 전문적인 지식보다도 인간관계가 더 중요하다고 했다. 이 연구 결과는 엔지니어링 같은 기술 분야에서도 전문적인 지식 때문에 성공했다고 대답한 사람은 15%에 불과한 반면, 인간관계 때문에 성공했다는 비율은 85%를 차지한다는 점이다. 다시 말해 지속적인 성과창출의 가장 중요한 요소는 인간관계이다.

훌륭한 인간관계의 본보기를 들라고 하면 예수나 석가모니를 들 수 있을 것이다. 예수는 이 세상에 사랑을 전파했으며 석가모니는 자비를 설파했다. 사랑이나 자비는 좋은 인간관계를 유지하는 요소이다. 영어로 MERCY는 자비, 관용, 연민, 인정 많은 행위, 하나님의 은총 등으로 번역된다. 좋은 관계를 만들기 위해서는 이런 마음이 필요하다. 좋은 인간관계를 위해 필요한 **MERCY**(Mutual respect, Empathy, Ritual,

Confidence, Yard)를 풀어서 설명해 보겠다.

🔑○ ❶ 상호존중(Mutual respect)

좋은 관계를 유지하기 위해서는 상호존중(Mutual respect)이 필수적이다. 인간은 누구나 존중받기를 좋아한다. 예수는 네 이웃을 네 몸같이 사랑하라고 했으며 공자는 네가 싫어하는 것을 이웃에 하지 말라고 했다. 상호 존중은 좋은 관계를 유지하기 위한 첫 번째 요소이다. 특히 부하가 상사를 존중하지 않으면 좋은 관계 유지는 어렵다. 존중할만한 점을 찾아서 칭찬해 보라. 어떤 단점도 다른 면에서 보면 장점이 된다. 느려 터졌다는 것은 여유가 있다는 말이고, 급하다는 것은 신속하다는 말이다.

🔑○ ❷ 감정이입(Empathy)

공감, 감정이입(Empathy)이 필요하다. 상대의 마음에 공명할 수 있어야 한다. 상대의 마음을 잘 알아주고 긍정해 주는 것이 필요하다. 공명은 동조와는 다르다. 동조는 상대의 잘못한 것에도 뜻을 같이 하는 것이지만 공감이나 공명은 같이 느끼는 연민이다.

🔑○ ❸ 습관(Ritual)

사람을 대하는 방법을 의식 또는 습관(Ritual)으로 만들어라. 의지나 규율은 특정한 행위를 하도록 떠미는 것이지만 의식(Ritual)은 저절로 우리를 끌어당긴다. 의지적으로 노력하거나 굳이 그래야 한다는 생각 없이 아주 자연스럽고 자동적으로 하게 한다. 긍정적인 의식은 완전한 몰입에 사용할 에너지를 효과적으로 관리해 주는 가장 파워풀한 수단이다.

🔑○ ❹ 확신(Confidence)

상대가 확신(Confidence)하도록 믿음을 심어줘야 한다. 무한한 신뢰는 무한한 가능성을 충분히 발휘하게 하는 원동력이 되기 때문이다. 신뢰가 행동으로 나타나는 것은 약속 지키기이다. 약속을 잘 지키는 사람은 신뢰받는다.

🔑○ ❺ 장(Yard)

즐거운 장(Yard)을 만들어야 한다.

사람들은 자신의 생각을 충분히 발휘하고 재미있게 즐길 수 있는 공간(Platform)이 있을 때 재미를 느끼고 안정감을 갖는다. 즐거운 곳에서는 창의력은 물론 성과도 창출된다. 솔선수범해서 분위기 메이커 역할을 자임해보라. 상사는 이런 부하를 높게 평가한다.

상사의 성공을
지원하라

| 조직에서 성공하려면
| 상사 성공지원 수칙 12가지를 지켜라

자신의 조직운영방침은 무엇이며 부하에게 어떤 것을 원하는지 알려주는 상사를 만났다면 당신은 행운을 얻은 것이다. 대부분의 상사는 부하 스스로 알아서 해 주길 원한다. 이런 상사를 만났다면 당신이 먼저 면담을 신청해서 상사가 어떤 경영방침을 가지고 있는지, 당신에게 바라는 것은 무엇인지 알아보는 것도 좋다. 그것이 어렵다면 제프리 제임스(Geoffrey James)가 제안한 상사를 얻는 12가지 방법을 참고하라. 세부 내용은 우리 실정에 맞게 고쳤다.

❶ 상사를 자원으로 생각하라 (Think of your boss as a resource)

상사는 나의 성장을 위한 자원으로 생각하라. 그에게 배울 것이 없다면 반면교사로 삼으면 되고 존경할 만한 점이 있다면 멘토로 삼아라.

❷ 약속을 잘 지켜라 (Keep your promise)

조직에서 성공하는 사람과 실패하는 차이는 약속이다. 다른 말로 마감시한 준수다. 성공하는 사람은 마감 시한 전에 보고한다. 보통 사람은 마감시한을 준수한다. 실패하는 사람은 마감 시간을 준수하지 못한다.

❸ 절대 놀라게 하지 마라 (No surprises, ever)

상사는 조직의 책임자다. 어떤 경우든 조직에서 일어난 일에 대해 책임을 진다. 잘 된 것은 공도 차지하지만 잘못된 과실도 책임진다. 이런 상사가 제일 두려워하는 일은 자신도 모르게 일어난 일에 책임지는 일이다. 미리 알려줬다면 대응책을 충분히 마련할 수 있었는데 사고가 터져 수습하는 수밖에 없는 일로 책임을 져야 할 때는 화가 머리끝까지 올라온다. 그럼에도 책임져야 한다는 일이 상사로서는 매우 두렵다. 이런 고민을 생각해서라도 사고 난 후, 보고하지 말고 사전에 보고하라.

❹ 진지하게 일하라 (Take your job seriously)

상사는 완벽한 일 처리를 바라지는 않는다. 역량은 모자라더라도 정성이 깃들어 있는 노력을 원한다. 건성건성 일하는 것 같은 느낌을 주는 부하를 싫어한다. 회사에 와서도 사생활이 우선인 사람, 공사 사를 구분하지 못하는 사람을 싫어한다. 즉 완벽보다는 진지한 태도가 더 중요하다.

❺ 복종만 하지 말고 조언하라 (Advise but then obey)

상사는 결단해야 할 일이 많은 사람이다. 직급이 올라갈수록 결단해야 할 일이 많아진다. 때로는 자신이 잘 모르는 업무에 대해서도 결단을 해야 한다. 이런 경우 상사가 결단을 내리기 쉽도록 조언을 아끼지 말라. 상사가 멍청한 결정을 내릴 것 같으면 더 나은 결정을 내릴 수 있도록 의견을 제시하는 것도 필요하다. 그러나 상사가 이미 결정을 내렸다면 토 달지 말고 실행이 되도록 협력해야 한다. 당신의 의견이 약간 이득이 있다고 해서 상사 결정을 번복하도록 요청하는 것보다는 원안을 유지하는 것이 일관성 측면에서 훨씬 유리한 경우가 많다는 점을 기억하라.

❻ 불평이 아니라 대안을 제시하라 (Provide solutions not complaints)

대안을 제시한 불평은 건의가 되지만 대안 없이 불평만 제시하면 부정적인 사람으로 낙인찍힌다. "네, 맞습니다. 하지만…"이라는 말을 너무 많이 사용하지 말라. 이런 사람을 자기주장만 옳다고 하는 '하지만족'이라고 해서 상사가 싫어하는 유형이다.

❼ 명료한 소통을 하라 (Communicate clearly)

상사에게 보고할 때는 가능한 한 짧은 문장으로 결론부터 보고하라. 신문기사처럼 보고하라. 신문기사는 중요타이틀이 맨 위에 있고 그 아래 작은 부제가 달려 있다. 설명은 그 아래 있다. 신문을 보는 사람은 제목과 부제를 보고 내용이 파악되면 아래 기사는 보지 않는다. 보고도 마찬가지다. 핵심을 보고한 후에 상사가 요청하면 설명하라.

보고를 받을 때는 자신이 이해한 부분을 당신의 언어로 바꿔서 확인하라. 예를 들면 "본부장님의 지시 사항을 이러이러하게 이해했는데. 맞나요?"라는 질문을 통해서 상사의 지시사항을 명료하게 하라.

❽ 최선의 결과를 이끌어내라 (Do your best work)

어려운 일을 맡았을 때 특히 좋은 결과를 얻어 내도록 노력하라. 모든 사람이 어렵다는 일을 말끔히 처리하면 주위로부터 좋은 평판을 얻는다. 좋은 평판을 얻는 것은 당신의 브랜드 가치를 높이는 일이다.

❾ 잘 따르고 있음을 설명하라 (Explain how you're best "managed.")

상사의 조직운영 방침을 잘 따르고 있음을 보여줘라. 상사의 제일 중요한 역할은 조직을 한 방향 정렬시키는 것이다. 상사의 평가 중 중요한 요소는 '자신의 관할 조직을 회사의 비전과 한방향 정렬시켰느냐'로 리더십을 평가받는다.

❿ 만날 때마다 과도할 정도로 준비하라 (Over-prepare for every meeting)

상사와 미팅 약속을 잡았다면 과도하게 준비하라. 과도한 준비는 보고할 때 자신감을 키워준다. 목소리도 우렁차게 나온다. 걸음걸이도 힘차다 이런 모습으로 보고하는 사람은 보고 전에 이미 상사의 승인을 받은 것이나 다름없다.

⓫ 상사의 경력에 관심을 보여라 (Show interest in your boss's career)

상사가 그 자리에 올랐다는 것은 남다른 성공스토리가 있다는 의미다. 그 점에 존경심과 관심을 보여주는 부하를 싫어할 상사는 없다. 상사가 그 자리에 오르기까지 어떤 성공스토리가 있었는지 질문하고 경청하면 상사는 신나서 이야기하게 된다. 이런 대화 속에서 당신도 에너지를 얻지만, 상사도 자신의 성공스토리를 이야기하면서 에너지가 생겨 새로운 방법을 찾아내기도 한다. 다시금 용기를 얻기도 한다.

⑫ 상사가 성공하도록 만들어라 (Make your boss successful)

업무 분장에는 명시되어 있진 않지만, 부하의 존재 이유는 상사의 성공을 돕는 것이다. 조직에는 달성해야 할 목표가 있다. 구성원들은 조직 목표를 달성해야 한다. 조직 대표자는 바로 상사이다. 당신은 조직의 일원으로 성패를 함께하는 사람이다.

정상에 오르려면
먼저 겸손 하라

▽
▽
▽

사회적 지위가 높은 사람을 코칭할 때 많이 느끼는 것이 있다. 바로 겸손이다. 이들은 바쁜 사람들이라 약속 잡기는 어렵지만 일단 잡힌 약속은 강박증처럼 지키려 한다. 뭔가 얻을 것이 있을 것이라는 기대 감으로 상대에게 집중한다.

이런 사람을 만나면 왠지 에너지를 얻는다. 이들처럼 겸손해야 하겠 다는 성찰도 하게 된다. 사회적 지위가 높아졌다는 느낌, 많은 것을 배 웠다는 고마움은 덤이다.

나는 강의나 코칭을 할 때, 지위가 높으면서도 겸손한 사람의 예를 많이 든다. 그리고 보니 나도 모르게 이들을 선전해 준 셈이다. 흔히 말하는 입소문 마케팅을 해 준 것이다. 지금과 같은 디지털 사회에서 도 입소문 마케팅은 아직도 최고 영업기법이다. 아마도 나뿐만 아니라 주위에 있는 사람들도 그들의 겸손함을 칭찬했을 것이다. 이런 좋은 평판이 지금의 그들을 정상으로 이끌어 줬을 것이다.

겸손한 사람은 자신도 겸허히 받아들이지만, 타인의 좋은 점도 기꺼 이 수용한다. 필요하면 과감한 변화를 시도한다. 상황 변화에 쉽게 적응한다는 말이다. 이런 점에서 겸손은 리더에게 필수 불가결 요소이다. 겸손하게 허리를 숙이는 것은 자화자찬과는 반대로 자신을 존귀하게 만든다. 강물이 모든 골짜기의 물을 포용할 수 있음은 아래로 흐르기 때문이다. 오로지 아래로 낮출 수 있으면 결국 위로도 오를 수 있게 된다.

자기보다 못하다고 생각하는 사람들에게 무례하거나 퉁명스럽고, 자기보다 더 낮다고 생각하는 사람만 공경하는 사람은 결코 좋은 리더라고 할 수 없다. 교만한 리더는 자신을 성찰하거나 깨달음을 얻을 게 없다고 자만한다. 자신이 최고이기 때문에 더 배울 것이 없다고 자신한다. 하지만 급변하는 시대에 살고 있는 우리에게 자만은 몰락과 직결된다. 코닥이 그랬고, 노키아도 그랬다. 참으로 위험한 생각이다. 낮은 곳에 있을 때 겸손해지는 것은 그리 대단한 일이 아니다. 그러나 칭송을 받고 있을 때 겸손해지는 것은 정말로 대단한 일이며 성취하기 어려운 일이다.

산 정상에 선 사람은 산 아래 사람들이 개미처럼 보인다. 그러나 산 아래 있는 사람에게도 산 정상 사람이 개미처럼 보이기는 마찬가지다. 오히려 산 정상에 선 사람의 행동이 더 잘 보인다. 높은 지위에 오른 사람이 초심을 잃지 않고 겸손함을 유지해야 하는 이유가 여기에 있다. 산 정상에 올랐으면 반드시 산을 내려와야 한다. 큰 사고는 산을 오를 때가 아니라 내려올 때 생긴다. 그래서 스틱을 사용한다. 스틱의 가장 큰 기능은 브레이크 기능이다. 산을 오를 때 사고는 찰과상 정도지만 산을 내려올 때 사고는 중상이다. 잘못하면 목숨이 위태로울 수 있다.

주위에 성공한 사람이 있다면 이들을 유심히 관찰해보라. 아마도

'겸손'이라는 덕목을 어렵지 않게 발견할 것이다. 하지만 높이 있던 사람이 내려올 때 아주 큰 상처를 입게 되는 요인도 '부족한 겸손' 때문임을 지금도 주위에서 많이 볼 수 있지 않는가? 매스컴을 타는 정치가 중 겸손하지 않은 사람의 미래는 보지 않으려 노력해도 그냥 보인다.

당신에게 아직 오를 산이 있다고 생각된다면 '겸손'하게 인사하는 것부터 다시 시작하라. 만약 당신에게 오를 산이 없다면 내려올 때를 대비해 더욱더 '겸손'하라. 하산 길에 크게 다칠 수도 있으니까.

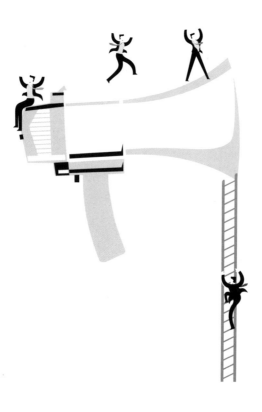

Chapter 04

상사와
커뮤니케이션 방법

새로운 시도는
새로운 문제를
잉태한다

| 변화 시도 뒤에는
| 항상 새로운 문제가 똬리를 틀고 있다

변화 시도 성공률은 그리 높지 않다. 대부분의 개혁 시도는 실패한다. 이유는 무엇일까? 새로운 변혁 시도 뒤에 숨어 있는 새로운 문제를 간과했기 때문이다.

심리학적으로 볼 때, 변화 요청을 순순히 받아들인다는 것은 지금까지 살아온 자신의 삶이 잘못됐다는 것을 스스로 인정하는 꼴이 되기 때문에 변화를 싫어한다는 것이다. 사람들은 자신이 지금까지 삶은 누가 뭐래도 그럴만한 정당한 이유를 가지고 있다고 생각한다. 자신의 행동을 바꾼다는 것은 자신의 삶이 잘못되었음을 인정하는 것이기 때문에, 이를 받아들이고 싶지 않다는 것이다. 때문에 저항은 지극히 정상적이라는 점이다.

이런 심리 때문에 이성적인 접근으로는 변화를 이끌어내지 못한다. 감성적인 접근이 필요한 이유이다. 자신의 행동이 이성적으로는 잘못을 인지했더라도 감성적으로 지금까지 행동을 인정받지 못하면 변화하지 않는다. 인간은 어떤 행동을 하든 그 이면에는 긍정적 의도가 있다. 설령 그런 행동이 자신의 몸을 해치는 경우라고 그렇다.

담배를 피우는 사람이 좋은 예다. 흡연자치고 그 해악을 모르는 사람은 없다. 그런데도 여전히 담배를 피운다. 왜 그럴까? 흡연이 주는 긍정성 때문이다. 이를 먼저 파악한 후 인정해 줘야 한다. 자신이 충분히 공감받지 못하면 변화하지 않으려는 것이 인간의 심리다.

항상 비관적인 태도를 취하는 사람도 마찬가지다. '안됩니다.'를 입에 담고 사는 사람들의 목전 이익은 '덜 좌절하고 싶은 욕구'가 있다. 이런 욕구에 대해 충분히 공감받아야 비로소 변화를 생각하게 된다. 그렇지 않으면, 아무리 이성적인 논리 주장이 맞더라도 받아들이지 않는다. 충분한 공감이 이뤄진 후 바람직하지 않은 행동이 계속될 경우, 인간관계를 악화시키고 업무수행력도 떨어지게 된다는 점을 분명하게 피드백해 줘야 한다. 이때 중요한 것은 진정성이 있느냐이다. 진정성이 없는 피드백은 울림이 없다.

회사업무만 몰두하는 사람은 '업무 성공 외에 가정에 대해서는 책임이 없다.'는 생각을 한다. 하지만 이런 행동이 계속되면 가족에게 죄책감을 느끼게 되고 결국 가족이 파괴되기도 한다.

스트레스 회복 불균형에 있는 사람은 짧은 기간 생산적이라는 느낌을 줄 수 있지만, 피로감이 증대되어 생산성도 떨어지게 된다.

운동을 하지 않는 사람도 일에 더 몰입하기 위해서라는 변명을 하며 단기적으로 성과를 달성한다는 인상을 줄 수는 있지만 결국은 에너지가 저하되고 건강도 악화된다.

이런 사람들에게 장기적인 해악만 생각하여 변화하라고 하기 전에 그들의 긍정적 의도에 대해 충분히 공감해 주는 것이 먼저다. 그런 후

장기적인 해악을 이야기하면서 변화를 이끌어내야 한다.

그렇다고 변화는 어렵기 때문에 현실에 안주하면 어떻게 될까? 그렇게 되면 변화 당한다. 이 경우도 지금까지 경험해 보지 못한 새로운 문제에 도전받는다. 코닥이 좋은 예다. 디지털 카메라를 세계 최초로 만들어 놓고도 코닥은 필름시장에서 80% 독점 메리트를 버리지 못해 망했다. 'kodaked'라는 신조어는 이렇게 태어났다.

앞으로도 이런 일은 모든 분야에서 일어날 것이다. 자율주행차가 거리를 활보하게 되면 전 세계 수천만의 택시기사나 트럭 운전기사는 직장을 잃게 될 수도 있다. 테슬라가 무료 충전 전기 설비를 완공하게 되면 자동차 시장 판도도 크게 흔들릴 것이다. 인공지능이 발달하면서 수많은 업종이 사라지거나 새롭게 생기게 될 것이다.

변화할 시기에 변화하지 않으면 변화 당한다. 그래서 변화를 시도한다. 그러나 변화 시도 뒤에 웅크리고 있는, 지금까지 경험하지 못한 새로운 문제를 간과해선 안 된다. 변화 시도 뒤에는 항상 새로운 문제가 똬리를 틀고 있다.

상사와
대화 준비부터
보고까지

상사와 대화를 시작하기 전에 먼저 어떤 대화를 해야 할지 계획을 세워야 한다. 상사의 기대사항, 관심 영역, 리더십 스타일, 보고타임 등에 대한 나름대로의 대화 계획을 수립하라. 갑작스럽게 상사를 만나면 상사의 무리한 요구를 그대로 수용할 수밖에 없지만 준비하면 현실에 맞게 조정할 수 있다.

❶ 도전적이되 현실에 맞게 기대를 조정하라

상사의 기대를 조정하려면 먼저 상황을 정확히 파악해야 한다. 파악할 것들은 당신의 직위나 환경에 따라 달라진다. 어떤 경우는 경영 환경과 조직의 기업 문화를 파악해야 할 경우도 있을 것이고, 영업환경과 동종업계의 동향을 파악해야 할 경우도 있을 것이다. 직위가 낮은 경우는 자신의 업무 역량이나 근무환경 등에 대한 상황 파악도 필요하다.

상황을 파악했다면 대안을 준비한 후 미팅에 임하라. 상사의 도전적 목표가 너무 높다면 조정을 건의하라. 이때 나름대로 상황 판단 자료가 뒷받침돼야 한다. 근거 없이 상사의 기대사항을 조정하려고 하면 도전의식이 없거나 부정적인 사람으로 낙인찍혀서 헤어나오기 어렵다. 너구나 초기 인상이 나쁘게 되면 몇 배의 긍정적 반응으로도 해소가 안 되는 경우도 많다. 때문에 처음 미팅에서는 업무조정을 하는 것보다 상사의 요구사항을 경청한 후 검토 하겠다고 한 발짝 물러 나온 다음, 긍정적으로 상사의 의견을 검토한 후 조정을 시도하는 것이 상황에 따라서는 더 좋을 수 있다.

❷ 상사가 중요하게 생각하는 영역에서 성과를 달성하라

당신의 관심사항보다 더 중요한 것이 상사의 관심사항이다. 직장에서 성공하려면 상사의 관심사항에서 업무 성과를 달성해야 한다. 때문에 '상사의 관심사항 3가지'가 무엇인지 알고 있어야 한다. 모를 경우 상사에게 질문할 수도 있다. 하지만 이보다 좋은 방법은 당신이 생각한 업무 우선순위를 정한 후, 이것이 맞는지 확인 질문을 하는 것이다.

조직에서 성공하기 위해서는 상사의 지원이 필수적이다. 관심 밖의 이슈는 상사의 지원을 받기도 어렵고 티도 나지 않는다. 인정하기 싫겠지만, 부하의 존재는 부서 성과를 달성하기 위해 존재한다는 점을 명심하라. 상사는 부서를 대표한다.

상사가 생각하는 중요 이슈가 성공하도록 관심을 기울이면 상사도 당신의 성공에 책임감을 느낀다. 가장 효과적이고 시너지가 큰 방법은 당신의 노력과 상사의 목표를 결합 또는 일치시키는 것이다. 그것이 불가능하다면 상사의 최우선 과제와 연결된 당신의 목표를 달성하라.

❸ 상사의 민감한 부분을 파악하라

상사의 전유물이나 민감하게 생각하는 부분을 최대한 빨리 파악하라. 사람일 수도 있고 제품이나 설비일 수도 있고, 프로젝트일 수도 있다. 이런 것들을 파악하지 못하면 상사가 공들여 출시했기 때문에 애정이 깃든 제품의 생산을 중단시키려 할 수도 있고, 상사 충복을 해고하려 들다가 상사의 미움을 살 수도 있다.

물론 상사가 관심 갖는 부분이라고 하더라도 회사를 위해서 생산을 중단할 수도 있고 사람을 내보낼 수도 있다. 요점은 상사의 관심사항에 대해서는 좀 더 심사숙고하라는 말이다.

상사의 관심사항은 심리학자가 아니더라도 조금만 관심을 기울이면 쉽게 알 수 있다. 사람들과 상사에 대한 이야기를 나누어 보고, 상사의 표정, 목소리, 몸짓을 눈여겨보면 상사가 민감한 반응을 감지할 수 있다. 확신이 들지 않으면 시험 삼아 당신의 느낌을 '생각'이라고 슬쩍 흘려 놓고 상사의 반응을 살피는 것도 좋다. 눈치 없는 부하, 분위기 파악 못 하는 부하는 사랑받지 못한다.

❹ 상사가 먼저 교육받도록 하라

새로운 리더십 문화를 도입하려고 할 때 대부분 중간관리자를 교육시킨다. 하지만 이 경우 제대로 실행이 안 되는 경우가 많다. 교육받은 중간 관리자가 새로운 리더십을 실천하려고 할 때 상사가 그것을 모르면 이런 이야기를 할 수 있다. "야! 너 그거 뭐하는 짓이냐?"라고 핀잔을 주면 돈과 시간과 정력을 들인 교육이 시작도 되기 전에 중단된다.

회사 문화를 바꾸기 위해 제일 손쉬운 방법은 CEO부터 교육시키는 것이다. 그다음 중역, 팀장, 전 직원 순으로 교육시키는 것이 가장 실행력이 높다. 그렇게 되면 통일된 용어를 사용하기 때문에 동질감도 느낀다. 상사의 기대 때문에 실행력도 높아진다.

상사의 교육은 이런 점에서 필요하다. 하지만 부하가 상사를 교육 보내는 것은 거의 불가능하다. 무턱대고 교육받으시라고 하면 상사는 자신의 역량이 부족하다는 비난으로 받아들인다. 이를 방지하려면 진정성이 밑바탕에 있어야 한다. 진정성 있게 상사와 회사의 발전을 위해 교육이 필요하다는 점을 이야기하는 것이다. 이 경우도 부하가 이야기하는 것보다 교육부서나 인사부서에서 교육의 필요성을 이야기하도록 하는 것이 좋다. 요청 시 반드시 필요한 것은 진정성이다. 진정성 없는 요청은 거부 반응을 불러오기 십상이다.

인사부서에서 상사를 교육 보내는 것이 생뚱맞다고 이야기할 수 있다. 그런 경우는 '리더십 다면진단' 등을 활용해 보는 것도 좋다. 다면진단을 통해서 부족한 역량을 보완하거나 강점을 육성하는 것이 목적이라면 상사도 납득하게 될 것이다.

교육의 목적은 실행이다. 그런데 대부분의 교육은 교육장을 나가면 잊어버린다. 좋은 건 알겠는데 다른 사람이 지시한 것이라 하기 싫은 것이다. 그래서 요즘 회사에서 코칭을 많이 도입한다. 코칭은 질문을 통하여 상대방으로부터 해답을 이끌어내기 때문이다. 상대방이 스스로 하겠다고 세운 계획이 훨씬 더 실천력이 높다는 것은 많은 연구로 증명된 사실이다. 자발적 실행 문화를 이끌어내려면 코칭리더십 문화를 확산시키는 것도 좋은 방법이다.

⑤ 약속은 신중하게, 실행은 넘치게 하라

당신과 상사의 기대가 다르더라도 신중하게 약속하고 약속한 것은 반드시 지켜라. 이 전략은 신뢰를 쌓는 데 효과적이다. 약속하는 데는 보수적인 태도를 취하라. 만약 당신이 약속 이상의 성과를 거두면 상사는 기뻐한다. 하지만 너무 많은 약속을 했다가 지키지 못하면 신뢰에 금이 간다.

상당한 성과를 거두더라도 약속이 미치지 못하면 상사의 눈에는 당신이 실패자로 보일 수 있다. 그렇다고 무작정 낮게 목표를 잡으면 부정적인 사람이거나 보신주의자로 낙인찍힐 수 있기 때문에 주의해야 한다.

어떤 상사는 목표를 지나치게 초과 달성한 사람을 싫어하는 상사도 있다. 손자병법에 의하면 '목표를 달성하지 못하는 것만큼이나 목표를 지나치게 초과 달성하는 장수도 처벌하라'고 했다. 목표를 초과 달성하는 전과를 올린 장수를 포상하면 모든 사람이 '목표를 적게 잡으려고 노력'하기 때문이란 점이다. 손자가 목표를 약간 초과 달성을 권장했다는 점은 시사하는 바가 크다.

약속은 목표 설정 외에 저녁 약속 같은 것도 있다. 이런 약속은 가능한 한 멀리 잡아라. 특히 부하 직원과의 식사 약속이나 등산 약속 같은 것은 멀리 잡게 되면 자신의 기존 약속을 흩트리지 않고도 상사와 약속을 지킬 수 있기 때문에 존경받는 느낌이 든다는 점이다. 갑자기 시간이 났다고 퇴근하면서 저녁 함께하자는 상사를 요즘은 결코 좋아하지 않는다. 마찬가지로 상사도 코앞이 아니라 미리 약속 잡는 것을 좋아한다.

내가 하는 일을 잘 알게 된 상사는
나의 후원자가 된다

바쁜 상사와 주기적인 소통하는 것은 쉽지 않다. 그것도 1대1 면담시간 확보가 만만치 않다. 하지만 상사와 주기적인 소통은 매우 중요하다. 상사가 너무 바빠서 면담시간을 도저히 확보할 수 없는 상황이라면 소통 방법에 대해 상사와 논의하라. 소통방법 중에 면대면 대화가 가장 좋은 방법이긴 하지만 이 방법이 원활하지 않다면 SNS 나 유선통화 또는 쪽지 보고를 통하여 상사와 소통하면 어떤지 확인하는 등 방법을 강구하라.

상사가 바빠서 소통 시간을 내기 어렵더라도 상사에게 시간 할애를 요청하는 것이 좋다. 상사가 시간을 할애해 주면 더욱 좋겠지만, 거절하더라도 당신의 요청만으로도 다른 사람과 차별화된다.

진행 사항을 중간보고 드리면서 상사의 자문을 받고 싶다든지, 업무추진 방향을 보고 하는 과정에서 방향을 제대로 잡았는지 확인이 필요하다거나, 상사의 지원을 받기 위해 주기적인 면담이 필요하다고 하면 대부분의 상사는 시간을 내기 위해 노력한다. 시간을 내지 못하면 자신이 큰 빚을 졌다고 생각하기 때문에 틈틈이 대화를 하기 위해 노력한다. 그 시간이 10분일 수도 있지만 10초 일수도 있다. 이런 시간을 헛되게 흘려보내지 않기 위해 부하는 항상 준비하고 있어야 한다. 상사는 부하에게 자신과의 짧은 1대1 대화가 많은 도움이 된다는 것을 알게 된다면 기꺼이 시간을 내줄 것이다.

상사가 시간을 내준다고 해도 상의할 이슈가 없거나 보고할 것이 없다고 말하는 부하가 있다. 이런 경우 아주 좋은 기회를 놓친 것이다 보고할 것이 없다는 말은, 일하고 있지 않다고 강변하는 것과 같다.

'자신이 하는 일을 상사가 잘 알도록 중간보고를 하는 것은 자기 PR에 가장 좋은 방법'임을 모르는 사람이다.

일을 아주 잘해서 문제가 없기 때문에 보고할 것이 없다고 말하는 부하도 있다. 이 또한 상사로부터 사랑받는 태도는 아니다. 능력 있는 훌륭한 부하는 자기가 일처리를 다 하면서도 중요하지 않은 결정사항을 위임함으로써 상사에게 공을 돌린다. 영업을 잘하는 건축설계사가 설계를 다 해 놓고 아무 데나 뚫어도 좋을 환기창을 어디에 내면 좋을지 고객이 결정하게 해서 오더를 땄다는 스토리를 생각해 볼 필요가 있다.

상사와 1대1 대화 시간을 갖지 못하면

- 불필요한 문제가 생길 수 있다.
- 손쉽게 해결할 수 있는 사소한 문제를 더 큰 문제로 키울 수 있다.
- 자원을 비효율적으로 사용하거나 낭비할 수 있다.
- 생산성과 품질이 떨어질 수 있다.
- 인정받지 못한다는 느낌을 받아 사기가 떨어질 수 있다.

이런 점을 강조해서라도 상사와의 1대1 대화 시간을 확보해야 한다.

근무 지역이 달라도 상사와 소통하라

상사와 근무지역이 다른 경우 소통 시간을 확보하기가 쉽지 않다. 이런 경우 상사가 어느 정도 상황을 감안하겠지만, 속담처럼 육체적으로 멀어지면 마음도 멀어진다(Out of sight, Out of mind). 접촉이 많지 않게 되면 관심도 멀어진다. 더구나 당신이 아무리 좋은 성과를 냈더라도 상사가 모르면 성과가 없는 것과 별 차이가 없다. 그렇다고 상사가 보지 않으면 아무렇게나 해도 괜찮다는 말은 아니다. 다른 루트를 통해서 당신의 성과를 상사가 듣게 될 경우도 있겠지만 그렇지 않은 경우도 많기 때문에 대비해 둬야 한다.

특히 상사와 근무 지역이 다른 경우 상사에 대한 관심을 더 기울여야 한다. 상사의 동선 파악은 필수다. 가능한 한 상사의 스케줄에 맞춰야 한다. 상사가 당신 근무처를 방문했을 때 자리를 비워서는 안 된다. 당신이 상사 사무실을 방문할 계획을 세웠다면 허탕치지 않도록 미리 미팅 예약을 해야 한다. 주기적인 1대1 면담 시간을 확보하기 어렵다면 화상보고도 좋다. 이 외에도 전화나 SNS를 활용한 소통 방법, 이메일로 주기적인 보고를 하는 방법도 상사가 허락한다는 전제하에 활용해도 좋다.

주의할 점
- 정기적인 보고 채널과 방법을 약속했다면 그 약속을 반드시 지킨다.
- 보고 또는 건의할 내용을 미리 요약 준비한다.
- 약속시간보다 1시간 전에 면담시간을 전화나 문자로 확인한다.
- 면담이 끝난 즉시 미팅 주제 및 내용, 진행일정, 요청사항 등을 정리해서 상사에게 이메일로 보낸다.

상사가 1대1 면담을 좋아하는 경우도 있지만, 가까운 거리에 있는데도 이메일로만 소통하는 상사도 있다. 이런 경우 '커피라도 한잔 타서 상사를 찾아가 보는 방법'도 있고, '보내드린 이메일 보셨느냐'고 질문하면서 상사에게 다가가는 방법도 있다.

다양한 방법을 동원해 상사와 1대1 면담시간을 확보하기 위한 노력을 했는데도 시간을 내주지 않는 상사라면 어떻게 해야 할까?

이런 경우 첫째, 특히 당신이 충분한 성과를 내고 있는 상황이라면 모르지만 그렇지 않은 경우라면 회사 내에서 부서를 옮기거나 회사를 떠나는 방법도 생각해 봐야 한다. 이런 현상은 상사가 당신을 좋아하지 않거나 감정이 상한 경우이기 때문이다. 원인이 어디에 있든 이 문제를 해결해야 한다. 상사와 관계 악화는 결국 실적저하로 나타나기 때문이다.

둘째, 부하로서 당신이 할 수 있는 최대한의 예의를 갖추는 것이다. 상사가 보지 않더라도 이메일이나 서면으로 보고 한 후 이를 기록으로 남겨둬라. 상사와 대화하기 위한 노력도 하라. 상사를 반면교사로 삼아라. 필요시 이런 것들을 활용하면 상사의 공격을 방어하는데, 조금이나마 도움이 될 수는 있다. 이런 행동을 통해, 상사를 떠난 후에도 유능한 인재를 잃었다는 평판을 얻을 수 있다. 이런 평판은 옮겨간 부서나 회사에서 당신의 가치를 높이는 데 도움이 된다.

상사에게 보고 시
고려사항을 염두에 둬라

상사가 기분 좋을 때 보고 하는 것과 기분 나쁠 때 보고 하는 것은 차이가 있다. 좋은 소식과 나쁜 소식을 보고 할 때도 다르다. 상사도 인간이기 때문에 있을 수 있는 일이다. 그렇다고 무조건 상사가 기분 좋을 때만 보고 할 수도 없는 것이 현실이다. 그러나 시간(Time)과 장소(Place) 또는 경우(Occasion)에 따라 다르게 적당한 보고 방법을 찾는 것도 필요하다. 상사에 대한 존경과 배려의 의미에서도 TPO를 고려하는 것이 좋다.

━○ ❶ 시간(Time)적인 고려

늘 바쁜 상사이긴 하지만 상사에게 시간적 여유가 어떤지 알고 싶다면 "오늘 보고를 드리려고 하는데 어느 정도 시간을 내주실 수 있으신가요?"라고 질문해 보면 알 수 있다. 만약 상사가 시간이 없다고 보이면 결론만 말씀드리고 자세한 것은 서면보고 할 수도 있다. 아니면 쪽지나 문자메시지 등으로 중요한 내용을 수시 보고한 후, 필요한 경우에만 세부적인 보고를 할 준비가 되어 있으니 연락 달라고 할 수도 있다.

어떤 경우든 상사에게 핵심을 짧게 보고한 후 자세한 보고를 하는 평소 연습이 필요하다.

보고 시간도 오전과 오후가 다를 수 있다. 상사에 따라 다르긴 하지만 대부분 오전은 이성적으로 생각하는 시간이라면 오후는 다소 감성적인 시간이다. 점심식사 직후라면 식곤증이 오는 시간이기도 하다. 이런 점을 고려해 상사와 자신에게 적당한 보고 시간과 방법을 상사와 미리 상의하는 것도 좋다.

━○ ❷ 장소(Place)의 고려

보고 장소가 넓은 곳일 수도 있고 좁은 곳일 수도 있으며, 사무실일 수도 있고 현장일 수도 있다. 장소에 맞게 목소리 크기도 달리해야 한다. 파워포인트로 보고 할 경우에도 보고하는 사람과 듣는 사람의 거리에 맞게 글자나 이미지 크기를 조정해야 한다. 거리가 멀다면 글자 크기를 크게 해야 하지만 가까운 경우라면 글자가 조금 작아도 좋다.

○ ❸ 경우(Occasion)의 고려

긴급한 사건 보고의 경우 가능한 한 빨리 보고해야 한다. 장소나 상사의 분위기보다 더 고려될 사항이 시간이다. 긴급성을 요하는 보고 항목이 사람마다 다를 수도 있다. 이런 경우 상사의 입장에서 우선순위나 중요도를 바라보면 좀 더 쉽게 보고의 긴급도를 아는 데 도움이 된다.

좋은 소식과 나쁜 소식을 보고 할 때도 상사와 상황에 따라 다르겠지만, '전체적인 보고 항목'을 먼저 말씀드리는 것이 좋다. 잘못하면 나쁜 것을 보고하다 깨지느라고 좋은 것을 보고 하지 못할 수도 있다. 보고를 다 하고 싶으면 좋은 것을 먼저 보고하는 것이 필요하지만 나쁜 것을 나중에 보고하면 부정적인 이미지가 더 많이 심어지기도 한다.

이런 점을 감안해서 좋은 보고를 먼저 하고, 다음으로 나쁜 보고를 한 다음, 마지막으로 좋은 보고로 마무리하는 것이 제일 좋긴 하다. 좋은 보고와 나쁜 보고 두 가지가 있다면 나쁜 보고를 먼저 하고 좋은 보고를 나중에 하는 것이 좋다. 이럴 때도 보고할 항목만을 먼저 말씀드리는 것이 좋다. 그렇지 않으면 나쁜 보고를 하면서 혼나다가 결국 좋은 보고를 못하게 된다.

상사의 이해수준을 파악하라

보고를 할 때는 상사의 이해수준도 파악해야 한다. 새로 부임한 상사의 경우 이해 수준이 낮을 수 있는데 이럴 경우, 본격적으로 본론에 들어가기에 앞서 왜(Why) 이 보고를 해야 하는지에 대한 내용을 일부 할애하는 것도 필요하다. 반면 이해 수준이 높다면 What 나 How에 중점을 둬야 한다. 상사가 경영진이라고 해서 모든 것을 다 알고 있는 것은 아니다. 해당 내용에 대한 이해 수준이 낮을 수도 있기 때문에 사전에 이해 수준을 파악하는 것도 필요하다. 이를 위해 주위에 알아보는 것도 좋다.

○ 1페이지 보고서를 작성하라

보고서가 길다면 1페이지 요약표를 맨 앞에 붙여라. 긴 보고서를 보는 데 시간도 부족하지만, 상사에 대한 예의도 아니다. 1페이지 보고서를 작성하면 당신의 생각도 정리된다.

○ 예상 질문 리스트를 만들어라

보고할 때 상사의 예상 질문에 대한 답변을 준비하지 않으면 낭패를 본다. 특히 상사가 처음 부임했을 때 질문에 답하지 못하면 첫인상이 무능력자로 낙인찍힌다. 첫인상을 바꾸기 위해선 상당한 노력이 필요하다. 처음 만남을 위해 단단히 준비하라.

예상 질문은 상사의 입장으로 바라보면 어떤 질문을 할지 예상하는 데 도움이 된다. 처음 부임하는 상사라면 과거에 같이 근무했던 사람들에게 알아보는 것도 좋다.

예상 질문은 보고서를 작성하는 순간부터 준비하고 답변도 즉시 적어보라. 보고 할 때 '아차!' 해봐야 소용없다.

상사가 어떤 고민을 하고 있는지를 생각해 보라. 상사가 보고 받는 스타일도 알아보라. 꼼꼼한 보고를 원하는 스타일인지. 전체 윤곽을 중요시하는 스타일인지 사전에 파악한 후 준비하라.

예상되는 질문은 나열해 보면
- 이 보고서의 이슈는 한 문장으로 만들면 무엇인가?
- 이슈에 대해 지금까지 해온 것은 무엇인가? 어떤 장애물이 있었는가?
- 해결책은 어떤 것이 있는가?
- 해결책에 대한 예상 장애물은 무엇인가? 그것을 해결하기 위한 방법은 무엇인가? 상사에게 어떤 도움을 받으면 좋겠는가?
- 언제 시작해서 언제 마무리 할 것인가? 등이다.

상사의 예상 질문서를 만들다 보면 상사관점에서 생각하게 된다. 상사와 코드를 맞춰가게도 된다. 모든 상사들은 각자 다 개성이 다르다. 어떤 상사는 오탈자에 중점을 두고, 어떤 상사는 전체 윤곽을 중요시하며, 어떤 상사는 한 페이지 요약 보고를 원한다. 이런 점을 고려해 예상 질문을 준비하다 보면 상사의 스타일도 알게 되고 상사의 고민도 이해하게 된다. 이런 과정은 상사와 생각의 싱크로율을 높이는 데 도움을 준다.

○ 5분 내에 말하라

보고 시 상사가 가장 싫어하는 것은 무엇인가? 핵심 내용이 뭔지 모르게 장황하게 발표하는 것이다. 어떤 사장이 회사를 인수한 후 팀장들에게 이런 명령을 내렸다.

"모든 팀장은 자기 팀이 문제점과 대책에 대해 5분 이내에 보고하라."

이 명령을 옆에서 지켜본 컨설턴트가 질문했다.

"사장님, 팀에는 보고할 일이 상당히 많을 건데 그것을 5분 내에 대책까지 말하라고 하신 것은 무리 아닐까요?"

"저는 그렇게 생각하지 않습니다. 팀장이라면 자기 팀 이슈에 대해 상당히 많은 고민을 했을 것이고 많은 고민을 했다면 완전한 해결책은 아니더라도 다음에 뭘 추진해 볼지는 알고 있어야 한다고 생각합니다. 그런 것들을 5분 이내에 보고하지 못한다면 그는 팀장으로서 갖춰야 할 역량이 부족한 겁니다."

이 말을 들은 컨설턴트는 수긍하는 면이 있어 아무 말도 하지 않았다. 어떤가? 당신은 당신이 책임지고 있는 조직의 문제점과 대책에 대해 5분 내에 말할 수 있는가? 그렇지 않다면 당신이 키워야 할 최우선 역량은 당신 조직의 문제점과 대책을 5분 이내에 말할 수 있는 준비를 하는 것이다.

당신이 사장이라면 어떤 보고를 좋아할까? 간결한 보고일까. 장황한 보고일까. 당연히 간결한 보고를 좋아한다.

엘리베이터 스피치

엘리베이터 스피치란 엘리베이터를 타고 올라가거나 내려가는 30~60초 동안 CEO나 고객에게 자신의 생각을 전달하여 설득하는 것을 말한다. 짧은 시간에 전달하기 위해서는 핵심메시지를 한 문장으로 줄여서 말할 수 있어야 한다. 스피치의 요령인 KISS(Keep It Short & Simple)도 같은 의미다.

한 문장으로 보고하는 습관을 만들기 위해서는 평소 많은 노력이 필요하다. 구두보고도 마찬가지지만 보고서도 마찬가지이다. 보고서를 쓸 때는 신문기사 쓰듯이 써라. 편집국장들은 신문기사 첫 페이지 제목을 뽑을 때 많은 고민을 한다. 가판대에서 어느 신문이 많이 팔리는지는 1면 톱 기사를 어떻게 뽑았는지에 의해 결정된다.

신문 기사는 전체 내용을 다 읽지 않아도 큰 제목과 소제목만 보면 알 수 있다. 그냥 훑어 보면서 내용이 궁금한 기사만 세부 내용까지 본다. 보고서도 마찬가지이다. 신문기사처럼 쓰고 신문기사처럼 보고하는 연습을 꾸준히 하라.

두 시간짜리 회사 광고 자료를 만드는 것보다 2분짜리 광고제작비용이 훨씬 더 많이 든다. 10초 광고 제작비용은 더 많이 든다. 그만큼 짧은 보고는 어렵기 때문에 노력이 필요하다는 것이다.

엘리베이터 스피치를 위한 ISS(Issue, Situation, Solution) 보고 방법은 첫째, 듣는 사람의 관심도가 높은 이슈(Issue)를 한 문장으로 표현해야 한다. 둘째, 지금 상황(Situation)을 한 문장으로 표현할 수 있어야 한다. 셋째, 자신의 해결책(Solution)을 한 문장으로 표현하되 가정법 질문이나 간접 질문을 하는 것이 좋다.

예를 들면 "현재 당면 이슈는 이런 것인데 현재 상황은 이러이러하며, 해결책으로는 이런 것이 어떨지 생각해 봤어요."라고 말하는 것이다. 매킨지에서는 짧은 시간에 고객을 설득시키기는 훈련으로 엘리베이터 스피치를 훈련을 시킨다. 이 회사의 주요 고객은 우량기업의 CEO나 고위층 임원이다. 이들은 매우 바쁜 사람들이기 때문에 짧은 시간에 핵심을 말해서 설득시켜야 하기 때문이다.

⊶○ 보고 시 선언의 효과를 활용하라

보고 시 부하의 자세도 중요하지만 보고받는 사람의 상황도 중요하다. 급한 약속시간이 있어서 시계를 자꾸 보는 상사에게 많은 것을 보고하려고 하면, 보고도 어렵지만, 요행히 보고하더라도 상사의 귀에 내용 전달도 잘 안 된다. 짜증을 낼 수도 있다.

보고 상황을 살핀다는 것은 상사에 대한 배려이다. 대부분 상사의 상황을 짐작할 수 있겠지만 그렇더라도 보고 시 질문 형태로 중요한 상황을 보고하면서 상사에게 들을 준비를 할 수 있도록 요청할 수 있다.

예를 들면 "사장님 오늘 보고 드릴 내용은 세 가지입니다. 시간은 30분 정도 소요될 것으로 예상됩니다. 어떠신지요?"라고 질문하는 것이다. 이 질문에 만약 CEO가 "알았다"라고 말했다면 3가지를 보고드릴 것이며 30분이라는 시간을 확보해 놓는 것이다.

질문의 가장 큰 힘은 통제이다. 상대가 "Yes"라고 대답했다면 그는 약속을 지키기 위해 최대한 노력한다. 만약 "No"라고 하면 어떻게 하면 좋을까? 이럴 때는 허락된다면 보고 제목만이라도 이야기하는 것이 좋다. 혹시 보고 내용을 보고 사장이 다음 약속을 취소할 수도 있기 때문이다. 꼭 보고를 받아야 할 내용이라면 차를 같이 타고 가면서 보고를 받을 수도 있다. 차에서 전화로 보고받을 수도 있다.

상황에 따라서는 언제 보고를 다시 하면 좋을지 질문해도 좋다. 상사가 여유 있는 시간을 알 수 있기 때문이다.

기교가 아니라
진정성을 보여줘라

상사와 어떻게 하면 소통을 잘할까? 더구나 소통 기교가 뛰어난 경쟁자가 있다면 어떻게 하면 좋을까? 방법은 간단하다. 기교가 아니라 진정성을 보여주면 된다. 별의별 사람을 겪어 본 상사에게 기교를 부리는 것은 마치 비싼 음식을 먹어 본 사람에게 비싼 음식을 대접하는 것과 같은 접근방법이다. 이때는 오히려 가격은 싸지만 특별한 맛을 자랑하는 맛집을 소개하는 것이 훨씬 좋다.

그렇다고 소통 기교가 뛰어난 것이 나쁘다고 할 수는 없다. 풍부한 대화 소재로 청산유수처럼 말하는 것도 좋다. 하지만 이런 기교를 너무 과시하다 보면 경박하게 보이거나 독선적으로 보일 수 있다. 좋은 소통방법은 기교가 아니라 진정성 있는 태도가 전제되어야 한다는 점을 명심하라. 만일 진정성을 버리고 무턱대고 기교만 부리게 되면 사기꾼처럼 보인다. 기교의 주인이 되어야지 기교의 노예가 되어선 안 된다. 설사 기교 넘치는 대화를 할 수 있더라도 질그릇 같은 질박한 진정성을 잃어서는 안 된다.

진리는 간단하게 표현할수록 좋고 진실은 소박함 속에서 나온다. 진정한 아름다움은 단순함 속에 있다. 소박한 언어로 진실을 말하는 것이 진정한 지혜라고 할 수 있다.

좋은 평가를 받을 때는
더욱 겸손하라

상사에게 좋은 평가를 받게 되면 쉽게 자신의 위치를 잊어버리는 사람들이 있다. 보스의 신임을 빌미로 거만해져서 다른 사람을 안중에 두지 않는 행동을 하게 되면 격렬한 내부 경쟁자에게 약점이 잡히게 된다. 또한, 동료의 지원을 받을 수도 없게 된다. 어떤 경우는 회복할 수 없는 상황에 이르기도 한다.

한때 남들이 부러워할 성도의 영업성과를 달성했던 사람이 그다음 해는 최하위의 성과를 기록하는 예가 이런 예이다. 좋은 영업 성과는 절대 혼자 일궈내지 못한다. 주위의 도움이 필요하다. 이런 상황을 무시한 채 모든 것이 자신의 능력으로 이뤄졌다고 자랑만 하게 되면 주변 사람들이 도움을 철회한다. 이런 영업사원이 자리를 비웠을 때 고객의 전화가 오게 되면 아주 불친절하게 사무적으로 받거나 전화를 받지 않는 일도 생긴다. 이런 일이 발생하면 고객은 불평을 늘어놓지만 마땅한 대응책이 없다. 이미 관계가 악화된 동료의 도움을 요청할 수 없는 상황이 발생한다. 상사가 강제적으로 이런 행동을 못하게 하면 표면적으로만 따르는 척할 뿐이다.

> 조조의 아들 조비가 황제가 될 때 세운 공은 사마의 보다는 오질이 훨씬 많은 공헌을 했다. 그럼에도 불구하고 오질은 고명대신이 되지 못했으며 그가 죽었을 때는 추하다는 의미의 추후(醜侯)라는 시호를 받았다. 이유는 그가 잘났다고 너무 교만해서 주위의 미움을 샀기 때문이다.

직장에서도 마찬가지다. 실제로 이와 같은 실패 사례를 경험했다. 대리로서 뛰어난 영업 실적을 달성했으며 주위로부터 좋은 평판을 듣고 있는 김 대리를 차장으로 2계급 발탁 승진시켰다. 이 제도의 도입 취지는 성과를 낸 사람을 승진시켜 롤모델로 삼아서 다른 사람에게 자극을 주고자 함이었는데 결과는 실패한 제도로 드러났다. 차장으로 2계급 특진한 김 대리는 주위의 시기 때문에 리더십을 발휘할 수 없는 상황이 발생해 결국 제일 늦게 부장으로 승진했으며 임원도 되지 못한 채 회사를 나와야 했다.

헤드헌터를 다른 말로 커리어컨설턴트라고도 한다. 이 일을 할 때도 마찬가지다. 한 해는 주위의 도움으로 억대 연봉을 받았지만, 주위를 돌아보지 않았다는 이유로 그다음 해는 수입이 뚝 떨어지는 경우를 보는데 이 또한 주위로부터 도움이 회수되기 때문이다.

직장인이 가슴에 새겨 넣을 글

성과를 달성했을 때
도와준 사람에게 감사해라.
좋은 평판을 얻었을 때
겸허히 주변을 살펴라.
주위 도움 없이
혼자의 힘만으로 된 일 없다.
건방져 보이면
지원해 준 사람들이
도움을 회수한다.
나락으로 떨어진다.

성공하는 직장인을 위한
질문 3A와
보고 방식

| 상사의 절박한 이슈와
| 연결된 업무에서 성과를 달성하라

비슷한 역량을 가졌더라도 누군 성공하고 누군 실패한다? 이들의 차이는 무엇일까? 바로 '선택과 집중의 차이'이다. 집중하기 위해서는 먼저 바람직한 선택을 해야 한다. 아무 일이나 열심히 한다고 되는 것이 아니다. 구성원들은 각자 자기의 위치에서 가장 적합한 일을 해야 한다. 어떻게 하면 가장 필요한 일을 찾을 수 있을까? 꼭 해야 할 일을 찾기 위해서는 먼저 스스로에게 이런 질문을 해보라. '당신이 회장이라면 당신에게 어떤 업무를 하길 원할까?' 라는 질문을 통해 핵심 키워드를 찾아보면 도움이 된다.

지금은 돌아가신 동국제강 그룹 장상태 회장 비서실장을 할 때를 곰곰이 생각해보면서 발견한 세 가지 핵심 키워드는 첫째, 일의 절박한 우선순위, 둘째, A급 인재 육성, 셋째, 조직의 한방향 정렬이다. 이는 간단하게 3A인 Aspiring(절박함), A-Player(A급 인재 육성), Alignment(조직의 한방향 정렬)로 표현된다.

물론 이 세 가지 핵심 키워드 질문이 모든 것을 커버하지는 못한다. 하지만 굉장히 복잡한 사회시스템을 간단한 툴을 만들어 전체의 70~80%를 해석하려는 인문사회학의 관점에서 보면 바람직하다. 회장의 핵심질문 세 가지 키워드 3A(Aspiring, A-Player, Alignment) 질문을 좀 더 소개해 본다.

첫째 질문은 '당신이 담당하고 있는 업무 중에서 '가장 절박한(Aspiring) 일 3가지는 무엇인가?' 이다. 즉, 당신 목표가 상사의 절박함, 회사의 절박함과 연결되어야 한다. 그래야 당신 성과가 빛이 난다. 만약 당신이 최고 경영자라면 당신 상사는 고객이나 시장이란 점을 고려하여 고객과 시장이 절박하게 요구하는 3가지가 뭔지 알고 있어야 한다.

- 이건희 회장이 삼성전자를 세계 최고의 스마트폰 회사로 성장시킨 가장 큰 요인은 조직에 항상 위기감을 불어넣었다는 점이다. 피상적인 절박함이 아니라 구성원들 보고 느끼도록 하여 변화를 이끌어냈다. 그는 불량품 제거를 위해 삼성전자 구미공장에서 종업원 2천 명이 보는 앞에서, 당시로서는 상당히 큰 금액인 500억 원 상당의 전자제품을 불태우기도 했다.
- 동국제강 그룹 장상태 회장은 기업이 호황일 때 위기의식을 불어넣기 위해 명예퇴직을 실시하면서 그들에게 대리점을 차리게 했지만, IMF라는 경제위기가 닥쳤을 때는 한 명도 내보내지 않는 경영을 했다.

이런 경영자라면 함께 일해보고 싶은 생각이 들지 않겠는가?

당신이 상사를 모시고 있다면 상사가 중요하고 절박하게 생각하는 이슈 3가지가 무엇인지 알고 있어야 한다. 당신의 관심 분야의 성과 달성이 중요한 것이 아니라 상사의 관심 분야에서의 성과달성이 중요하다.

만약 당신이 상사가 중요하고 절박하게 생각하는 이슈 3가지를 모르고 있다면 당신은 상사가 생각하는 중요인물이 아니다. 당신이 중요한 인물이 되길 원한다면, 상사가 생각하는 절박한 이슈 3가지와 연결된 업무를 찾아야 하고 이 부분에서 성과를 내야 한다. 회사는 이런 사람을 원한다.

둘째 질문은 '당신 조직은 얼마나 많은 A-Player를 가지고 있는가? 당신 자신은 A-Player이냐?'는 질문이다. 먼저 당신 자신이 A-Player가 되어야 한다. 당신에게 부하가 있지만 "일 시킬 놈이 한 놈도 없다."라는 말을 한다면 당신은 업무를 통해 부하를 육성시키지 않고 혼자만 바쁜 사람이다.

A-Player를 육성하기 위해서는 뽑는 것도 중요하지만, 육성은 이보다 훨씬 더 중요하다. A-Player 육성에서도 무조건 역량 교육을 시킬 것이 아니라 왜 이 교육이 필요한지를 알게 해야 한다. 일에 필요성, 본인에게 일의 의미, 꼭 해야만 하는 절박함을 인식시키는 것이 먼저 이뤄져야 한다. 이를 위한 1대1 교육은 필수다.

장 회장도 핵심인물 5명에 대해서는 주기적으로 1대1 교육을 주 1회 이상 실시했다. 모든 중역과 팀장들이 부하 직원들에게 1대1 실무 교육을 하려는 목적 설명도 있었다. 당신이 아무리 바쁘더라도 회장만큼 바쁘지는 않다. 회장도 5명의 임원 육성을 위해 1대1 교육을 주기적으로 실시했다는 점을 상기해보라.

셋째 질문은 '당신은 조직을 한방향 정렬(Alignment)시켰는가? 당신은 조직과 한방향 정렬되어 있는가?'이다. 아무리 훌륭한 인재라고 하더라도 회사의 목표, 핵심가치나 경영이념에 적합하지 않고 비전을 향해 함께 전진하지 않는 인재라면 오히려 그는 해를 끼칠 뿐이다. 아무리 유능한 인재라고 하더라도 회사의 핵심가치와 비전이 맞지 않기 때문에 회사의 방침과 한방향 정렬을 할 수 없다면 그는 회사에서 필요 없는 존재이다. 이런 사람은 회사 밖에 있는 무능한 인력보다도 회사에 더 악영향을 준다.

어떤가? 선택과 집중을 위한 핵심 키워드 3A(Aspiring, A-Player, Alignment) 질문을 자신과 조직에게 해 본 후 무엇에 집중해야 할지 찾아봐야 하지 않겠는가?

가정법 대화를 하면
공손한 대화가 된다

상사와 대화할 때 직접적인 질문이나 답이 포함된 질문을 하면 건방지다는 핀잔을 듣는다. 물론 성과도 높고 좋은 신뢰관계를 구축한 부하라면 다소 직설적인 표현도 받아들이겠지만, 항상 성과가 좋을 수 없다는 점을 감안한다면 상사를 존경하는 마음으로 대화하는 것이 좋다.

상사를 존경하는 마음의 대화로는 첫째 가정법 대화를 하는 것이 좋다. 가정법 대화란 대화 앞부분에 만약에(if)를 넣는 것이다. 가정법 대화와 일반 대화를 비교해 보라.

일반 질문
부하와 일대일 대화를 해야 한다고 생각하지 않으십니까?

가정법 질문
만약, 시간이 허락되신다면, 부하와 일대일 면담을 하시면 어떨까요?
여기에 '생각해 봤어요!'를 덧붙이면 좀 더 겸손해진다.

끝 부분에 생각해 봤어요? 를 덧붙인 요청
만약, 시간이 허락되신다면 부하와 일대일 면담을 하시면 어떨까 하고 생각해 봤어요.

여기에 질문을 하나 덧붙이면 더욱 좋다.
만약, 시간이 허락되신다면. 부하와 일대일 면담을 하시면 어떨까 하고 생각해 봤어요. 어떠세요?

당신이 상사 입장이라면 어떤 대화가 더 좋을까 생각해 보라. 그중 당신이 할 수 있는 대화 방법을 선택해서 실행하라. 다른 사람이 하는 방법이라고 해도 내가 할 수 있는 방법이 있고 할 수 없는 방법이 있다는 점을 인정하고 자기의 방법을 찾아보라.

한 번에 안 된다고 자책하지 말라. 한 번에 되는 사람 별로 없다. 마음먹었다가도 실행하지 못하는 경우가 더 많다. 그렇더라도 자신을 자책하지 말라. 그렇게 하지 않고도 지금까지 잘 살아왔지만 한번 연습해 본다는 마음으로 새로운 방법을 시도해 보라. 그런 마음으로 새로운 변화를 시도하는 것이 훨씬 더 쉽게 자신을 바꿀 수 있다. 편안하게 상사에게 다가갈 수 있다.

왓소나 코칭대화 모델로
보고하라

상사에게 보고할 때 코칭 대화 모델인 왓소나 모델을 활용한 보고를 하게 되면 간단명료하게 보고 할 수 있다.

코칭대화 모델인 왓소나(What, So What, Now What) 모델을 활용한 보고 방법을 소개하면

'What : 오늘 보고 드릴 주제는 ～ 입니다.
So What : 주제와 관련해서 해 본 것들은 이런 것들이 있습니다.
Now What : 앞으로 할 것들은 이런 것들입니다. 예상 장애물은 이런 것들이고 이런 것에 대한 상사의 도움이 필요합니다. 기한은 이만큼 걸릴 것입니다.' 라는 순서로 보고하면 깔끔한 보고가 된다.

왓소나 대화 모델을 외우기 어렵다면 이렇게 외우면 쉽다

What? (뭐꼬?)
So What? (그래서?)
Now What? (우짤낀데?)

위의 대화 모델은 미국에서 그룹코칭을 할 때 사용하는 대화 모델인데 경상도 말로 바꾸면 외우기도 쉽고 응용하기도 쉽다. 부하에게도 이 모델을 사용해서 질문해도 좋지만. 상사에게 보고할 때도 이 대화 모델을 사용하며 좋다. 실제로 이 대화모델로 부하가 보고하면 좋겠다는 말을 많은 중역들로부터 들었다.

STAR방식으로
보고하라

상사에게 보고하는 방식으로 **STAR** 방식 보고가 있다. 이 보고 방법은 다소 시간 여유가 있을 경우에 사용하면 좋다. 바쁜 상사라면 오히려 왓소나 대화 모델 보고가 좋다.

> STAR 방식 보고를 설명하면
>
> S: Situation : 상황을 이야기한다.
> T: Task : 상황에 대비한 업무를 이야기한다.
> A: Action : 자신이 한 역할을 이야기한다.
> R: Result : 결과를 이야기한다.

여기서 결과는 성공한 결과이면 그대로 보고해도 좋지만 실패한 결과에 대해서는 반드시 그 과정에서 얻은 교훈을 보고해야 한다. 그렇지 않으면 상사는 시간과 자원을 낭비했다고 생각한다.

> 구체적인 보고 예시는 이렇다.
>
> S: Situation :
> 지금 우리나라는 저출산으로 인해 인구감소추세에 있고 노령화가 되고 있습니다. 때문에 유아용품 소비가 줄어들고 있는 형편입니다.
>
> T: Task :
> 이런 기업 환경을 고려해서 인구가 증가하고 있는 인도시장을 공략하기로 하였습니다.
>
> A: Action :
> 이 프로젝트에서 제가 한 역할은 인도시장조사였습니다.

R: Result :
인도시장 조사 결과 우리나라에서 만든 제품은 품질이 좋지만, 가격경쟁력이 없다는 점이었습니다. 따라서 가격경쟁력을 키우기 위해서는 인도 현지 생산 검토 필요성을 느꼈습니다. 따라서 인도 대사관이나 인터넷을 통해 인도 생산업체를 조사한 후 현지 방문을 해야 하겠습니다.

이렇게 보고하면 깔끔한 보고가 될뿐더러 상사의 의견을 들을 수도 있다.

야단친 상사를 칭찬하면 도량이 넓다는 평판을 얻는다

상사를 칭찬할 때 좋은 점은 '자신이 도량이 넓은 사람이라는 것을 드러낼 수 있다'는 점이다. 더구나 상사에게 흠씬 두들겨 맞은 상태에서 그를 칭찬하기란 쉽지 않겠지만, 이런 상황에서도 상사를 칭찬하는 것 자체가 차별화된 행동이며 칭찬받을 행동이다. 주위에서는 당신을 다시 한번 바라본다.

이런 행동을 하려고 할 때, 일과 사람을 분리한 후, 일에 대해서만 자신의 잘못을 솔직히 인정하는 태도를 보이고 '상사가 자기의 성장을 위해 좋은 피드백을 해 줬다'고 칭찬하게 되면, 누군가에 의해 그것이 상사에게 전달될 것이고, 상사는 그런 부하를 다시 보게 됨은 물론 주위에서도 다른 눈으로 그를 바라보게 된다. 상사에게 야단을 맞거나 관계가 좋지 않더라도 이런 마음과 태도로 오래 조직에서 생존하다 보면 자신에게 반드시 기회가 온다.

상사를 칭찬하게 되면 좋은 점 세 가지를 요약해 보면 첫째로 도량이 넓은 사람이라는 평판을 얻을 수 있다. 입에 단내가 나도록 야단맞은 상태에서 상사를 칭찬하기란 쉽지 않다. 때문에 이런 행동을 하는 사람이 존경스러운 것은 당연한 일이다.

둘째, 상사를 칭찬하게 되면 체면을 잃지 않는다. 보잘것없는 상사가 아니라 훌륭한 상사로부터 자신의 성장을 위한 피드백을 받았다는 것이 되어 체면을 잃지 않게 된다.

셋째, 음성적으로 스스로를 '멋진 사람'이라고 자랑하는 것이 된다. 위의 두 가지 태도를 취하게 되면 결국 상사보다 더 높은 자리로 승진할 기회가 올 것이다. 이때 당신은 훌륭한 상사보다 더 멋진 상사가 되었음을 보여 줄 수 있다.

상사의
지혜를 요청하라

상사의 기대 수준을
논의하라

상사와 성공 기준을 협상하라는 것은 미리 상사와 협의해 목표 또는 행동 규범을 정한 후, 투지를 발휘할 기회를 확보하라는 것이다.

새로운 보직을 맡게 되면 주어진 환경을 그대로 받아들여야만 한다고 생각한다. 특히 상사의 방침이 자신에게 맞지 않더라도 받아들일 수밖에 없고, 바꿀 수도 없다고 생각한다. 대부분 그렇긴 하다. 하지만 상사와 협상해 볼 필요가 있다. 의외로 쉽게 당신이 원하는 방향의 합의를 이끌어낼 수도 있고 활동에 필요한 자원을 공급받아 게임을 원하는 방향으로 끌고 갈 수도 있다.

상사와의 관계는 조직 내에서 당신의 위치와 비즈니스 상황에 따라 달라진다. 직위가 높을수록 당신은 더 많은 재량권을 행사할 수 있다. 상사와 근무 장소가 다를 때는 더욱 그렇다. 성공에 필요한 것들이 다 갖춰져 있는 경우에는 상사의 느슨한 시선이 당신에게 축복일 수 있다. 하지만 당신을 자만에 빠지게 만드는 저주일 수도 있다.

상사의 인맥이나
지혜를 빌려라

당신이 상사로부터 얻어 낼 수 있는 도움은 기업이 처한 상황과 주변 환경에 의해 영향을 받는다. 새로운 사업의 시작상황이라면 고위관리자들의 간섭으로부터 보호받거나, 필요한 자원을 지원해 줄 상사가 필요하다.

어려움으로부터 회생해야 할 상황이라면 지킬 수 있는 핵심 사업을 중심으로 신속하게 사업을 정리할 수 있도록 도와줄 상사가 필요하다.

지속성장 상황이라면 적절한 투자확보를 지원해 줄 상사가 필요할 것이다.

재조정 상황이라면 변화에 도움을 줄 수 있는 상사가 필요하다.

성공지속 상황이라면 비즈니스 상황을 파악하고 핵심자산을 위험에 빠뜨리는 실수를 저지르지 않도록 도움을 줄 상사가 필요하다.

상사와 생산적인 협력관계를 구축하기 위해 당신이 할 수 있는 일은 상당히 많이 있다.

상사는 열심히 일하면서도 도움을 요청하는 부하를 도와줄 때 보람을 느낀다. 그 도움이 부하의 어려움을 극복할 수 있는 것이면 더욱 그렇다. 물론 상사도 어쩔 수 없는 시스템이나 제도적인 문제를 변경시켜달라고 하는 부하를 좋아하진 않는다. 도움을 요청할 때는 상사가 제공할 수 있는 인적자산이나 지혜를 요청하라. 어떤 상황이든 충분한 물자, 충분한 시간, 충분한 사람을 제공하면서 일 처리를 지시하는 회사는 없다. 항상 자원이 부족한 상태에서 성과를 달성해야 하는 것이 직장인이 처한 현실이다. 물론 때에 따라서는 제도적인 지원 요청도 필요하다. 하지만 상사로서도 어쩔 수 없는 상황도 고려해야 한다.

상사가 쉽게 결정하도록
준비하라

상사의 지혜를 얻어야 할 상황은 두 가지로 요약할 수 있다. 첫째는 자신이 해결책을 전혀 모르는 경우이고 둘째는 자신이 해결책을 아는 경우이다.

먼저 해결책을 모르는 경우라 하더라도 단도직입적으로 질문하는 것은 좋지 않다. "이 문제에 대한 해결책을 도저히 못 찾겠는데 어떻게 하면 될까요?"처럼 생짜배기로 질문하면 바쁜 상사는 화를 낼 수도 있다. 상사라고 만물박사가 아니다. 요술방망이를 가지고 있지도 않다. 다짜고짜 상사의 도움을 구하는 것은 아주 낮은 수준의 부하가 하는 방법이다. 하지만 이 방법도 장애물을 극복할 수 없음에도 불구하고 고민만 하는 것보다는 훨씬 낫다.

하지만 훌륭한 부하는 이렇게 이야기한다. 물론 자신의 노력이 선행되어야 한다. 즉 상사의 도움을 요청하기 전에 부족하더라도 자신이 생각한 해결책 한두 가지를 준비한 후 "이 문제에 대한 해결방안에는 이러이러한 것이 있을 것이라고 생각하는데, 더 이상 생각이 안 납니다. 혹시 더 좋은 아이디어가 있으시다면 어떤 것이 있을까요?"라고 하는 것이 부하가 뭔가 노력한 흔적이 보이기 때문에 고맙게 생각하면서 상사는 자기가 생각한 해결책을 제시해 줄 수 있다.

이런 요청은 상사가 모른다고 하더라도 자신의 노력을 상사에게 알리는 효과가 있으며 상사도 이 문제에 대한 해결책을 연구하도록 요청하는 효과가 있다.

둘째, 자신이 몇 가지 해결책을 가지고 있는 경우이다. 이 경우에 문제를 해결한 후, 보고하는 것은 자신의 노력과정을 상사에게 충분히 알렸다고 할 수 없다. 이런 경우라도 상사에게 중간보고를 해야 한다.

때로는 상사가 결정하기 쉬운 몇 가지 해결책을 제시한 후 상사에게 결정하도록 하는 것도 필요하다. 이런 방법을 아주 잘 쓴 사람이 도요토미 히데요시이다. 그는 전투를 거의 다 이겨놓고는 자신의 상사인 오다 노부나가에게 몇 가지 해결해줄 것을 요구하면서 전투에 임한다. 물론 이때 상사가 눈치채지 못하도록 해결해 줄 것을 상사에게 요청했다. 이는 승리를 상사의 공으로 돌리려는 행동이다.

이런 행동이 쓸데없는 일이라고 생각하겠지만 그렇지 않다. 상사는 이런 부하에게 자기가 큰 도움을 줬다고 생각한다. 더욱 중요한 것은 상사의 동료나 윗분에게 그 부하를 자랑한다는 것이다. 이것은 상사를 얻는 아주 유용한 방법 중 하나이다.

자원 지원
약속 면담을 하라

자원이 부족한 상황에서도 직장인들은 성과를 달성해야 하지만 꼭 필요한 자원은 상사로부터 지원받아야 한다. 상사 입장에서 보면 항상 부족한 자원을 배분해야 하는 어려움이 있다. 우선적으로 상사의 지원을 받기 위해서는 자원요청 미팅 전에 준비해야 할 것이 있다. 요청하는 자원을 전부 지원해 줄 수 없는 상사의 입장을 감안해 투입한 자원보다 산출물이 많다는 근거를 기반으로 요청하면 자원을 지원받는 데 큰 도움이 된다.

상사의 자원 지원을 이끌어내는 전략

• 상사의 궁극적인 추구점이 무엇인지 찾아보라.
상사가 어떤 목표를 가지고 있는지, 추구하는 것은 무엇이고 무엇을 중요하게 생각하는지 찾아보라. 지금 자신이 추구하고 있는 프로젝트는 부서에 어떤 이익이 있는가? 라고 스스로 질문해 보라.

• 상호 이익을 교환하라.
상사의 이익을 뒷받침하면서도 당신 목표도 진척시킬 수 있는 프로젝트의 좋은 점을 찾아라. 당신의 목표 달성에 도움을 준 동료들을 위해 그들의 목표달성을 도울 방법도 찾아라.

• 자원을 결과와 연결시켜라.
현재 자원으로 이룰 수 있는 것을 명료하게 표현하고, 자원규모를 늘릴 때 어떤 성과를 더 낼 수 있는 것들을 제시하라.

일이 많으면
상사와 우선순위를 협의하라

"바쁘다 바빠!"를 연발하는 사람이 있다. 굉장히 일이 많아서 상사의 신임을 받는 존재이며 조직에서 중요한 사람이라는 것을 증명하기 위해 이런 말을 자랑삼아 하는 사람도 있다. 당신이 만약 이런 부하라면 성공에 대한 불확실성 때문에 바쁜 척함으로써 실패에 대비한 리스크를 줄이려고 하는 것은 아닌지 자문해 볼 필요가 있다. 이런 행동은 결국 긍정적인 에너지를 감소시키며, 행복감을 축소시키고, 인간관계를 악화시킨다. 업무수행력 저하는 물론 건강 악화도 수반한다.

시간 관리에 대해 고 동국제강그룹 장상태 회장의 비서실장 때의 대화를 소개해 본다.

"넌, 내가 관리하는 사람이 몇 명인지 아는가?"

"잘 모르겠습니다만 상당히 많지 않을까요?"

"아니다. 내가 관리하는 사람은 몇 명 안 된다. 정확히 말해서 다섯 손가락 안에 든다. 나는 이 다섯 사람만 관리한다. 이 사람들과는 최소한 일주일에 한 번 이상 1대1로 업무 대화를 심도 있게 한다. 또 다른 질문을 해보지. 너는 1시간을 교육할 때, 6명에게 1시간 교육을 하는 것과 1명에게 10분씩 6명에게 하는 방법 중 어떤 방법이 더 효과가 있을 것이라고 생각하는가?"

"저는 6명을 1시간 교육하는 것이 많은 것을 가르칠 수 있기 때문에 더 효과적일 것이라고 생각합니다."

"아니다 한 사람에게 10분씩 6명을 교육시키는 것이 훨씬 더 효과적이다. 왜냐하면 6명에게 1시간 교육하면 참여자 관심이 1/6로 분산되지만, 1대1 교육을 하면 참여자 집중도가 100%이기 때문에 실행력은 물론 자기 존중감도 훨씬 높아진다. 그래서 1대1 대화를 많이 해야 한다. 난 굉장히 바쁜 사람이다. 이렇게 바쁜 내가 너와 거의 매일 30분씩 이야기하는 것은 다른 중역들도 부하 다섯 사람에게는 최소한 일주일에 한 번 정도는 1대1 대화를 하여 집중 관리를 하라는 거다. 그 하부 조직도 마찬가지이다."

이런 장상태 회장님의 말씀은 나에게 많은 감명과 통찰을 주었다.

위임과 시간 관리에 대해 이보다 명확히 정의를 내릴 수 없었기 때문이다.

시간은 가장 중요한 자산이다. 돈보다도 더 중요하다. 시간은 삶이며 인생이다. 돈이 아무리 많아도 1초의 시간도 사지 못한다. 저장도 못한다. 부자에게든 가난한 사람에게든, 시간은 신이 공평하게 준 유일한 선물이지만 사용자에 따라 엄청난 차이를 만들어 낸다.

시간을 잘 활용하지 못하면 언젠가는 시간에게 보복을 당한다. "이렇게 했으면 좋았을걸!"이라고 말하는 사람치고 시간을 낭비하지 않은 사람은 없다. 마음속으로 다짐할 필요가 없다. 즉시 실행하면 된다. 우리의 진정한 삶은 내일 시작되는 것이 아니다. 바로 지금이다. 일이 굴러가는 대로 그저 세월에 순응하면 성공하지 못한다. 그냥 흘러가는 대로 내버려 두면 시간의 희생자가 되고 만다. 시간 활용은 자기 선택이다. 물리적 시간은 불변이지만 심리적 시간은 가변적이다. 지금 여기에서의 시간이 즐거워야 한다. 의미가 있어야 한다. 지금 현재가 괴롭다면 그것은 영적 성숙을 위한 귀중한 시간이 될 수도 있다.

시간을 잘 활용하기 위해서는 첫째, 자신의 삶의 목적이나 의미, 가치관을 가지고 있어야 한다. 그래야 우선순위 선택이 수월해진다. 둘째, 자신의 일 중에서 다른 사람이 하면 더 좋은 일들은 위임하고, 필요 없는 일들은 삭제하여야 한다. 셋째, 자신의 직위에서 자신만이 할 수 있는 일이 무엇인지 찾아서 해야 한다. 넷째, 마감 기한을 정한 후 즉시 실행해야 한다. 다섯째, 긴장과 이완을 잘 활용하여야 한다. 인생은 마라톤이 아니라 인터벌 훈련이다.

인터벌 훈련이란 400m 트랙을 전력질주 한 후 2~3분간 휴식 후 다시 전력질주 하는 훈련의 반복이다. 일도 마찬가지로 몰입과 휴식을 적절하게 활용해야 한다. 휴식 없이 스트레스 회복 불능 상태를 유지하는 것은 성과에 대한 위험을 회피하기 위해 다른 사람에게 그렇게 보이려는 것일 수도 있다.

스트레스 회복 불능 상태가 되면 건강상 문제는 물론 인간관계도 악화된다. 집에서는 사랑해줄 자녀나 아내에게 짜증을 내거나 소홀하게 대하게 된다.

최선의 방법은
솔직한 대화이다

업무 스타일에 심각한 차이가 있을 경우는 솔직한 대화를 통한 조정이 필요하다. 그렇지 않으면 상사는 당신을 무례하거나 무능한 것으로 받아들일 수 있다. 때문에, 스타일 차이로 관계가 나빠지기 전에 문제를 제기한 후, 당신의 스타일과 상사의 스타일을 어떻게 하면 조화시킬 수 있는지 방법을 상사에게 구하라.

상사는 부하와 좋은 관계를 통해 성과를 달성해야 하기 때문에 당신의 스타일을 이해해 주거나 상사가 좋아하는 스타일을 알게 되는 계기가 될 수도 있다. 이런 대화는 당신과 상사 모두에게 목표 달성에 도움이 된다.

대화 초점은 목표나 일의 결과에 두는 것이 좋다. 즉, 상사에게 "저와는 문제 접근 방식이나 결정 방식이 다르신 것 같습니다. 가능하시다면 어떻게 하면 좋은 결과를 이끌어낼 수 있을지 지혜를 얻고 싶습니다만, 어떠신지요?" 라는 질문으로 차이점 조정을 요청해도 좋다. 이런 이야기를 하면 상사도 당신 자신과 다르다는 것을 이해하고 방법을 강구 할 수도 있다. 한 번에 문제가 해결되기 어렵다면 여러 번 기회가 있을 때마다 업무 스타일보다는 결과에 이르는 방법의 차이점에 주목하여 상호 이해하는 방법을 찾는 대화를 하라.

당신의 업무 스타일에 대해, 상사가 신뢰하는 사람과 조심스럽게 이야기를 나눠보면서 해결 방법을 찾는 것도 좋다. 적절한 조언자를 찾게 되면 상사가 불쾌하게 여기지 않는 결과 도출 방법을 찾을 수도 있거나 상사를 이해시킬 수 있다.

업무 스타일 문제를 꺼내는 것은 상사와 좋은 관계를 유지하기 위한 시발점이다. 상사와 보다 좋은 관계로 향상시키고 싶다면 상사 스타일에 지속적인 관심과 적응방법을 찾아야 한다. 스타일 문제는 단번에 해결되지 않는다는 점도 명심하라.

주어진 재량권 범위를 파악하라

상사가 당신에게 의사 결정을 맡기는 영역이 있다면 재량권을 행사할 수 있는 범위를 반드시 상사와 상의하라. 상사가 생각하는 이상의 재량권 사용은 관계 악화의 발단이 되기도 한다.

상사와 상의해야 할 것들은 '의사 결정 전에 상사가 반드시 자신과 상의하길 바라는 것은 무엇인가? 수준은? 부하 사직서를 받을 때는 어떤가? 프로젝트가 다른 조직과 관련이 있을 때는 어떤가?' 와 같은 것이다.

그러나 어떤 경우라도 당신이 하는 업무를 상사가 알게 하는 것이 좋다. 상사가 당신의 업무를 잘 안다는 것은 당신 성과를 선전하는 효과도 있지만 일이 잘못됐을 경우 상사의 도움을 받을 수도 있다. 상사는 최대한 부하가 하는 일을 많이 알고 싶어 한다고 생각하고 나름대로 소통 방법을 찾아보면 좋다.

업무를 통한
능력개발

어떻게 하면 업무를 통한 능력개발을 할 수 있는지 상사에게 조언을 구하라.

상사와의 신뢰관계가 어느 정도 형성되었다면 당신의 개인 발전을 위한 논의를 시작하라. 상사는 부하 직원을 육성할 책임이 있기 때문에 당신이 먼저 이런 이슈를 제기해도 좋다.

어떤 일이 잘 진행되고 있고 어떤 일을 개선해야 할지? 그 일을 잘하려면 어떤 능력을 발전시키면 좋을지? 앞으로 개선해야 할 역량이나 관리능력 상의 약점은 무엇인지? 기존 업무를 방해하지 않으면서도 역량 강화를 위해 참여해 보고 싶은 프로젝트는 어떤 것이 있는지? 등과 같은 화제를 제기하면서 당신의 노력에 더하여 상사의 도움을 요청하면 상사도 좋아한다.

새로 맡은 보직이 당신의 경력에 중요한 의미를 갖는다면 이런 대화는 특히 중요하다. 만약 당신이 하위 직급의 관리자라면 상사에게 관리능력 향상에 필요한 피드백과 도움을 구하는 습관을 들여라. 자신의 강점과 약점에 대해 피드백을 구하는 성실한 자세, 피드백 받은 내용을 실천하려는 태도는 그 자체만으로도 상사에게 강력한 인상을 심어준다.

당신이 중간관리자든, 실무책임자든, 또는 총괄책임자나 CEO이든 기본 원칙은 같다. 직장인으로서 어느 위치에 있든 성공을 위해 열린 마음과 부족하기 때문에 배워야 한다는 자세를 가질 때 새로운 리더십 변혁을 이룰 수 있으며 스스로가 성장한다는 점을 자각해야 한다.

전문지식 계발도 중요하지만, 직위가 높아질수록 관계기술이 훨씬 더 중요하게 작용한다. 상위 관리자에게 필요한 것은 부하 직원들이 자기의 능력과 재능을 마음껏 발휘하고 보람을 느끼길 바라는 욕구를 채워주는 재능이다. 이를 위한 공식적인 교육을 받아도 좋고 코칭을 받아도 좋다. 새로운 프로젝트, 새로운 사업, 새로운 근무지, 새로운 업무 등의 경험도 상위직급으로 올라가는 역량을 키우는 데 필수적이다.

상사와
올바른
소통법

> 상사의 지시사항을 한 문장으로
> 요약해서 맞는지 질문하라

유능한 신문사 편집국장은 한 문장으로 그날의 핵심 뉴스를 표현하기 위해 가장 많은 시간을 소비한다. 광고회사 카피라이터는 임팩트 있는 한 문장을 만들기 위해 머리를 쥐어짠다. 마찬가지로 보고를 잘하는 사람의 비결은 자신의 보고 메시지를 한 문장으로 요약해서 보고한 후 필요하면 설명을 곁들인다.

상사는 항상 바쁘다. 이런 상사에게 장황하게 보고하면 짜증을 낼 수밖에 없다. 보고할 때는 핵심을 파악해야 한다. 핵심은 보고 종류에 따라 달라져야 한다.

- 자료 조사 : 자료 조사 목적은 무엇인가? 필요한 데이터는 무엇인가?
- 상황 보고 : 상황에 대한 예상되는 유. 불리한 점은 무엇인가?
- 가능성 검토 : 성공 가능성을 수치로 나타낸다면? 예상 장애물의 대책은?
- 의사 결정 : 의사 결정 요소는 두 가지는 요소는 무엇인가? 두 가지 요소로 의사결정 차트를 만들었을 때 각 사안별 위치는?
- 전략 기획 : 방향성을 함축하는 슬로건이나 상징물은?

상사가 간단명료하게 지시사항을 이야기하면 좋겠지만 장황한 지시를 할 경우 부하는 잘 알아듣지 못하게 된다. 이런 경우 "지시사항을 한 문장으로 줄이면 어떻게 되나요?"처럼 이야기하면 건방져 보인다. 당신이 잘 이해되지 않더라도 "제가 지시 사항을 이러 이러하게 이해했는데 맞나요?"라고 질문하면 상사가 수정해 줄 것이다. 또한, 상사는 부하의 이런 요청에 대해 기분 나쁘지 않게 자신이 장황하게 보고했다는 통찰을 통해 개선 노력을 덤으로 하게 될 것이다.

상황에 맞는 대화를 하라

무턱대고 일만 열심히 한다고 상사의 인정을 받는 것은 아니다. 핵심 사항에 대해 상사와 대화가 필요하다. 5가지 핵심 대화는 다음과 같다.

➊ 상황 진단 대화

'지금 조직이 처한 당면 이슈는 무엇인가? 그 이슈가 중요한 이유는 무엇인가? 이슈 해결을 위해 어떤 것을 해 봤으며 어떤 장애물이 있었는가? 시스템적인 문제인가? 사람에 대한 문제인가? 동원 가능한 자원은 무엇인가?' 이런 것들에 대한 당신의 관점과 상사의 관점이 다를 수 있다는 전제하에 상사의 관점을 알아보는 대화가 필요하다. 당신이 원하는 관점의 주제가 아니라 상사가 관심을 가진 분야에서 성과를 내도록 하라. 행여 당신 관심사항이 더 중요하다고 생각된다면 업무의 우선순위를 바꾸되 상사를 설득하라.

⚊○ ❷ 목표 달성 대화

상사가 당신에게 어느 정도의 목표달성 기대를 하고 있는지를 파악하라. 상사의 기대 사항이 너무 크다면 충분한 협상을 통해 기대를 조정하라. 그렇다고 높은 목표 설정을 두려워하는 인상을 주어서는 안 된다. 그렇게 되면 성취 지향적인 상사에게 당신은 도전의식이 없는 사람으로 인식된다.

상사의 단기적인 기대, 중기적인 기대, 장기적인 기대가 무엇인지 파악하라. 만약 상사에게 그런 기대가 준비되어 있지 않다면 당신이 준비한 목표를 설명하라. 상사가 고맙게 여기고 가감해 줄 것이다.

상사의 조직 운영방침은 무엇이며 성과는 어떻게 측정할 것인지도 질문하라. 상사의 기대가 비현실적이면 현실에 맞게 조정하라. 가능하다면 상사와 협상할 때 목표를 낮게 잡고 초과 달성하는 것이 현명하다고 생각하겠지만, 초식동물(낮은 목표치를 가진 사람)로 낙인찍힐 수도 있다는 점을 감안하라.

상사가 높은 목표를 제시할 경우 그 자리에서 비현실적이라고 말하는 것보다는 생각해 보겠다고 물러 나온 후 다음 미팅에서 본인의 생각을 이야기하면서 조정을 시도하는 것이 더 좋다.

○ ❸ 자원 대화

목표 달성을 위해 필요한 자원은 무엇이며 이를 어떻게 보완할 것인가 하는 대화가 필요하다. 필요한 자원 중에는 상사의 도움도 포함된다. 부하 직원들의 역량 향상을 위해서는 교육도 필요하다. 시스템적인 지원이 필요할 경우도 있다. 이에 대해서 어떻게 보완하면 좋을지, 당신의 의견을 먼저 제시한 후 상사의 지혜를 구하라. 상사에게 기대기만 하는 부하는 사랑받지 못한다.

○ ❹ 스타일에 대한 대화

상사의 업무 스타일 파악도 중요하다. 성취지향형인지, 관계지향형인지, 안정지향형인지, 창의력을 중요시하는지 알아야 한다. 이를 파악했다면 당신이 상사의 스타일에 맞출 수 있는 방법을 찾아보라.

상사가 좋아하는 대화 방식이 일대일 면담인지, 전화나 이메일 또는 카톡 대화도 무방한지, 얼마나 대화를 자주 나누는지, 어떤 문제를 상사와 상의하면 좋은지, 당신이 자율적으로 결정할 수 있는 것은 무엇인지 등에 대해 판단하지 말고 질문을 통해 사실을 확인하는 것이 필요하다.

○ ❺ 개인적 발전을 위한 대화

상사도 잘 보좌하고 당신의 발전도 도모하기 위하여 자신이 개선할 점은 무엇인지? 어떤 것을 더 개발해야 하는지? 누구를 멘토로 하면 좋은지? 어떤 교육을 받으면 좋을지 등에 대해 상사와 논의가 필요하다.

상사와 만난 자리에서 한꺼번에 모든 것을 논의하면 좋겠지만 그렇지 못한 경우가 더 많다. 모든 주제를 다 말할 수 없다면 한 가지씩 해도 좋다.

그전에 당신은 이런 것들에 대해 문제의식을 가지고 준비를 해야 한다. 준비하지 않으면 상사의 도움을 받지 못한다.

중요한 것은 평소 당신이 얼마나 '조직과 당신 자신을 위하여 생각하는 시간을 가졌으며 이를 정리하는 시간이 있었느냐'는 점이다. 준비하는 자에게는 기회가 생긴다.

상사 스타일을 알려면
분위기를 만든 후에 질문하라

사람마다 업무 스타일도 다르고 대화 방법도 다르다. 어떻게 하면 상사와 조화를 이룰 수 있는지 방법을 찾아보라. 예를 들면 급한 문제가 발생하여 당신이 상사에게 문자를 남겼는데 곧바로 응답이 없다가 나중에 왜 알리지 않았느냐고 야단맞았다면 이렇게 기억하라. '내 상사는 이런 방식을 사용하지 않는구나.' 라고.

하지만 이런 일이 벌어지기 전에 상사와 보고 방식을 미리 상의하는 편이 훨씬 더 좋다. 예를 들면 상사에게 "급한 일이 발생했을 때 전화로 보고 드리면 어떨까요? 혹시 전화를 받지 않으시면 문자로 보고 드리면 어떨까요? 혹시 다른 방법이…?"라고 말꼬리 흐리기 질문을 해서 상사가 좋아하는 보고 방법을 사전에 알아보는 것도 좋다. 사실 이렇게 얘기하면 상사도 대부분 부하의 보고 방법을 인정하게 된다.

이 외에도 '상사 대화 스타일은 어떤지? 얼마나 자주 보고하는 것을 원하는지? 당신이 결정을 내릴 때 자신과 상의를 원하는 수준은? 자율적 결정이 허용되는 것들은 어떤 것들인지? 출퇴근 스타일은 어떤지? 부하 직원들이 어떻게 하길 바라는지?' 등에 대해 사전에 알아보고 당신이 하고 싶은 스타일을 승인을 요청하는 것이 좋다.

당신 스타일을 상사가 인정하지 않을 때, 관계에 어떤 영향을 미치는지 예상해 본 후 대책을 강구하라.

예를 들면, 당신은 필요한 지식을 갖고 있는 사람들에게서 정보를 획득하는 반면, 상사는 공식자료를 분석하여 필요한 정보를 얻는다고 하자. 이 경우 '당신의 정보입수 과정에서 정보가 유출될 수 있다는 상사의 오해가 생긴다면 어떻게 해결할 수 있을까? 상사는 디테일한 관리를 좋아하지만, 당신은 자율적으로 일하길 좋아할 때 생기는 긴장감을 어떻게 완화시킬까?'를 생각해 보고 의심하지 않도록 상사를 설득시켜라. 상사가 새로 부임했다면 전임지에서 상사와 같이 일해 본 사람에게 정보를 얻는 것도 좋다.

조심해야 할 것은 상사의 관리 방식을 비판하는 것처럼 보일 수 있다는 점이다. 때문에 상사의 대화 스타일과 같은 위험 부담이 적은 이슈로 이야기를 시작하는 것이 좋다. 다른 사람의 경험을 참고하되 실천 계획은 당신의 경험을 중심으로 세워라.

상사가 일하는 방식에 대해서도 관심을 가져라. '일관성이 있는가? 일관성이 없다면 그 이유는 무엇인가? 약속은 잘 지키는가? 상사가 좋아하는 것은 무엇인가? 특별히 디테일하게 관리하는 현안은 무엇인가? 성과가 좋지 않은 부하 직원들에게 어떻게 행동하는가?'

상사와 긍정적인 관계를 구축할 책임은 전적으로 당신에게 있다고 생각하라. 당신이 상사의 스타일에 적응하라. 음성메시지를 좋아하지 않는 상사에게 이를 사용하면 안 된다. 디테일한 관리자라면 자주 커뮤니케이션 해야 한다. 성과향상에 역효과를 낼 일들은 할 필요가 없다. 상사와 좋은 관계를 유지할 수 있는 자신만의 방법을 적극적으로 찾아라. 가장 좋은 방법은 자유롭게 이야기할 수 있는 분위기를 만든 후에 상사에게 직접 물어보는 것이다.

상사와 좋은 대화를 유지하기 위한
자동시스템을 만들어라

컴퓨터에 스위치를 넣으면 아무 조작을 하지 않아도 시스템이 자동적으로 작동한다. 윈도우에서는 CD-ROM을 자동 인식해 음악을 재생하거나 프로그램 설치를 자동으로 시작하기도 한다. 이를 오토매틱 스타트(Automatic Start)라고 한다. 이를 줄여서 오토 스타트(Auto-Start), 즉 자동실행이라고 하겠다.

부모가 자식에게 바라는 것도 자동실행이다. 구성원들의 자발적 작동은 CEO가 원하는 것이다. 고위직 관리자가 되길 바라는 리더도 부하 직원들에게 원하는 행동이 자동적으로 작동하길 원한다. 성공하는 방법을 모르는 사람은 없다. 문제는 실행이다. 실행이 자동적으로 어떤 작은 신호가 발생하면 자동으로 작동하면 얼마나 좋을까. 컴퓨터에 스위치를 넣으면 자동으로 윈도우가 작동하듯이 회사에도 그런 시스템이 작동하길 바라는 것이 사장이다.

얼마 전 임원 코칭을 하면서 회사에서 꿈이 무엇이냐고 질문했더니 그냥 열심히 맡은 소임을 다 하는 것뿐이지 그런 것 잊고 산 지 오래됐다고 했다. 그래서 지금 해결해야 할 어려운 일들이 많이 있는데 그것을 사장의 입장에서 생각하는 것과 현재 직위에서 생각하는 해결책은 다르지 않겠느냐는 질문을 하니까 그는 다른 해결방법을 생각해

냈다. 그러면서 지금까지 꿈을 잊고 산 것 같다는 이야기를 했다.

물론 사장이 되고 안 되고는 역량 외에 정치적인 면과 운도 작용한다. 하지만 업무를 할 때 사장의 입장에서 문제를 바라보고 해결책을 찾는 것은 누구나 할 수 있는 일이다. 이런 이야기를 하면서 그는 지금 사장님을 보니까 코치님의 그런 말에 동감이 간다는 말을 했다. 그 후 그 임원은 신입사원 교육 때 자신이 최근 얻은 통찰을 이렇게 이야기했다고 한다.

"여러분의 꿈은 말하지 않더라도 압니다. 아마 이 회사의 사장이 되는 것일 겁니다. 저도 회사에 들어올 때 그런 꿈을 가지고 열심히 하다 보니 임원이 됐습니다. 그런데 어느 순간 저는 그 꿈이 사라졌습니다. 그냥 하루하루를 목적 없이 열심히 살고 있었습니다. 지금 제 직위에 만족하면서 말이죠. 그런데 코칭 질문을 받다 보니 제가 꿈이 없다는 사실을 얼마 전에 발견했습니다.

또 한 가지 새롭게 발견한 것은 지금 사장님은 제가 지켜본 바로는 사장이 되시기 이전부터 문제나 인간관계를 사장의 입장에서 바라보고 대처하셨습니다. 그것을 얼마 전에 깨달았습니다.

여러분이 회사에서 성공하는 방법은 간단합니다. 사장의 마음으로 문제를 해결하고 인간관계를 유지하고 역량을 키우는 것입니다. 문제는 어느 순간 이런 것들을 잊는다는 것입니다. 초심을 잊지 않고 행동하는 것. 그것이 성공비결입니다."

이런 이야기를 하는 중역의 말에 동감하지 않을 수 없었다. 문제는 자동적 실행이다.

어떤 행동이 자동적으로 실행되게 하려면 재미를 느낄 수 있는 감정적인 요인이 포함되어 있어야 한다. 이를 위해 먼저 자신의 존재 의미나 삶의 이유, 자신의 핵심 가치를 발견해야 한다. 그것이 발견됐다면 자신의 비전을 만들어야 한다. 비전은 현재 하는 일과 연결되어 있어야 한다. 그런 후 자신이 매일 어떤 일을 하면 될지를 정해야 한다.

예를 들면 사장이 되겠다는 비전을 가진 사람이 결단력과 창의적 문제 해결력을 키우고자 한다면 지하철을 타는 순간을 신호로, 마치 컴퓨터에 전원을 넣으면 자동으로 윈도우가 작동하듯 자신의 의식을 사장의 지위로 상승시키는 행위가 습관처럼 작동하도록 하는 것이다.

마샬 골드스미스(Marshall Goldsmith)가 트리거에서 제시한 체크 리스트를 만들어 매일 자신의 계획에 대한 점수를 매기는 방법도 있다.

다음날 입을 옷을 저녁에 준비하는 시간이 오토스타트 시간이 될 수도 있고, 좋은 음악을 듣는 시간을 활용할 수도 있다. 저녁 잠자리에 들면서 내일 할 일들을 생각하면서 사장이라면 어떻게 해결할지 생각해 보는 것도 이미지트레이닝처럼 잠재의식에 넣을 수도 있다.

자신만의 자동실행 프로그램이 어떤 신호에 의해 습관처럼 작동하듯 자신만의 체계를 만들어 보라. 성공한 사람들은 알게 모르게 이런 자동실행 체계가 작동한다는 점을 본받아야 한다고 생각되지 않는가?

상사가 좋아하는 보고,
상사를 짜증나게 하는 보고

마감일 전에 간단명료하게
보고하는 부하를 상사는 좋아한다

문제가 터지고 난 후, 물어봐야 보고하는 부하를 상사는 가장 싫어한다. 무능하다고 꾸중도 듣는다. 유능한 부하는 마감기일을 준수하면서도 중간보고를 잘한다. 중간보고를 하면서 방향 수정도 하고 좀 더 좋은 아이디어를 첨가한다.

무능한 부하는 애매모호한 표현과 장황한 설명을 하는 대신 유능한 부하는 핵심을 요약해서 간단하게 두괄식으로 설명한다. 무능한 부하는 눈치코치 없는 보고를 하는 반면, 유능한 부하는 상사나 회사 분위기를 감안한 보고를 한다. 성과를 내는 부하의 말은 상사가 들으려 하지만 저성과자 말은 상사가 들으려 하지 않는다.

성과를 내기 위해서는 상사의 정확한 의도 파악이 필수적이다. 상사의 정확한 의도를 모른 채 일을 하는 것은 목적 없는 항해사의 항해와 같다. 이런 부하는 상사에게 다가가길 두려워한다. 그래서 점점 더 상사와 관계가 소원해진다.

업무를 시작하기 전에 상사의 정확한 의도를 파악하려면 질문을 많이 해야 한다. 휴렛팩커드의 여성 CEO였던 칼리 피오리나(Cara Carleton Sneed Fiorina)는 성과를 내는 사람은 '상사가 물어보기 전에 질문을 많이 한다'고 했다. 상사는 부하 직원이 자꾸 묻는 것을 부담스러워도 하지만 자신의 존재감도 동시에 느낀다.

상사는 성과 미달에 대한 두려움도 많지만, 발생한 문제의 내용을 정확히 파악하지 못했다는 상사 윗분의 지적을 제일 두려워한다. 조직을 장악하지 못한 리더를 CEO는 제일 싫어하기 때문이다. 야생에서는 힘 있는 자가 조직을 장악한다. 하지만 우리 사회는 육체적으로는 힘이 없는 사람에게도 관리자란 직함을 부여하여 조직을 장악하라는 권한을 부여한다. 이 역할을 제대로 하지 못하면, 즉 조직을 장악하고 성과를 내지 못하면 상사는 도태된다는 사실을 잘 알고 있다. 부하는 상사의 이런 입장을 이해하고 행동해야 한다.

결론을 먼저 말한 후, 필요하면 설명하라

실무만 잘한다고 인정받는 것은 아니다. 당신이 아무리 멋지게 일을 처리했더라도 상사가 알지 못하면 일을 안 한 것과 별반 차이가 없다. 다음은 보고를 잘하기 위한 필요요소들이다. 상황에 맞게 보고하는 것도 필요하다.

❶ 보고의 목적을 명확히 하라
상사가 무엇을 원하는지 명확히 알아야 한다. 상사의 의도를 정확히 모르면 질문하면 된다. 질문 방법도 "목적이 뭐죠?"라고 따지듯이 질문하면 상사는 십중팔구 화를 낸다. 상사의 의도를 정확히 파악하지 못했더라도 자기 생각을 정리 요약하여 "지시하신 내용이 이런, 이런 내용인데 제가 정확히 알고 있나요?"라고 질문하는 것이 좋다. 이런 질문을 하려면 상사의 말을 경청한 후 요약할 수 있어야 한다. 그러려면 메모하면서 경청하는 태도를 취하면 상사도 좋아한다.

보고 순서와 논리 전개 전체의 흐름을 생각하면서 상사 지시를 경청한 후 확인하는 질문을 하라. 예를 들면 "제가 이해하기로는 이 일의 목적과 보고 마감시한을 이러 이러하게 이해했는데 맞는지요?"라고 질문을 해서 상사의 지시사항을 명확히 하라.

⛓─○ ❷ 결론이나 요점을 먼저 말하라

핵심을 찌르는 짧고 간결한 결론을 먼저 말하는 것이 좋다. 설명은 그다음 상사가 요청할 때 하면 된다. 상사의 지시가 아니라 자발적으로 시작하려는 업무보고는 STAR방식의 보고도 좋다.

⛓─○ ❸ 수시로 중간보고 하라

중간보고는 면대면 보고 외에도 구두보고, 문자메시지, 포스트 잇 보고 등 상사가 싫어하지 않는 방법이라면 어떤 방법도 좋다. 완벽하게 일을 마무리 한 후 보고 하려 하지 말라. 중간중간 보고 하도록 하라.

상사에게 필수 보고사항을
잊지 말라

상사에게 반드시 보고해야 할 것들은 첫째, 문제가 발생하거나 사고 발생 시 자기 선에서 책임질 수 없는 것들은 반드시 사전에 상사에게 보고해야 한다. 특히 중요한 업무에 대해서는 중간보고를 반드시 해야 한다.

상사는 부하보다 정보 나 인맥이 넓다. 사전에 보고했더라면 충분히 문제를 해결할 수 있었던 것을 자기 선에서 해결하려다 보고 시기를 놓치는 경우를 종종 본다. 하지만 이런 보고를 받은 상사는 거의 멘붕 상태가 된다.

어떤 상사는 중간보고를 하지 않은 사고에 대해서는 읍참마속의 심정으로 먼저 징계 위원회에 회부하기도 한다. 상사의 이런 행동은 재발방지를 위한 행동이다. 운 나쁘게 이런 상사의 방침에 걸려들지 않도록 중간보고를 잘하는 것이 필요하다.

둘째, 내가 하는 일 중에 상사가 꼭 알아야 한다고 생각하는 것은 꼭 진행 사항을 보고해야 한다. 중요한 일을 상사가 자세히 모르면 더 높은 직급의 상사가 갑작스럽게 상사에게 질문했을 때 대답하지 못한다.

결과적으로 상사는 조직 관리를 잘못하고 있다는 지적을 받을 뿐만 아니라 당신에게도 그 영향이 미친다.

이런 사고를 만회하려면 웬만한 노력으론 되지 않는다. 이런 사고가 계기가 되어 자신도 모르게 관계는 최악의 상태가 된다. 당신은 부서를 이동해야 하거나 승진 대상자에서 이유 없이 제외될 수도 있다, 심하면 회사를 떠나야 할 경우도 생긴다.

셋째, 당신에게 중요한 업적이 될만한 일들은 상사에게 중간보고를 하라. 이런 일들 중에는 일이 완료된 후에 보고하려고 할 때, 일도 잘 끝났는데 보고 하는 것이 자랑 같아서 보고하지 않게 되는 경우도 생긴다. 문제는 상사가 당신이 한 일을 모르면 성과와 연결되지 않는다는 점이다. 이런 일들은 중간중간 상사에게 한 문장으로 간단하게 진행 사항을 보고하면 그것은 자신의 업적이 되지만 아무리 어려운 일을 공을 들여 훌륭하게 했더라도 상사가 잘 모르게 되면 좋은 성과를 제대로 평가받지 못하는 결과를 초래한다. 자신이 한 일을 과대 포장해서 선전하는 것도 문제지만 자신의 중요한 업무처리를 과소평가하게 한 것도 바람직한 것은 아니다.

보고서 작성 시 전체 그림을 그려본 후 작성하라

상사에게 서면 보고를 할 경우 결과를 생각하면서 작성하라.

❶ 보고서 작성 전체 프로세스를 미리 그려보라

보고서를 무작정 작성하려 하지 말고 전체적인 프레임을 먼저 그려보라. 전체적인 윤곽은 어떻게 할 것이며, 필요한 최소한의 자료는 어떤 것들이 있고, 어디서 구할 수 있는지, 누구에게 맡기면 좋은지를 먼저 생각해 보라. 완벽한 자료를 취합한 후 보고서를 작성할 만큼의 시간과 자원이 주어져 있지 않다는 점도 감안해야 한다.

보고서 작성 시 '이 보고서를 왜 작성하는지? 이 보고서에서 무얼 얻고자 하는지, 보고서의 전체 목차나 구성은 어떻게 하면 좋을지, 결

론은 어떻게 이끌어내면 좋을지'를 생각하게 되면 많은 시간을 절약할
수 있다.

❷ 상사의 의도나 니즈를 정확히 파악하라

보고서 작성 시 필수 항목은 상사의 의도를 정확히 파악하는 것이
다. 상사의 의도에 핀트를 맞추지 못하면 쓸데없는 보고서가 되거나
능력 없는 부하로 낙인찍힌다.

상사의 명확한 의도를 파악하기가 곤란하면 상사에게 질문하면 된
다. 이 경우 같은 질문을 계속 반복하는 것보다는 자신이 이해한 부분
이 정확한지 역으로 질문하면 좋다.

어떤 경우는 상사도 명확하지 않은 상태에서 지시를 받아 하달하는
경우도 있다. 이런 경우 어느 정도 생각이나 데이터를 정리한 뒤 중간
보고를 통하여 상사의 의도를 구체화하면 된다.

완벽한 보고서를 만들기 전에 중간보고를 통하여 상사의 의도를 정
확히 파악하는 것이 중요하다. 중간보고 과정을 거치면서 필요 없는
것이 걸러지기도 하지만 명확한 상사의 의도나 니즈도 정확하게 파악
하게 된다.

❸ 예상되는 결과를 미리 생각해 보라

결과에 대한 가설을 설정하고 이를 증명하는 보고서를 작성하면 시
간이 단축된다. 가설을 세운다는 것은 결론을 생각해 보는 것이다. 결
론부터 생각하는 보고서를 작성하게 되면 최소한의 필요한 데이터를
수집해도 된다. 시간이 절약된다.

자료를 수집 분석하면서 답을 찾아가면 많은 시간이 소모된다. 빠른

시간 내에 해결책을 찾아야 능력 있는 사람으로 평가받는다.

호소야 이사오는

"결론부터 생각하는 가설사고는 세 단계로 나눠지는데, 첫째, 지금 가지고 있는 정보만으로 가장 가능성이 높은 결론(가설)을 가정한다. 둘째, 가설을 최종 목적지로 강하게 인식한다. 셋째, 필요한 정보를 수집하면서 가설 검증을 반복한다. 넷째, 필요시 가설을 수정하면서 최종 결론에 이른다."

'가설'은 말 그대로 '가설'이다. 가설은 검증과정에서 틀릴 수 있다는 오픈된 마인드가 필요하다. 가설을 고집하는 것은 '보여지는 대로 보는 것'이 아니라, '보고 싶은 대로 보는 것'이다. 고착화된 신념일 수 있다는 점을 염두에 두고 객관적인 검증을 해야 한다.

가설을 세우기 위해서는 최소한의 정보가 필요하다. 백지상태에서 가설을 세울 수는 없다. 백지상태라고 하더라도 예상되는 결론을 미리 생각해 보고 최소한의 중요한 데이터를 취합 분석해 가면서 이를 검증할 필요가 있다.

가설을 세울 때 자신의 경험, 직관 등을 통해 가장 그럴듯한 결론을 가정해 본 후 이를 검증하는 방법도 좋다.

❹ 전략적으로 자료를 수집하고 활용하라

한 연구기관의 조사에 의하면 회사에서 자료수집에 투입되는 비율이 20% 이상이라고 한다. 연봉 5천만 원인 사람의 경우 1천만 원을 자료수집에 사용한다는 것이다. 상당한 비용이다.

시간과 충분하다면 다양한 자료를 수집하는 것이 지식 축적에 도움이 되긴 하지만 그만한 시간적 여유가 주어지지 않는 게 현실이다. 수많은 자료를 수집하는 것이 마음의 위안은 되겠지만 바람직하지는 않다. 자료 수집에 많은 시간을 뺏기지 않기 위해서는 먼저 보고 목적을 정확히 알아야 한다. 그래야 전략적인 자료 수집이 가능하다.

그렇다면 어떻게 하는 것이 전략적으로 자료를 수집하는 것일까? 우선 가설을 증명하기 위한 필요사항들을 정리하라. 예를 들면 매출 하락의 원인이 기존 고객의 이탈이라고 하자. 이를 조사하기 위해 고객 불만처리 상태나 우수고객 중점관리 상황을 점검하는 것이 필요하다.

정보를 수집할 때는 '이 정보를 왜 수집 하는가?' 라는 질문을 스스로 해보면서 필요 없는 자료를 줄여야 한다. 마지막으로 이렇게 정보 수집 목적이 구체화 되면 어디에서 어떻게 정보를 수집할 것인지를 고민한다.

자료 수집 시 고려 사항은 현장이나 고객 관점에서 생각하는 것이다. 가능한 한 발품을 많이 파는 것이 좋다. 똑같은 내용을 말하더라도 보고서 작성자에 따라 전혀 다르게 이해할 수도 있다는 점도 지나쳐선 안 된다. 자료를 수집할 때는 출처를 기록하면 신뢰성과 객관성이 높아진다.

➎ 로직트리로 생각을 정리하고 구체화하라

로직트리는 로직(Logic)과 트리(Tree)의 합성어이다. 로직트리는 생각을 나무뿌리처럼 퍼져 나가게 한다. 로직트리는 MECE(Mutually Exclusive Collectively Exhaustive의 약자)를 참작하면서 작성하면 좋다. MECE는 어떤 것이 상호 중복이 없고 전체적으로 누락되지 않는다는 뜻이다.

로직트리는 손으로 작성할 수도 있지만, 마인드맵 같은 프로그램을 사용할 수도 있다. 요즘은 파워포인트에도 로직트리 기능이 있으니까 활용하면 좋다.

⑥ 결론을 생각하라

보고할 때나 보고서를 작성할 때 결론을 먼저 생각하라. 그 결론은 핵심 질문에 대한 대답인지를 확인해 봐야 한다. 핵심 질문이란 보고 목적과 일치해야 한다. 만약 생각한 결론이 핵심질문에 대한 대답이 아니라면 결론을 다시 생각해 봐야 한다.

상사를 짜증나게 하는
보고 유형

❶ 문제가 터진 후, 보고하는 유형을 싫어한다

상사는 사후 보고를 제일 싫어한다. 부하 입장에선 자신이 갖은 노력을 하다가 해결 방법이 없는 상황에서 이런 보고를 하게 되는데 이는 결국 호미로 막을 것을 가래로 막는 격으로 상사도 해결하기 어려운 상황이 된다. 특히, 사전에 보고했더라면 간단히 해결할 수 있었던 일일 경우 상사는 불같이 화를 낼 수밖에 없다. 이런 일은 작은 사고를 은폐하려 하거나 본인 선에서 해결하려는 과정에서 터진다.

문제가 발생 될 경우 자기 선에서 해결이 안 되거나 책임질 수 없는 업무는 무조건 중간보고를 철저히 해야 한다. 중간보고를 하게 되면 상사의 도움을 받거나 제대로 진행되는지 확인하는 과정도 된다. 나쁜 보고는 가급적 피하고 칭찬받을 것은 중심으로 대부분 보고하는 것은 회사를 아끼는 사람이 해야 할 일은 아니다.

일어난 문제에 대한 책임은 상사가 진다. 상사는 부서의 성과도 대표하지만, 과실에 대한 책임도 진다. 이런 상사 입장에서 아닌 밤중에 홍두깨 같은 사고를 책임을 지는 일은 아주 기분 나쁘다. 때문에 어떤 상사는 중간보고를 하지 않은 사고에 대해 읍참마속(泣斬馬謖)의 심정으로 징계위원회에 회부하거나 자신이 행사할 수 있는 최대한의 권한을 사용하여 벌칙을 주기도 한다. 이런 점을 감안한다면 모든 일을 상사가 알 수 있도록 중간보고를 하는 것이 좋다.

🔑○ ❷ 장황하게 보고하는 유형을 싫어한다

상사는 늘 바쁜 사람이다. 장황한 보고는 상사를 짜증나게 한다. 보고 할 때는 결론부터 이야기한 후 필요하면 설명을 하도록 하라. 상사가 내용을 잘 모른다고 판단될 때는 STAR방식의 보고가 좋다.

상사가 좋아하는 보고 유형

🔑○ ❶ 상사의 용어로 보고하는 유형을 좋아한다

요즘 젊은이들은 은어를 사용한다. 상사는 부하가 사용하는 은어를 배우려고 노력하지만 쉽지 않은 경우가 많다. 이런 경우 상사가 알아들을 수 있는 용어를 사용하는 것이 좋다. 상사가 잘 사용하는 용어를 사용하면 동질감을 느끼게 한다. 이는 심리학적으로 증명된 사실로 거울 효과(미러링:mirroring)라고 한다. 상사와 유사한 행동이나 용어를 사용하는 것이 여기에 해당한다.

❷ 판단이 아니라 사실을 보고하는 유형을 좋아한다

부하가 보고 할 때 사실적 근거와 데이터를 기준으로 보고해야 한
다. 당신의 경험이나 판단은 상사가 질문할 때 대답할 사항이다.

헤롤드 제닌(Herold Geneen, ITT 전 회장)에 의하면 "보고에는 사실과 사
실 아닌 것이 있다."고 하면서 일상적인 보고에는 "사실로 보이는 것과
사실이기를 바라는 것, 사실이라고 공유된 것, 사실이라고 생각되는
것"이 있다고 했다. '지금 이 보고는 사실인가?' 라고 스스로에게 질문
하면서 사실만을 보고해야 한다.

❸ 센스 있는 보고를 좋아한다

한 취업 포털 사이트에서 "조직에서 가장 필요한 것은 무엇입니까?"
라는 질문에 직장인의 97%가 '눈치'를 꼽았다. 눈치라는 단어가 조금
은 저급하게 느껴질지 모른다. 하지만 눈치는 중요한 처세술이다. 눈치
란 남의 마음을 그때그때 상황으로 미루어 알아내는 것이다. 눈치를
살피라는 것은 지나치게 상사에게 아부하라는 말은 아니다. 분위기를
잘 파악한 후 적절하게 대응하라는 말이다. 상대방의 기분을 정확하
게 이해하면 같은 보고도 다르게 할 수 있다.

적절한 우화가 하나 있다. 담배를 피우는 남자 둘이 목사님에게 가
서 담배를 피우면서 기도를 해도 좋다는 승낙을 받아오는 걸로 내기
를 했다. A가 가서 목사에게 질문했다.

"목사님 담배 피우면서 기도해도 되나요?"
"안 됩니다."

A가 실패하고 돌아왔다. 그러자 B가 목사님에게 질문했다.

"목사님 담배를 끊어야지. 생각하면서도 아직 못 끊었습니다. 그런데 혹시 제가 담배를 피우다 하나님께 기도제목이 생각났을 때 마음속으로 기도하면 안 되나요?"
"됩니다."

같은 내용의 질문이라도 질문에 따라서 다른 답을 얻어낼 수 있다는 점을 명심하라.

아첨형
보고자

'아부나 아첨도 실력이다', '적당한 아부는 충성이다'라는 말이 있다. 사전적 의미로 아첨이란 '남의 환심을 사거나 잘 보이려는 알랑거림'이고 아부란 '남의 비위를 맞추는 알랑거림'이다. '내가 하면 충성, 다른 사람이 하면 아부'라고 한다. 그렇다면 아부나 아첨과 충성을 어떻게 구분할 것인가? '진정성' 여부로 판단하면 좋다. 아첨이나 아부는 사실을 왜곡하게 하여 판단을 흐리게 하기 때문에 상사는 단기적으로 이런 부하를 좋아할 수는 있겠지만, 장기적으로는 싫어한다.

의도적이고 순수하지 않은 목적을 가지고 좋은 내용만 포장해서 보고하면 결국은 상사의 눈과 귀를 가려지게 하고, 판단을 흐리게 한다. 이런 보고는 위기 상황을 잘못 인식하게 하여 조직을 구렁텅이로 빠지게도 한다.

상사가 실수하도록 내버려 두는 것도 좋지 않다. 있는 사실을 근거로 정확하게 판단하도록 도와줘야 한다. 그렇다고 직설적으로 상사의 잘못을 지적하라는 말은 아니다. 대하드라마를 보면 임금의 잘못을 여러 사람 앞에서 직설적으로 진언하다가 죽임을 당하는 신하가 있는 반면, 같은 이야기를 하더라도 임금이 수용할 수 있도록 말하는 사람도 있다. 즉, 자신의 의견을 강요하듯이 직선적으로 말하는 사람이 있는 반면, 자신의 의견이 어떤지 질문하는 방식의 보고를 하는 사람이 있다.

예를 들면 "이러이러한 방법이 이런 면에서 도움이 될 것으로 생각하는데 어떠신지요?" 라고 상사의 의향을 물어보는 형식의 보고를 하는 것이 "왜 이렇게 하지 않으셨어요?"와 같은 강요식 요청을 하는 것보다 좋은 방법이다.

물론 상사와 신뢰관계가 구축됐다면 직설적 보고도 어느 정도는 허락되겠지만, 예의 갖추기를 잊어선 안 된다.

앵무새형
보고자

한번 이룬 성과를 계속 반복해서 선전하는 앵무새형 부하는 상사는 물론 동료도 아주 싫어한다. 술자리에서 이런 동료는 아주 좋은 안주거리가 된다.

회의 시간에 다른 사람의 의견은 귀담아듣지 않고 계속 같은 말을 반복하여 주장하는 부하를 보면 견디지 못하는 상사도 있다. '설마 이런 부하가 있을까?'라고 생각하겠지만 코칭을 하다 보면 이런 부하를 어떻게 다루는 것이 좋을지 질문하는 중간관리자들이 많이 있다.

상사의 지시사항에 집중하지 않고 자신의 고정된 패러다임으로 상사의 지시사항을 이해한 후 상사가 잘못 지시했다고 떠들고 다니는 부하도 싫어하는 대표적 유형이다.

갈대형 보고자

'이런 것은 어떨까? 저런 것은 어떨까?' 라고 질문할 때마다 줏대 없이 상사의 의견이 좋다고 말하는 부하도 사랑받지 못한다. 이런 행동을 계속하면 '결과에 대한 책임을 지기 싫어하는 줏대 없는 부하'라고 상사는 생각한다. 고민하지 않는 부하도 이런 행동을 한다. 이런 행동이 주는 메시지는 '나는 능력이 없는 사람입니다.'라고 스스로 선전하는 것과 같다. 갈대형 보고자는 상사 의견은 존중하지만, 부하 의견은 전적으로 무시하는 경우가 많다.

개구리형 보고자

눈치 없는 사람을 빗대서 사오정이라고 한다. 사오정 개그처럼 눈치 없는 부하가 있다. 어디로 튈지 모르는 개구리처럼 말이다.

사오정이 학교에서 영어 수업을 듣는 도중 선생님이 말했다.

"공기는 영어로 Air입니다. 물은 영어로 뭘까요?"

그러자 사오정이 손을 들며 말했다.

"물은 셀프입니다~!"

어느 날, 사오정이 소원의 동굴에 갔다.

거기서는 의문형(?)으로 말해야 소원이 이루어지는 곳이다

예를 들면 부자가 되고 싶니? 해야 부자가 되는 것이다.

그런데 그걸 잊어버린 사오정은 부자가 되고 싶어 똑똑해지고 싶어
~ 라고 얘기했다. 결과는 의문형으로 질문하지 않았기에 아무것도 변
한 게 없었다. 소원이 이뤄지지 않자 화가 난 사오정은 그만 이렇게 말
하고 말았다.

"너 귀 먹었냐?"

그렇게 해서 사오정은 귀가 멀게 되었다는 이야기다.

상대방의 입장을 전혀 생각하지 않거나 나만을 생각하게 되면 사오
정처럼 남의 말을 잘 못 알아듣기 때문에 행동이 어디로 튈지 모른다.
자기만의 패러다임으로 상사의 지시사항을 이해하는 부하가 의외로
많이 있다. 이런 부하는 상사의 시간 도둑이기도 하다.

상사와의 대화에는
숨김의 미학이 있다

상사의 독설을 독설로만
듣지 말고 의미를 새겨라

"그냥 시키는 대로 해! 왜 분위기 파악을 못 해! 벌써 퇴근해?! 내가 사원 때는 더한 일도 했어! 직장생활 몇 년 했어! 생각 좀 하면서 일 해! 요즘 한가하지? 일 좀 줄까?" 고용노동부에서 발표한 상사에게 듣기 싫은 말들이다.

반면에 부하가 듣기 좋은 말들은 "일 없으면 일찍 퇴근해! 괜찮아, 실수할 수도 있지! 나 먼저 퇴근할게! 눈치 보지 말고 쉬엄쉬엄해! 자네라면 잘할 거야! 나 다음 주부터 휴가야! 지금 힘든 거 다 이해한다! 오늘 술 한잔 할까?" 등이다.

상사가 듣기 좋은 말만 하면 얼마나 좋을까? 사람에 따라 다르긴 하겠지만, 대부분의 상사는 부하에게 좋은 말을 하려고 한다. 어떤 팀장은 부하들에게 좋은 평판을 듣기 위해 싫은 얘기를 하지 못하다가도 성과에 쪼들리게 되면 심한 말을 하기도 한다. 상사가 심한 말을 할 경우는 그 이면의 의미를 곱씹어 볼 필요가 있다. 부하가 싫어하는 상사

독설을 몇 가지 뒤집어 생각해 보자.

○ ❶ 상사는 왜 그냥 시키는 대로 하라고 할까?

이런 말의 숨은 의미는 "너는 네가 생각하는 방법만 좋다고 생각하지!", 또는 "너는 네 관심사만 중요하게 생각하지!" 라는 것이 상사의 본심일 수 있다. 때로는 당신 방식이 100% 옳아도 상사 방침을 따라야 한다는 원칙을 정하고 생각해 보라. 그럼에도 불구하고 당신 생각이 옳다고 생각된다면 건의할 수는 있지만, 절대적으로 당신 생각만 옳다고 생각하지 않는 것도 필요하다. 보다 객관적이 되라.

상사는 성과달성이라는 지상과제를 안고 있다. 임시직인 임원은 목표달성을 못 하면 연말 재임용에서 탈락된다. 당신은 상사의 성과달성 중요 관심사 3가지를 알고 있는가? 당신 성과는 이것과 연결되어 있어야 한다. 당신만의 관심 사항은 그다음이다. 상사가 시키는 일만 하라는 의미는 당신이 하는 일이 상사의 관심사와 연결되어 있지 않으며 평소 중간보고를 잘 안 한다는 반증이다.

○ ❷ 왜 상사는 분위기 파악을 못한다고 할까?

직장에서 성공하기 위해서 분위기 파악은 필수이다. 눈치가 있어야 한다. 다른 말로는 사내정치 상황을 잘 알아야 한다. '사내정치'란 사내 평판, 세(勢), 또는 힘, 분위기, 주변 상황을 참조하여 대응한다는 의미다.

분위기 파악은 정치판에서만 중요한 것이 아니다. 사람이 사는 조직이라면 어디서나 필요하다. 회사가 처한 상황과 환경, 상사나 조직이 직면한 문제를 정확히 알고 대처해야 하는 지혜가 필요하다. 분위기 파악을 못하면, 즉 사내정치를 잘못하면 고위 관리직 승진은 기대하지 않는 것이 좋다.

⚷ ❸ 왜 상사는 생각 좀 하면서 일 하라고 할까?

이 말은 근시안적, 또는 편협한 생각으로 일한다는 말이다. 더 정확히는 상사의 입장에서 문제를 바라보고 해결책을 찾으라는 주문이다. 내 직위보다 낮은 직위의 의식으로 일한다는 의미이다. 주위 환경을 고려하라는 말이다. 이런 말을 듣지 않으려면 자신의 지위를 지금보다 2~3단계 높인 후 그 시각으로 해결책을 찾아보면 의외로 쉽게 좋은 대안을 발견하는 경우가 있다. 높은 산에 올라서 주위를 바라보는 것처럼 말이다.

상사는 나보다 더 많은 정보를 가지고 보다 높은 차원에서 생각한다. 상사 마음을 알아차리길 원한다면 당신 마음속 지위를 CEO 수준까지 올려 놓아보라. 전혀 다른 문제 해결책이 보인다. 당신 직속 상사 의도가 쉽게 보인다. 칭찬도 아주 자연스럽게 나온다. 상사 칭찬 시작은 좋은 관계 시작 첫걸음이다.

이 외에 "벌써 퇴근해?! 내가 사원 때는 더한 일도 했어! 직장생활 몇 년 했어!" 라는 말은 기분 나쁜 직설적인 표현이지만 "예의, 의욕, 역량 부족"을 의미하는 말이다.

상사에게 보고하기 전에 다음 질문에 스스로 답을 해 보라.

- 지시받은 업무의 목적을 한 문장으로 정리한다면?
- 결론은 무엇인가?
- 결론에 도달하는 과정은 사실에 기초한 것인가?
- 예상되는 장애물과 대안은?
- 시작일과 마감일, 중간보고는?

  상사의 기분 나쁜 말을 고깝게만 듣지 말고 그 말 이면에 숨겨진 의미를 되새겨보라. 상사의 식상한 칭찬보다는 애정을 가진 정확한 잘못 지적이 당신 성장에 도움이 됐다는 점을 한참 후에는 이해하게 될 것이다.

  상사의 독설은 일종의 부정적 피드백이다. 이런 독설을 부하를 성장시키려는 의미로 받아들이면 마음이 편해진다. 사실 이런 독설보다 더 나쁜 것은 잘못했는데도 피드백을 해 주지 않는 무관심한 상사이다. 피드백 없는 상사를 만난 부하는 절대 성장하지 못한다. 어느 정도 기간은 편안함과 여유로움 속에서 지낼 수 있겠지만 이런 상사 밑에 오래 있으면 진급도 못 할 뿐만 아니라, 어떤 경우는 명예 퇴직자 명단에 포함된다는 점도 염두에 둬야 한다. 물론 칭찬을 아홉 번 해 주고 야단을 한 번쯤 치는 상사를 만나면 좋겠지만, 상사 선택은 나의 권한이 아니기 때문에 상사 독설 속 숨겨진 의미를 발견하고 나의 행동을 변화시키는 것이 고위 관리직으로 성장하는 데 도움이 된다.

말 안 하면서
말하는 대화가 있다

  앨버트 메라비언(Albert Mehrabian, 1939 ~)에 의하면 의사소통에서 언어의 비중은 7%인데 비해 목소리는 38%, 보디랭귀지는 55%라고 한다. 즉, 목소리 톤, 몸짓, 눈짓과 같은 몸 전체에서 일어나는 분위기 모두가 소통이며 의사 표현이라는 것이다.

부부 싸움을 하던 중 어린 자녀가 밖에서 놀다 들어오면 부부는 즉시 싸움을 멈추고 평상시처럼 말을 주고받는 연기를 하지만 어린 자녀는 집에서 문을 여는 순간 분위기를 파악하고는 아무 말 없이 자기 방으로 들어가지 않던가. 당신 자신도 어렸을 적 부부 싸움을 하던 부모님들이 갑자기 아무 일도 없었던 것처럼 연극하는 분위기를 느꼈던 적이 있지 않던가. 일상생활이나 회사에서도 대화를 진행하던 사람들이 당신이 나타나자 갑자기 아무 일 없었던 것처럼 행동하지만 뭔가 이상하다는 분위기를 느껴보지 않았던가. 이런 느낌을 육감이 발달한 여자들은 특히 더 기막히게 알아차린다. 물론 어렸을 때부터 감정 표현을 금지하는 교육을 받은 남자들도 조금만 신경 쓰면 알아차릴 수 있다.

우리는 말하지 않으면서 말을 한다. 아무리 다른 사람을 속이려고 해도 상대는 분위기로 알아차린다. 첫 만남에서 왠지 거리감이 느껴지는 사람이 있는 반면, 편안함을 주는 사람들이 있다. 오래된 만남에서도 어떤 경우는 상대에게서 즐거운 분위기를 느끼는 경우도 있지만 싸늘한 기운을 느끼는 경우도 있지 않던가.

정말 대단한 연극배우라면 모를까 평범한 사람이 다른 사람을 속이기는 어렵다. 그렇다면 다른 사람을 속이려는 행동을 하지 않는 것이 좋지 않을까. 상사가 당신을 존중하지 않는 태도로 대하는 것을 금방 눈치챌 수 있듯이 당신의 존경심 없는 태도도 상사는 즉시 알아차린다. 무언의 대화가 모든 것을 말해주기 때문이다.

어떤 사람이라도 단점만 있는 사람도 없고 장점만 있는 사람도 없다. 장점도 지나치면 단점이 된다. 이를 잘 표현해 준 말이 모든 것이 지나침은 미치지 못함과 같다는 과유불급(過猶不及)이다. 지나치면 단점이 된다. 예를 들면 '결단력이 지나치면 남을 위축시키는 것', '관계를 지나치게 중시하게 되면 갈등을 회피하게 되는 것' 등이다.

상사의 단점도 다른 면에서 바라보면 장점이 된다는 점을 모르는 사람은 없지만 알면서도 힘들어하는 게 사람이다. 이런 경우 그 상사가 진급해서 다른 곳으로 갈 때까지 참아보자고 마음먹는 것도 좋다. 이런 기간은 길어봐야 3년에서 6년이다. 자기의 때가 올 때까지 묵묵히 기다리는 미덕이 필요한 시점이다. 도요토미 히데요시는 자신에게 다 왔던 기회가 다시 무르익을 때까지 17년을 기다렸다. 당신 상사가 오너가 아니면 사장이라도 마찬가지다. 기다리는 시간이 길어봐야 6년이다. 그동안 마음 수양 하는 좋은 기회라고 생각하는 것도 좋다. 단지 기다리더라도 그냥 기다리는 것이 아니라 당신의 상사에게 좋은 점을 찾아보고 진정성 있게 다가가는 연습을 하면서 기다리는 것이 필요하다. 당신의 동료나 부하가 보고 있기 때문이다. 기분 나쁜 무언의 메시지를 상사에게 계속 보내게 되면 당신이 힘들어진다.

상사와의 소통,
경계할 것들

| 한 번에 상사의 동의를
| 얻으려 하지 말라

단칼에 아이디어를 승인받으려 하지 말라. 애덤 그랜트(Adam Grant)는 "사람들은 특정 아이디어에 대해 10회에서 20회 정도 노출될 때 호감도가 증가한다고 했다. 다소 복잡한 아이디어의 경우는 횟수가 그보다 조금 더 늘어날 때 호감도가 증가한다."고 했다. 흥미로운 점은 특정 아이디어는 단순하지만 다른 아이디어와 섞여서 전달될 때 노출이 훨씬 효과를 발휘한다고 했다.

아이디어 소개와 결재 사이에 시차를 두어 이해할 충분한 시간을 주는 것이 좋다. 즉 당신의 아이디어가 진행될 때, 중간중간 보고를 하게 되면 완성보고 때 훨씬 수월하게 승인을 얻을 수 있다는 것이다.

LG 전자의 부서장 대상 설문조사에서도 좋은 보고란 "첫째는 자신감이 있고 정직하게, 둘째로는 상사의 입장에 맞춰 적절한 시점에 하는 보고"로 나타났다. 특히 "진행 시간이 긴 업무는 반드시 중간중간 보고를 하고, 긴급 상황은 문자메시지, 휴대전화라도 빨리 보고 하는 것이 중요하다"고 했다. 중간보고는 아무리 강조해도 지나치지 않을 듯하다.

상사 윗분 지시를 받을 때라도
직속상사에게 예의를 갖춰라

상사가 둘 이상인 경우가 있다. 직속 상사와 상사 윗분 양쪽으로부터 지시를 받는 경우가 있다. 이런 경우 상사 두 분의 욕구를 모두 맞추기가 만만치 않다.

상사가 여러 명인 경우 상사들 사이에서 균형점을 찾아야 한다. 만약 특정한 한 명의 상사가 압도적인 영향력을 행사하고 있다면 그의 지시에 큰 비중을 두는 것이 합리적이다.

직속상사와 상사 윗분의 지시가 다를 경우 부하로서는 난감하기가 이를 데 없다. 더구나 직속상사와 그 위의 상사가 관계가 좋지 않을 때는 더욱 그렇다. 상사 윗분이 직속상사를 건너뛰어서 지시를 내릴 경우도 난감하다. 이런 경우에도 상사 윗분의 영향력이 압도적인 경우가 많기 때문에 그의 지시에 따라야 하지만 그렇다고 직속상사를 무시하면 언젠가는 보복을 당하기 때문에 소홀해서는 안 된다.

이런 불균형을 바로 잡기는 힘들지만 상당한 노력을 기울여야 한다. 먼저 상사들과 일대일 대화를 통에서 균형점을 찾아보라. 그래도 어렵다면 기본적으로는 다 함께 모여 현안들을 철저히 논의해 합의점을 찾는 방법도 시도해 보라.

이 문제가 해결되지 않으면 당신 직속 상사가 무엇보다도 어려운 조직생활 때문에 고민하게 되겠지만, 당신 또한 직장 생활이 괴로운 것은 물론이고 먼 훗날 당신에게 여기저기서 비난의 화살이 받게 될 수 있다. 어쩌면 당신 자신이 이런 상황에서 아무것도 시도해 보지 않았다는 것을 후회할 수도 있다.

조직에서 이런 상황은 그 위의 상사가 당신의 직속상사를 제거하기 위해서 그렇게 할 수도 있다. 이런 경우 상사의 윗분에게 당신의 어려운 입장을 이야기하고 직속상사에게 지시해줄 것을 요청하는 것도 필요하다. 이런 요청이 실행되지 않더라도 최소한 당신의 직속상사로부터 미움을 사지 않게 된다. 상사 윗분이 다행히 당신의 의견을 존중해주면 좋겠지만 그렇지 않더라도 직속상사에게 예의를 지켜서 나쁠 것은 없다.

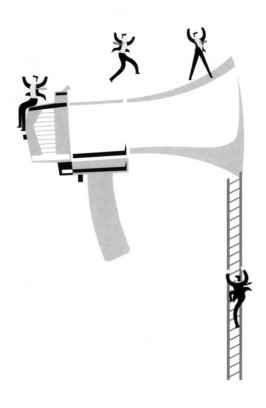

Chapter 05

상사와
소통을 위한 자세

열정을 쏟아
부을 수 있는
회사의 조건

당신은 지금 배짱이 맞는
회사에서 근무하는가?

회사가 당신과 배짱이 잘 맞는 회사일 수도 있고 잘 맞지 않는 회사일 수도 있다. 배짱이 잘 맞는 조직이라면 당신은 일에 재미를 느끼겠지만 그렇지 않다면 하루 생활이 지루하기만 할 것이다. 배짱이 맞는 회사란

❶ 회사의 조직 문화나 관리방식이 당신에게 맞아야 한다

조직문화나 관리방식이 당신 철학과 맞지 않으면 맞출 방법을 찾아보라. 맞출 방법이 있다면 다행이지만 먹고 살기 위해 할 수 없이 남아 있다고 답한다면 고위관리직으로 성장을 기대하지 않는 것이 좋다. 아마도 다른 회사를 열심히 알아봐야 할 것이다. 하지만 한 가지는 명심해야 한다. 다른 회사를 옮기려고 할 때 성과가 없거나 평판이 나쁜 사람은 어떤 회사도 받아주지 않는다는 점을 고려해야 한다. 물론 회사에 남아서 당신이 조직문화를 바꿀 수도 있다. 가능성이 있다면 이

또한 시도해 봐도 좋다.

❷ 회사 최고 책임자를 인정할 수 있어야 한다

회사의 최고 책임자란 오너일 수도 있고 전문경영인 CEO일 수도 있다. 당신 직속상사가 존경할만한 점이 하나도 없지만 최고 경영자가 존경할만한 점이 있다면 회사에 남아서 여러 가지 노력을 해 볼 필요가 있다. 부서 이동을 시도해볼 수도 있고 상사를 리더십 교육에 참여시킬 수도 있다. 하지만 최고 경영자를 인정할 수 없는 상황이라면 이야기는 달라진다.

❸ 당신 회사 사업 목적을 인정할 수 있어야 한다

회사의 존재 이유가 당신의 사명이나 핵심가치와 어울려야 시너지 효과를 낼 수 있다. 회사의 존재 이유가 당신에게 아무런 의미가 없다고 생각되면 당신의 회사 생활은 무의미해지기 때문이다.

❹ 당신의 현재 직위에 만족하며 성장 가능성은 있는가?

현재 맡은 일이나 직위에 만족하지 못하면 최선을 다하지 못하게 될 것이고 성과도 내지 못하게 된다. 회사가 당신에게 충분한 보상을 해주지 못한다고 생각하면 불평이 쌓이게 된다.

이처럼 4가지 중요 요소가 마음에 들지 않는다면 마음에 맞는 회사를 찾아보는 것도 좋다.

하지만 이런 결정을 하기 전에 스스로에게 이런 질문을 한번 해 봐야 한다. '내가 지금 회사와 맞지 않는다는 이 말은 사실인가?, 도저히 다른 방법이 없는가?, 무엇으로 내가 회사와 맞지 않다는 것을 증명할 수 있을까?' 이 질문을 해 본 후 할 것이 남아있다면 아직은 회사를 떠날 타임이 아니다.

상사와
좋은 관계 유지 요소
A-LACES

상사에게 인정받고 싶은가? 당신의 능력을 마음껏 발휘하고 싶은데 상사라는 장애물이 있는가? 그렇다면 부하에게 대접받고 싶은 대로 상사를 대접하라. 당신의 부하 중에 마음에 드는 부하가 있다면 그의 방식을 활용하라. 부하가 없다면 마음에 드는 가상의 부하나 상사와 관계를 잘하는 동료를 생각해도 좋다.

만약 당신이 '나는 부하에게 대접받고 싶지 않다. 그렇기 때문에 상사에게도 대접해 줄 것이 없다.'라고 생각한다면 조직 부적응자이다.

상사가 없는 사람은 없다. 당신이 사장이라고 하더라도 고객이라는 젊은 상사가 도사리고 있다. 무인도에 살지 않는 한 누구에게나 상사는 있다. 다행히 상사가 당신에게 다가오면 좋겠지만 그걸 기대하지는 말라. 상사도 당신이 다가오길 기다릴 수 있다. 상사와 좋은 관계를 유지하기 위한 요소 'A-LACES'를 당신이 먼저 실천하면 상사와 가까워질 수 있다. 상사와 관계는 경쟁(race) 관계가 아니라 실 뜨개(lace) 같은 서로 얽힌 좋은 관계가 필요하다.

A-LACES는 Authenticity(진정성), Loyalty(충성심), Alignment(한방향 정렬), Confidence(신뢰, 자신감), Expression(표현), Supplement(보완)의 약자이다.

❶ 진정성(Authenticity)

'진정성'이란 자신의 내면의 선한 마음과 외부로 표현되는 행동이 일치하는 것을 말한다. 겉으로만 좋게 보이려는 행동은 사기꾼이 하는 행동이다. 한마디로 '언행일치'가 돼야 한다. 설탕을 좋아했던 '간디'는 '자기가 설탕을 끊기 전에는 말 못하다가 설탕을 끊고 난 후에야 아이에게 설탕이 몸에 좋지 않다는 말을 해 주었다'는 우화는 진정성이 무엇인지 잘 표현해 주고 있다. 『진성리더십』의 저자 윤정구 박사는 진정성에 대한 간디의 스토리를 이렇게 소개하고 있다.

대표적 진성리더인 간디에게는 다음과 같은 일화가 있었다. 하루는 어떤 아주머니께서 자신의 아이를 데리고 간디를 찾아왔다. 간디를 찾아온 이유는 자신의 아이가 설탕을 너무 좋아한다는 것이다. 또한 아이가 간디를 너무 존경하기 때문에 간디 선생님이 아이에게 설탕의 나쁜 점에 대해서 이야기해주시면 아이도 설탕을 끊을 것이기 때문에 이 부탁을 하려고 아이를 데려왔다는 것이다. 한 마디로 아이에게 설탕은 몸에 나쁘다는 이야기를 직접 해달라는 요청이었다.

곰곰이 생각하던 간디가 지금은 곤란하고 한 달 후에 다시 오면 해 줄 수 있을지도 모른다고 부인을 돌려보냈다. 한 달 후에 다시 아이를 데리고 간디를 찾은 부인은 다시 정중하게 부탁을 하였다. 이 부탁에 마침내 간디가 아이에게 말했다.

"아이야, 설탕은 몸에 해롭단다."

간디 선생님으로부터 이 말을 들은 아이는 감동하여 앞으로는 설탕을 자제하기로 하고 집으로 돌아갔다.

이 상황을 지켜보던 주변 사람들이 간디에게 질문을 했다.

"그냥 한 달 전에 그 말씀을 해 주셨으면 아주머니가 왔다 가는 번거로움을 줄일 수 있었을 텐데 그 말씀 해 주시려고 다시 오라고 한 건 좀 지나치지 않나요?"

이 질문에 간디가 답하기를

"사실 한 달 전에는 나도 설탕을 끊지 못하고 있었다네."

부하가 상사를 대하는 마음도 이래야 한다. 마음속은 전혀 존경하는 마음이 없으면서 겉으로만 상사 앞에서 좋게 표현하게 되면 이를 즉시 상대가 느낀다. 우리가 사람을 만나게 되면 어떤 사람은 이야기하고 싶은 사람이 있고 어떤 사람은 왠지 가까이하기 싫은 사람이 있다. 당신이 만약 진정성을 가지고 누군가를 대하지 않으면 상대는 즉시 이를 알아차릴 수 있다는 점을 상기해야 한다. 오히려 자신의 솔직한 감정을 표현하는 것이 더 진정성이 있다고 느낄 수도 있다.

❷ 충성심(Loyalty)

상사에 대한 충성이 뭣 때문에 필요하냐고 말하지 말라. 직책을 맡은 상사는 부서 책임자로서 부하들과 함께 성과를 달성하라는 임무를 부여받았다. 상사에게 충성하는 것은 조직에 충성하는 것과 동일하다. 상사 험담은 100% 자살골이다. 상사 험담에 동조하지도 말라. 궁지에 몰리게 된 상사 험담 주도자가 동조한 당신을 상사 험담의 주동자로 바꾸더라도 변명하기 어렵다. 상사험담 자리는 피하는 것이 좋다. 그렇지 못한 상황이라면 상사 험담에 동조하지 말고 상대의 아픈 마음만 읽어주는 선에서 멈춰라.

충성심의 기본은 성과 달성이다. 상사는 충성심을 보이는 부하를 좋아한다. 충성심을 보여주기 위한 전제 조건이 바로 성과이다. 성과를 내지 못하면 충성심을 보여 줄 기회가 많지 않다. 본인도 자격지심 때문에 성과를 내지 못하면 상사에게 다가가지 못한다. 상사와 좋은 관계를 유지하기 위해서는 성과를 내야 한다. 자신이 맡은 업무를 똑 부러지게 해야 한다. 스스로 높은 기준을 세우고 목표를 달성해야 한다.

아리스토텔레스는 "남을 따르는 법을 알지 못하는 사람은 좋은 리더가 될 수 없다"고 했다. 좋은 부하가 훌륭한 리더가 된다.

상사를 험담하지 말라. 한 조사에 의하면 직장인들의 31%가 한 달에 20시간 이상, 28%가 10시간 이상 상사를 험담한다고 한다. 이 시간이 낭비라고 생각되지 않는가?

상사에게 보복하기 위해 나를 무너뜨리지 말자. 리더십이 부족한 상사, 인간적이지 않은 상사, 배려심이 없는 상사에게 보복하기 위해 자신을 무너뜨리지 말자. 도저히 어떻게 해 볼 수 없는 상사이기 때문에 포기할 수밖에 없다고 해서 자기 자신도 덩달아 포기하지 말자. 이런 행동으로 인해 주위의 경쟁자에게 위로의 말을 들을 수 있겠지만 속으로는 고소해 할 수 있다.

　나를 힘들게 하는 사람이 오히려 생각하기에 따라서는 나를 성장시키기도 한다. 네덜란드의 한 심리학 연구팀의 조사에 의하면 화를 내면서 지시하는 상사가 중립적으로 지시하는 상사에 비해 직원들의 창의력과 융통성에 더 큰 기여를 했다는 주장을 상기해 볼 필요가 있다. 즉 상사가 화내는 것이 자신에 대한 공격이 아니라 기대 이하의 업무 수행에 대한 반성의 기회로 받아들이는 부하는 오히려 창의력을 증진시킨다는 것이다. 수용적 태도가 중요하다고 볼 수 있다.

━○ ❸ 한방향 정렬(Alignment)

　당신 업무는 상사 목표와 한방향 정렬이 되어야 한다. 당신 관심사항이 아니라 상사의 중점관리 업무에 초점을 맞춰라. 관리자는 조직을 한방향 정렬시킨 후 회사 비전과 목표를 달성하기 위해 존재한다.

━○ ❹ 신뢰 또는 자신감(Confidence)

　상사는 자신감 있는 모습으로 성과를 달성하는 부하를 신뢰한다. 성과 없는 부하는 결코 신뢰받지 못한다. 상사와 주기적인 면담과 중간보고는 명확한 업무 방향을 정립하고 성과를 달성하는 데 필수적이다. 상사에게 멘토 역할을 부탁하는 것도 좋다. 상사의 지식과 경륜을 인정하는 태도는 상사의 호감을 덤으로 얻기 때문이다.

━○ ❺ 표현(Expression)

　바쁜 상사에게 장황한 설명은 쥐약이다. 요점을 간단명료하게 표현하는 부하가 사랑받는다. 평상시 표현 연습을 해 보라. 보고 잘하는 사람의 도움도 받아라. STAR 방식의 보고나 코칭대화 모델을 활용한 보고는 짧게 핵심을 표현하는 데 도움이 된다. 세상을 뒤엎을 만한 지식과 아이디어를 가졌더라도 표현하지 않으면 무용지물이다.

❻ 보완(Supplement)

상사라고 만능은 아니다 부족한 면이 있다. 이를 당신이 보완해 주면 상사는 고맙게 생각한다. 예를 들면 상사가 파워포인트 작성이 약하다면 이를 도와주는 것, 사내정치에 약한 상사라면 정보를 제공하거나 필요한 건의를 하는 것, 직원들의 분위기에 대한 건설적인 의견 제시 등이 여기에 해당한다.

상사는 당신보다 높은 지위에 있는 권력자이다. 상사의 도움을 받는다는 것은 거인의 어깨 위에 선 것과 같다. 1m의 묘목과 10m의 나무는 평지에서 보면 10m의 나무가 훨씬 커 보이지만, 절벽 위에 서 있는 1m의 묘목은 계곡 아래 서 있는 10m의 나무보다 더 높다.

상사를 대할 때
필요한 것은
진정성과 습관화

칭찬과 비판을
적당히 섞어라

상사와 소통을 잘하기 위해서는 상사를 있는 그대로 보고 좋은 점은 칭찬해주면 좋지만, 상사를 칭찬한다는 것이 쉽지 않다는 게 문제다. 자기가 못하는 상사 칭찬을 다른 사람이 하면 '아부'라고 한다. 다른 말로 '내가 하면 로맨스 남이 하면 불륜'이라는 말이다. 실제로 아부와 충성을 구분하긴 어렵다. 당신이 보기엔 아부이지만 상대는 진정성을 가질 수도 있기 때문이다.

칭찬에 진정성이 담겨있다면 그것은 아부가 아니라 충성으로 봐야 한다. 진정성이 있느냐 없느냐는 느낌으로 알아차린다. 하긴 입에 발린 소리라 하더라도 무뚝뚝한 부하보다는 여우 같은 부하를 더 좋아하긴 한다. 『아부의 기술』의 저자 리처드 스텡걸(Richard Stengel)은 "아부란 전략적 칭찬"이라고 하면서 이를 적극 권장한다.

취업정보 사이트인 커리어에서 회원 1,268명을 대상으로 조사한 결과 직장인 44%는 "아부는 인간관계에서 꼭 필요하다."고 답한 반면 "필요하지 않다."고 답한 사람은 1/3 수준인 16%에 불과했다. "아부가 평가에 긍정적인 영향을 미친다."고 답한 응답자와 "내 상사는 아부를 좋아한다."고 답한 사람도 각각 53%, 61%로 전체의 절반이 넘는다. 또한, 응답자의 49%가 "한 달에 한두 번 이상 아부를 한다."고 답했다

상사 칭찬은 좋은 관계 유지의 시발점이다. 하지만 천성적으로 아부를 못하는 사람이 있다. 사실 칭찬은 윗사람이 하는 것이 자연스럽다. 윗사람을 칭찬하기란 어렵다.

같은 말도 듣는 사람이 기분 좋게 하는 말하는 사람이 있는 반면, 잘못을 직설적으로 지적하여 상사의 분노를 사는 사람도 있다. 예를 들면 평소 출근이 늦는 사장에게 직설적으로 "사장님이 매일 늦게 출근하시니 이 회사가 망하지 않는 게 이상합니다."고 말하는 것보다는 "사장님이 출근까지 일찍 하시면 경쟁사는 뭘 먹고 살겠습니까!"라고 하는 것이 유머스럽다. 같은 뜻이지만 다른 감정을 유발한다. 당신이 상사라면 이런 부하를 더 좋아하지 않겠는가?

그렇다고 늘 칭찬만 하는 사람은 진위에 관계없이 아부꾼으로 몰릴 수도 있다. 이를 해소하는 방법은 칭찬 80%에 비판 20%를 섞는 것이다. 상사와 좋은 관계를 유지하는 것 외에 동료나 부하들과도 돈독한 관계를 유지해야 하기 때문이다. 동료가 당신을 적으로 돌리면 당신의 업무 협조를 배척할 뿐만 아니라 악평을 할 수도 있기 때문이다.

상사와 좋은 관계를 유지하는 방법으로는 상사를 멘토로 생각하고 회사일 외에 개인적인 일을 상의하면 좋다. 상사는 자신의 도움을 필요로 하는 사람을 좋아한다. 단 성과가 뒷받침되어야 한다.

아부는 지나쳐도 탈이지만 못해도 문제다. 지나친 아부는 공정 경쟁
을 방해하며 다른 구성원들의 사기를 떨어뜨린다.

상사를 어떻게 대할지
평상시 잠재의식에 새겨 넣어라

직장에서 성공하기 위해 습관화 할 것이 있다면 상사를 대하는 태도
이다. 평상시 상사를 어떻게 대해야 할지 미리 생각해 두면 잠재의식
에 내재화된다. 상사에게 존경심을 가지겠다고 마음먹으면 존경할 만
한 것들이 보이지만 상사와 직업가치나 생활가치가 틀리거나 성격이
다르면 모든 것이 좋아 보이지 않는다. 이로 인해 결국 상사와 관계가
나빠진다.

상사가 왠지 모르게 밉게 보인다면 상사와 직업 가치관이나 생활 가
치관 또는 성격의 차이일 가능성이 높다. 이런 경우 상호 성격유형 검
사나 가치관 찾기를 같이 해 보면 서로 이해하지 못했던 부분이 무엇
때문인지 알게 되기도 한다.

상사에게서 당신의 그림자를 보았을 때도 상사가 왠지 모르게 밉게
보일 수 있다. 그림자는 태양이 밝게 비치면 비칠수록 더 짙어지듯이
당신의 짙은 그림자를 상사에게서 보았을 때 더욱 싫어진다.

당신의 장점을 상사가 더 잘 발휘할 때도 싫어진다. 당신의 특징이
없어지기 때문이다. 예를 들면 주도적인 당신 성격에 비해 상사가 훨씬
더 주도적 성격일 경우 상사가 더 미워진다. 이런 사실을 모르면 자기
도 모르게 상사가 기분 나쁘지만 알게 되면 이제 선택은 당신 몫이다.
과거처럼 좋지 못한 관계를 유지 할 수도 있고 새로운 관계 개선을 시

도해 볼 수도 있다. 이런 것을 심리학적으로 인지치료라고 한다.

도저히 당신이 상사를 인정할 수 없다고 고집하면 상사를 떠나는 것이 좋다. 그렇지 않다면 당신이 상사와 차이점을 인정하고 상사의 스타일을 따르면서 기다려야 한다. 살아남는 자에게는 기회가 올 수도 있지만 죽은 자에게는 절대 기회가 오지 않는다.

상사를 인정하지 못하겠고 떠날 수도 없다면 일과 사람을 분리해서 일에만 매진하는 것도 좋다. 어떻든 성과를 내지 못하는 부하를 상사는 용서하지 않고 도태시킨다. 당신이 고성과자라고 하더라도 상사에게 당신의 성향을 이해해 달라고 요청할 수는 있지만, 상사가 변한다는 보장은 없다는 점도 이해해야 한다.

숨죽이고 기다려야 할 때라면
버섯처럼 행동하라

지금까지 상사에게 인정받는 직장 생활을 했다면 당신은 행운을 얻은 것이다. 차이를 인정하는 상사를 운 좋게 만난 경우이다.

이와는 반대로 차이를 인정하지 않는 상사를 만나면 직장은 지옥이 된다. 이럴 때 상사를 바꾸려는 노력을 한다. 하지만 불가능한 일이다. 부질없는 짓이다. 지금까지 살아오면서 당신 자신도 스스로를 잘 바꾸지 못했잖는가. 실패한 변신 노력이 산처럼 쌓여있지 않던가. 모든 것이 마음먹은 대로 이뤄졌다면 성공 못 한 사람이 없다. 자기 자신을 바꾸기가 이렇게 힘든데 하물며 막강한 힘을 가진 상사를 바꾼다는 것은 거의 불가능한 일이라고 봐야 한다.

물론 개중에는 부하 의견을 수렴하여 변혁을 꾀하는 상사도 있지만,

이걸 기대할 순 없다. 이보다 먼저 상사와의 차이점을 발견하고 조화
시키는 게 쉬운 방법이다. 이렇게 못한다면 상사를 떠나는 것이 모두
에게 이익이다. 아니면 승진을 생각 말고 현 직위에서 주저앉아라. 더
이상 고위직 승진을 눈곱만큼도 기대하지 말라.

　직장 생활을 하다 보면 조조 같은 의심형 상사를 만날 수 있다. 이
경우 사마의 처세술을 참고하면 좋다. 그는 의심 많고 변덕스러운 상
사인 조조, 조비, 조예, 조방 밑에서 40년을 일하면서 조조가 하지 못
한 천하를 통일하고 진나라를 세웠으며 73세까지 천수를 누리는 행운
도 얻었다. 조조는 자기중심적이고 의심이 많은 데다 항상 불안해하는
성격이었다. 더구나 사마의는 반란을 일으킬 '낭고상(狼顧相)'이라고 하
여 의심을 받고 있는 상황이었다.

　이를 극복한 사마의의 방법은 첫째, 직무에만 몰두하여 밤에는 잠
도 자지 않고 열심히 일하였고 풀 뜯고 방목하는 일과 같은 허드렛일
도 임의로 하지 않고 상사에게 일일이 물어보면서 정성을 들였다. 처
한 현실을 불평하지 않고 하찮은 일이라도 침식을 잊고 밤낮으로 일했
다는 것이다.

　둘째로 사마의는 '다리를 놓는 책략'을 사용했다. 즉, 조조가 신임하
는 사람에게 인정을 받아 조조에게 좋은 평판이 전해지도록 처신했는
데, 조조의 아들 조비를 이용했다. 상사의 신임을 받기 어려울 때는 상
사가 신임하는 사람과 좋은 관계를 유지하여 그로 하여금 자신에 대
해 좋게 말하게 하는 것도 필요하다.

　상사가 의심도 많고 존경스럽지 않기 때문에 성과나 존재감 없이 지

내는 것을 복수라고 생각하지 말라. 이는 상사에 대한 복수가 아니다. 자신을 망치는 지름길이다. 자신을 명예퇴직의 길로 내모는 행동이다. 이럴 때는 '버섯 농사'를 생각하면 좋다. 유능한 버섯재배 농사꾼은 버섯 균을 어둡고 습한 곳에 물을 뿌려놓고 가마니로 덮은 후 그냥 내버려 둔다. 두 달 후 가마니를 열면 버섯은 살이 바짝 오른 채 먹음직스러운 모습으로 성장한다. 마음에 들지 않는 상사가 있다면 지금 시기는 자신을 버섯이라고 생각하고 음지에서 묵묵히 일하면서 성과를 내야 할 타임이다.

실제로 어떤 상사는 능력 있는 부하를 육성하고 단련시키기 위해 습하고 어두운 곳에 내버려 두고 신경을 쓰지 않는 태도를 취하기도 한다. 이때는 절대 상사를 원망해서도 안 되고 조급해서도 안 된다. 착실하게 일을 해내면서 기회를 기다리면 더욱 빠른 승진 기회가 찾아올수 있다.

사마의도 마찬가지였다. 오랜 기다림 끝에 자신의 꿈을 펼칠 수 있는 기회를 얻었다. 때를 기다리던 사마의에게 조조가 죽고 난 후 조비가 정권을 잡자 크게 자기 힘을 과시할 수 있었음에도 자기 상사인 조비 앞에서는 언제나 벌벌 떨면서 깊고 깊은 못가를 걷는 심정으로, 마치 살얼음을 걷는 것 같은 태도를 취하면서 기다렸다. 조비도 보필하기 까다로운 상사였기 때문이고 아직 주변에 적이 많았기 때문이다.

이런 상황은 실제로 직장에서도 일어난다. 마음에 맞지 않는 상사를 만날 수도 있다. 시장의 강적들 틈바구니에서 살아남아야 할 때도 있다. 상사가 없는 사람은 없다. 사장에게도 시장이라는 상사가 있다.

성공한 사람은 숨죽이고 기다려야 할 때를 잘 활용하여 버섯처럼 성장한다. 그러면 기회가 온다. 도저히 그렇게 하고 싶지 않고 옮길 곳도 있다면 오히려 빨리 상사를 떠나는 것이 좋을 수도 있다. 그렇지 않다면 사마의나, 싸울 힘이 있었는데도 불구하고 17년을 기다린 도쿠가와 이에야스처럼 참고 기다려라. 한 단계 도약할 기회를 반드시 포착할 수 있다.

겸허하고 온화하게, 때로는 침묵하라

원한을 잘 기억하고 반드시 보복하는 조조의 아들 조비 같은 상사는 어떻게 해야 할까? 조홍은 동관에서 마초와 싸울 때 목숨을 걸고 조조를 구한 충신이다.

자기 아버지를 살린 조홍을 조비는 돈을 안 빌려준 데 앙심을 품고 조조가 죽고 나자 죽이려 했다. 이를 알게 된 조조 부인 변 황후가 조비의 부인인 곽황후를 위협해서 그의 숙부인 조홍을 살리지 않으면 폐황후 시키겠다는 협박으로 조홍을 살렸다. 곽 황후는 자신이 살기 위해 남편인 조비에게 애원하여 결국 조홍을 살릴 수 있었다.

이런 조비는 황건적과 싸움에서 목숨이 위태로울 때 조조를 구한 포신의 아들 포훈이 귀에 거슬린 바른 말을 한다고 결국 죽였다. 열사의 아들 포훈은 올곧은 관리였다. 조비가 그를 미워한 첫 번째 이유는 조비의 처남이 저지른 잘못을 관대하게 처벌해 달라는 당시 태자 조비의 요청을 아랑곳하지 않고 원칙대로 처벌하였기 때문이다. 결국, 조비는 포훈을 면직시켰다. 훗날 조비가 황제가 됐을 때 포훈은 다시 기용했지만 '금전적으로 어려운 상황에서 사냥을 나가는 조비를 막아서며 진언을 했다'는 이유로 포훈을 다시 강등시켰다. 세 번째는 조비가 대군을 이끌고 남쪽 동오를 정벌하기로 결정하는 자리에서 포훈은 "조조도 하지 못한 일은 어떻게 하겠느냐? 이 원정은 국고를 낭비하는 일이며 허세를 보이는 것에 불과하다."고 간언하였다. 여러 사람 앞에서 체면이 깎인 조비는 결국 포훈을 죽인다.

하지만 사마의는 이와는 달랐다. 사마의는 겸허한 자세로 몸을 낮추고 오만하게 처신하지 않았다. 상당히 많은 공을 세웠음에도 꼬리를 내리고 절대로 보스를 무시하지 않았다. 그는 또한 보스의 말이 이치에 맞지 않아도 결코 얼굴을 붉히면서 자극적인 말을 하지 않았다. 할 말이 있으면 그 앞에서 물러나 나중에 1대1로 만나 이야기했다. 이런 처신 때문에 조비의 신임을 받은 사마의는 지금의 경제부총리 겸 국방장관에 해당하는 부군록상서사를 맡아 줄 것을 조비로부터 제안받았다. 하지만 그는 수차례 사양하며 받지 않았다. 그러자 조비가 한마디 했다.

"나는 이런 자질구레한 일 때문에 잠도 부족하고 휴식할 시간도 없다. 이것은 그대가 부귀영화를 누리라고 하는 것이 아니다. 나의 근심과 피로를 나눠서 가지자는 것뿐이다."

조비가 이렇게까지 말하자 사마의는 비로소 그 일을 맡았다. 그 이후 조비는 갈수록 사마의를 마음에 두고 신임하였다. 이렇게 처신했던 사마의는 조비가 40세의 젊은 나이로 세상을 뜨자 마침내 허리를 꼿꼿이 세우고 자신의 하고자 하는 일을 하게 되었다. 이런 사마의의 처신이 지금 이 시대를 사는 사람에게도 필요하다고 생각되지 않는가.

머슴인가?
주인인가?

주인의 마음으로 보면
전혀 다르게 보인다

봉급쟁이가 자기 사업을 시작하면 어떻게 바뀔까? 전부 싹 바뀐다. 아무도 없는 회의실에 켜져 있는 불도 아깝고, 복사기에 흩어져 있는 이면지도 아깝다. 아직 남지 않은 볼펜을 버리는 놈이 그렇게 잘 보인다. 모두 비용이고 자산이다. 단돈 천 원도 아깝다. 만원을 아끼기 위해 시장조사도 한다.

"근무시간 메신저로 잡담하는 놈은 뒤통수를 때려주고 싶다. 지각하는 놈이 그렇게 밉다. 이들은 회사가 망하면 몸만 빠져나가면 되지만 재산 전부를 투자한 나는 쫄딱 망한다고 생각하니 모든 것을 그냥 지나칠 수 없다."

직장생활을 하다가 그만두고 사업을 하는 사람의 공통된 생각이다.

"기업가 정신을 가지라고 말한다. 사장 마인드로 일하라는 말을 많이 듣는다. 모든 사안을 사장 입장에서 바라보고 행동하면 성공은 저절로 따라온다고 한다. 말로는 쉽다. 누구나 다 아는 얘긴데 행동이 어렵다."

왜 어려운가? 피상적으로 생각하기 때문이다. 경험해 보면 안다. 문제는 모든 것을 경험을 통해 알 수 있을 만큼 삶이 그리 길지 않다는 것이다. 때문에 강의를 듣거나 책 읽기 같은 간접 경험이라도 하면 좋다. 책을 읽어도 피부에 와 닿지 않는다면, 가정을 생각하면 된다. 집에서 하듯 회사에서 하면 된다.

그렇다면 이런 마음이 왜 필요한가? CEO가 이런 인재를 원하기 때문이다.

개미의 눈으로 볼 것인가?
독수리의 눈으로 볼 것인가?

직장인으로 성공하려면 어떤 시각을 가져야 하는가? 둘 다 가지고 있어야 한다. 하늘 높이 나는 독수리의 눈으로 전체도 봐야 하지만 때로는 땅으로 내려와 개미의 눈으로 세세한 부분도 봐야 한다. 눈높이와 깊이를 자유자재로 조절할 수 있어야 한다. 그래야 높은 지위로 올라간다. 그렇지 못한 사람이 높은 자리로 올라가면 구성원들은 대리 같은 리더라고 술자리에서 이름 붙인다. 그가 설령 CEO가 됐더라도 '대리 같은 사장'이라고 이름 붙이기는 마찬가지다.

물론 5명 이내 회사를 운영하는 사장이라면 개미의 눈으로 봐야 한다. 하지만 100명, 1,000명 회사 사장이 되어서도 개미의 눈으로만 바라보면 어떻게 될까? 회사는 더 이상 성장하지 못한다. 결과는 구성원들의 존재의미를 잃게 만든다. 동기부여를 말살시킨다. 결국, 핵심 인재들은 회사를 떠나게 되는 위기에 몰린다.

성장통을 겪는 회사 CEO에게 이 문제는 가장 큰 고민 중에 하나지만, 새롭게 관리자로 임명받은 팀장에게도 큰 고민거리다. 늘 '바쁘다 바빠'를 외치면서, '믿고 맡길만한 놈이 한 놈도 없다'고 한탄하는 팀장도 여기에 해당한다. 이 경우 스스로에게 이런 질문을 해 보라. '믿고 맡길 만한 사람이 없다면 그것은 누구 책임인가? 나는 무슨 노력을 했는가?' 라는 질문을 스스로에게 해 보라.

이 문제에 대해 지금은 고인이 되신 동국제강그룹 장상태 회장님의 실제 사례를 소개해 본다. 회장님은 그룹을 운영하시면서도 헬스클럽에도 다니셨지만, 가족도 잘 챙기셨다. 그 점이 비서실장으로서 가장 존경스러웠다. 회장님은 그룹 핵심임원 5명과는 생각의 싱크로율이 100%가 되도록 노력하셨다. 일주일에 최소한 1시간 이상은 핵심임원 5명과는 일대일 대화하셨는데 이 시간은 임원 육성 시간이기도 했다. 이들도 회장님처럼 최소한 5명의 부하를 육성하라는 주문이셨다. 그렇다고 회장님은 독수리의 눈으로 핵심임원들만 관리한 것은 아니다. 가끔씩은 사소한 문제지만 분명하게 잘못된 문제에 대해 개미의 눈으로 관찰하셨다.

한 번은 포항제강소에 출장 중 숙소를 나와 밤 12시경 회사를 아무 연락도 없이 불시에 방문했다. 그때 멀쩡해 보였지만 불량품인 후판을 절단기로 조각 내는 것을 발견했다. 불량품이기 때문에 운반이 용이하도록 절단해서 고철로 팔기 위함이었다. 회장님은 다음날 관계되는 사람을 불러서 질문했다. '무엇 때문에 불량 고철을 절단해서 팔려고 하는가? 그냥 팔면 어떤가?'라는 질문을 통하여 불량상태 그대로 파는 것이 더 높은 가격도 받을 수 있고 원가도 절감된다는 답변을 얻어냈다. 이 이야기는 삽시간에 회사에 퍼졌다. 원가절감 의식을 몸소 보여 준 실제 사례이다.

또 다른 예는 회사 정문 밖에 수십 대의 차량이 제품을 운송 순서를 기다리기 위해 1시간씩 대기하고 있는 것을 목격하셨다. 당연히 그 정도는 기다려도 괜찮다는 게 '갑'의 생각일 것이다. 하지만 회장님은 이 문제에 대해 발주부터 출고까지 전 과정을 세심하게 감사를 하듯 확인하면서 개선 방법을 질문했다. 이 과정에서 회사의 모든 문제가 적나라하게 드러났다. 소통문제, 운송 회사 불만문제, 1시간 대기시간이 결국에 비용에 포함된다는 원가상승 문제 등이 줄줄이 드러났다.

회장님은 리더가 어떤 시각으로 문제를 봐야 하는지를 몸소 실천해 보이셨다. 그러면서 내게 하신 말씀이 지금도 기억난다. "리더는 숲을 봐야 하지만 때로는 나무도 바라봐야 한다. 가끔씩은 세세한 부분도 챙겨봐야 한다."라는 말씀이 지금도 새롭다.

독수리의 눈과 개미의 눈을 적절히 조절하는 것이 불가능하다고 말할지 모른다. 하지만 그 말은 자신의 제한된 신념 때문에 비범한 리더가 될 수 있는 기회를 포기한 건 아닐까?

평가받는다고 생각해보라.
다르게 행동한다

안다는 것과 실행하는 것은 전혀 다르다. 아는 즉시 실행하는 사람보다는, 알지만 실행하지 못하는 사람이 대부분이다. 이는 성공하는 사람이 많지 않은 이유이기도 하다.

그렇다면 어떻게 하면 실행력을 높일 것인가?『트리거』의 저자 마샬 골드 스미스는 체계를 만들라고 했다. 다른 말로 시스템을 만들라는 말이다. 트리거란 의미는 어떤 상황이 벌어지면 다른 행동이 자동적으로 일어나게 하는 것을 말한다. 예를 들면 방아쇠를 당기는 상황이 발생하면 총알이 나가듯이 어떤 상황에서 자연스러운 행동이 연쇄적으로 일어나도록 하는 것을 말한다. 일할 때 몰입하고 싶다면 책상 앞에 몰입이란 스티커를 붙여놓고 일을 하기 전에 이것을 한번 쳐다본 후 마음의 다짐을 하는 것과 같은 체계를 만들어 놓으면 훨씬 실행력이 높다는 주장이다. 매일 자신에게 하는 질문을 만들어 놓고 아침과 저녁 또는 수시로 질문해 보는 것도 실행력을 높이는 데 도움이 된다고 하면서 그는 여섯 가지 질문을 제시했다.

- 나는 오늘 명확한 목표를 세우기 위해 최선을 다했는가?
- 나는 오늘 목표를 향해 전진하는 데 최선을 다했는가?
- 나는 오늘 의미를 찾기 위해 최선을 다했는가?
- 나는 오늘 행복하기 위해 최선을 다했는가?
- 나는 오늘 긍정적인 인간관계를 만드는 데 최선을 다했는가?
- 나는 오늘 완벽히 몰입하기 위해 최선을 다했는가?

위의 질문을 스스로에게 해 보면 실행력을 높이는 데 도움이 된다. 체크 리스트를 만들어 매일 10점 척도로 평가해 보는 것도 좋다. 수첩을 사용해서 할 수도 있지만, 전자수첩을 사용해도 좋다. 전자 프랭클린 플래너를 사용해도 좋고 네이버 캘린더를 사용해도 좋다. 체크 리스트를 만들어 실행해 보면 확실히 실행력을 높일 수 있음을 체험할 수 있다.

평가를 받으면 행동이 달라진다. 집에서는 부모의 말을 안 듣지만, 회사에서 상사의 말을 듣는다. 평가를 받기 때문이다. 상사는 누구에게나 있다. 중간관리자는 부하와 상사가 있듯이 CEO에게는 부하와 시장이나 고객이라는 상사가 있다. 상사로부터 좋은 평가를 받지 못하면 퇴출된다.

상사가 부하를 평가하는 것은 당연하게 생각하지만, 부하도 상사를 평가한다. 당신이 중간관리자라면 상사에게도 좋은 평가를 받아야 하지만 부하에게도 좋은 평가를 받아야 한다. 직장인들은 때때로 평가받는다는 사실을 잊고 산다. 우리는 자신과의 약속을 지켰는지 마음속으로 평가한다. 때문에 스스로에게 한 약속을 지키지 않으면 마음이 불편하다.

스스로와 한 약속을 지키면 마음이 뿌듯하다. 자신이 대견스러워 보인다.

사실 평가를 받는다는 것은 괴로운 일이다. 하지만 평가를 받는다고 생각하면 행동이 달라진다. 나는 강의나 코칭을 하러 갈 때 우선 옷부터 신경을 써서 제일 좋은 옷을 골라 입는다. 좋은 옷을 골라 입으면 마음 자세가 달라진다. 그 전날 자료를 점검하고 어떤 것을 보완해야 할지도 점검한다. 강의를 시작하기 전날 마음속으로 기도도 하지만 강의 장소에 최소한 1시간 전에 도착해서 자료를 점검해보고 자리 배치를 점검한 후 마음에 들지 않으면 변경하기도 한다. 내가 왜 이런 행동을 할까. 평가받기 때문이다. 평가받는 입장이 되면 최선의 노력을 기울인다. 평가가 안 좋으면 어느 날 갑자기 강의나 코칭을 그만두어야 할 경우도 생길 수 있다고 생각하며 준비한다. 매번 강의나 코칭 때마다 오늘이 마지막이 될 수도 있다고 생각하면 최선을 다하지 않을 수 없다.

당신이 하는 일을 모두 평가받는다고 생각해 보라. 행동이 달라진다. 물론 상사가 직접 보지 않을 수도 있다. 하지만 주위의 누군가 당신을 바라보고 내린 평판이 주위를 나돌게 된다. 상사에게 알려지는 건 시간문제다. 잊지 말고 기억하라. 당신이 어떤 행동을 하든 평가가 뒤따른다. 당신의 행동을 아무도 보지 못했더라도 당신 자신은 당신이 한 행동을 알고 있다. 만약 당신이 스스로에게 "이게 최선입니까?"라고 질문해서 '그렇다!'라고 답하지 못한다면 내일은 최선을 다하겠다고 마음에 새겨둬라.

내가 지금까지 해본 방법 중 실행력을 높이는 가장 좋은 방법은 잠재의식 속에 내가 하려는 행동을 집어넣는 것이다. 저녁에 잠자리에 들었을 때나 아침에 눈을 떴을 때 자리에서 일어나지 말고 오늘 할 일을 생각해 보라. 나는 저녁에 잠자리에 들면서 '내일 5시에 일어나서 자전거를 타야지' 라고 마음에 새기면서 잠들면 5시경에 눈을 뜨고 내면에 아무 저항 없이 운동하러 나가게 된다. 이런 행동을 오래 하게 되면 습관이 된다. 그래서 지금은 5시경 잠에서 깨어나 운동을 하게 됐다. 그런 것에 아무런 부담을 느끼지 않는다.

그런데 수영장 수리 때문에 15일 정도 휴장을 한다고 해서 며칠 아침 운동을 하지 않는데 10년 이상 지속했던 운동이 하기 싫어졌고 아침에도 늦게 일어나는 것이 훨씬 편해졌다. 한마디로 일주일도 안돼 게을러졌고 내 삶의 스타일도 바뀌다 보니 체중도 금방 3kg 정도 늘어났다. 나는 다시 저녁에 잘 때 수영장이 쉬면 아침에 다시 자전거를 타자고 마음먹고 운동을 습관화하는 데 며칠 걸렸다.

이런 경험을 통해 좋은 습관도 망가지기는 일주일이면 충분하다는 것을 몸소 체험했다. 이런 행동은 마인드 트레이닝일 수도 있고 리츄얼(Ritual)일 수도 있다. 상사와 좋은 관계 유지를 위해 이런 것을 활용해 보는 것이 좋다. 나의 생사여탈권을 쥐고 있는 상사 아닌가.

상사를 후원자로
만들어라

| 상사의 이유 없는
| 괴롭힘은 이유가 있다

당신이 감당할 수 없을 정도로 일이 많다면 상사에게 우선순위를 요청하라.

당신에게 너무 많이 맡겨질 경우는 상사가 당신을 신뢰하기 때문이다. 하지만 당신이 감당할 수준을 넘어섰다면 상사에게 우선순위를 정해 달라고 요청하라. 그러면서 우선순위에서 뒤로 밀리는 일은 다른 사람에게 넘겨주면 좋겠다는 의견을 피력하라. 당신 외에 일을 맡길만한 사람이 없어서 그럴 수밖에 없는 상황이라면 상사는 당신에게 미안한 마음을 가질 것이며 이에 대한 보상을 생각할 것이다.

상사가 이유 없이 당신을 괴롭히는 것처럼 생각된다면 먼저 그 이유를 당신에게서 찾아보라. 당신이 상사보다 잘난 척하지 않았는지, 공개 석상에서 상사를 무시하는 태도를 취하지 않았는지, 뒤에서 험담은 하지 않았는지 생각해 보라. 만약 당신이 잘못이 인정되면 상사에게 당신의 잘못에 대해 깨끗하게 용서를 구하라.

그래도 상사를 이해할 수 없다면 개인적으로 만나 당신이 괴롭다는 것을 이야기하면서 어떻게 하면 좋을지 상사의 조언을 구하라. 그래도 답을 얻지 못했다면 부서로 옮겨 달라고 해 보라. 최후의 수단은 회사를 떠나는 것일 게다. 이때 반드시 선행해야 할 것은 갈 곳을 정해 놓는 것과 어렵겠지만, 성과를 달성해 좋은 평판을 유지하는 것이다.

상사를 먼저 상사나 다른 상사와 비교하지 않았는지 돌아보라. 당신도 비교당하는 것이 싫듯이 상사도 비교당하는 것은 좋아하지 않는다. 모든 사람들은 이 세상에 하나밖에 없는 존재로서 인정받고 싶어 한다. 비교 행동이 계속되면 상사는 당신을 제거하려고 하거나 최하위 인사고과를 줄 수 있다. 딴지를 걸면서 결재를 하지 않을 수도 있다. 다른 사람에게 당신을 부정적으로 선전할 수 있다. 절대 다른 사람과 상사를 비교하지 말라. 비교당하는 것을 좋아할 사람은 아무도 없다.

부하와 좋은 관계를 유지할 목적 때문에 상사와 관계를 악화시키지 말라. 물론 후배 지지가 높을수록 당신 위상은 올라간다. 부하와 신뢰관계를 구축도 대단히 중요하다. 그렇다고 이를 위해 상사와 신뢰관계를 깨지 말라. 중요한 점은 부하와 좋은 관계 유지가 상사와 좋은 관계 유지보다 우선해서는 안 된다는 점이다. 부하에게 점수를 따기 위해 상사가 싫어하는 것을 해서는 안 된다는 말이다. 상사에게 나쁜 역할을 맡게 하고 당신은 좋은 역할만 하겠다는 태도를 보이면 언젠가 당신은 상사에게 보복당한다.

부하와도 좋은 관계를 유지하고 상사와도 좋은 관계를 유지하면 금상첨화다.

상사의 역린을
건드리지 마라

○ 상사의 아킬레스건을 공격하지 마라

아무리 강한 사람에게도 아킬레스건이 있다. 아킬레스의 어머니인 바다의 여신 테티스가 아킬레스가 태어났을 때 그를 저승의 스틱스 강에 담가 상처를 입지 않는 무적의 몸으로 만들었다. 그런데 그녀가 아킬레스의 발목을 잡고 강물에 넣었기 때문에, 발목 뒤 힘줄은 상처를 입을 수 있는 유일한 부분으로 남았다. 이후 트로이 전쟁에서 적장이 쏜 화살을 발뒤꿈치에 맞고 아킬레스가 죽었다는 고사에서 유래한 '아킬레스건'은 치명적인 약점을 표현하는 말이다.

동양에서는 용의 약점인 역린(逆鱗)을 건들지 말라는 말이 있다. 역린이란 용의 목 부분에 거꾸로 난 비늘을 말하는 데 이를 건드리면 용이 크게 노하여 건드린 사람을 죽인다고 한다. 사람에게는 누구에게나 약점인 역린이 있듯이 상사에게도 역린이 있다. 상사도 자신의 역린을 건드리는 사람을 절대 그냥 내버려 두지 않는다.

○ 상사의 약점 보완 역할을 하라

상사의 약점을 보완하게 하려는 의도로 이를 떠벌리고 다니는 어리석은 사람이 있다. 당신의 존재가 상사에게 존경받는 위치에 있다고 하더라도 해선 안 될 일이다. 사람들은 본능적으로 약점을 감추려 한다. 자신의 치부인 약점이 드러나는 것을 좋아할 사람은 없다. 더구나 상사의 치부를 드러내는 일은 당신이 할 일이 아니다. 그것은 상사의 윗분인 인사권자가 할 일이다. 물론 상사가 자신의 약점이 무엇인지 알게 하기 위해 다면진단을 받도록 인사부서에 요청할 수는 있다. 이런 경우라고 하더라도 상사를 비난하는 마음이 아니라 진실로 상사의 리더십을 성장시켜야 하겠다는 마음이 내재하고 있어야 한다. 그렇지 않으면 상사에게는 물론 인사부서에도 불순한 의도로 비쳐진다.

부하에게도 상사가 강점에 집중하고 약점을 보완해 주는 역할이 필요 하듯이 상사에게도 이런 역할이 필요하다. 누구에게나 약점은 있다. 대부분 이를 알고 있기 때문에 약점을 보완해 주는 사람에게 고마움을 느낀다. 공개적으로 떠벌리지 말고 은밀하게 상사의 약점을 보완해 주면 상사는 눈치 채고 당신에게 고마움을 느끼게 된다. 다른 방법으로 약점을 보완해 주고 싶다면 인사부서나 교육부서의 힘을 빌리는 것도 좋다. 이때도 상사 리더십 개발이 회사 발전에 기여할 것이라는 긍정적 의도가 몸에 배어 있어야 한다. 그렇지 않으면 다른 사람이 금방 눈치챈다.

⚷─○ 상사 험담에 고개도 끄떡이지 마라

상사의 뒷담화에 끼어들지 말라. 누군가 상사를 험담할 때 고개도 끄떡이지 말라. 험담을 주도한 사람이 궁지에 몰리면 상사 험담을 자신의 말이 아닌 고개를 끄떡인 당신의 말로 둔갑시키기도 한다. 상사와 허물없이 지내는 사람에게 상사 험담을 했을 경우, 그는 당신 상사의 변화를 바라는 마음에서 악감정 없이 당신의 험담을 전하기도 한다. 이는 당신에게는 치명적인 비수가 된다.

김 부장은 감사실 업무를 개선했으면 하는 비난조의 글을 인사팀장에게 보내면서 팀장들에게 공지해 줄 것을 요청했다. 이를 받은 인사팀장은 팀장들에게 이를 공지했는데 이것이 감사실장 귀에 들어가게 됐다. 감사실장은 인사팀장에게 누가 이런 글을 올렸는지 추궁했으나 인사팀장은 출처를 밝히지 않았다. 그러자 감사실장은 김 부장이 이 글을 올렸을 것이라는 느낌이 들자 김 부장을 추궁했다. 불이익을 받을 것을 감지한 김부장은 자신이 하지 않았다고 오리발을 내밀었다. 결국 인사팀장은 감사실장을 비난했다는 누명을 써야 했다. 결과적으로 인사팀장은 감사실을 비난하는 글을 선도적으로 팀장들에게 공지한 상황이 돼버렸다. 물론 변명의 기회가 주어지지도 않았다.

이런 상황은 조직에서 흔히 일어난다. 상사에 대한 험담 발설자가 궁지에 몰리면 상사 험담에 맞장구를 친 당신을 주동자로 이야기해도 당신은 별로 할 말이 없다. 왜냐하면 당신이 주동자든지 동조자든지, 비난의 말을 들은 사람에게는 별 차이가 없기 때문이다.

⚷○ 상사를 보여지는 대로 보고 장점을 칭찬하라

상사의 장점을 있는 그대로 보고 칭찬해 주기란 쉽지 않다. 더구나 상사와 관계가 나빠졌을 때는 더욱 그렇다. 상사가 너무 잘났을 때도 왠지 깎아내려서 자기 수준으로 만들고 싶다. 상사의 좋은 점을 별것 아니라도 치부하면 자신이 잘난 사람처럼 된다고 착각하기도 한다. 하지만 이런 행동은 상사와 관계를 악화시킴은 물론 자신의 평판에도 악영향을 미친다.

이런 행동을 하기 위해 당신의 마음속 직위를 상사 이상의 직위로 승진시키면 도움이 된다. 그렇게 되면 현재 직위에서 할 수 없던 상사의 칭찬도 자연스럽게 할 수 있다. 반면에 당신의 마음속 지위를 현재 직위 이하로 진급시켰다면 상사의 장단점을 있는 그대로 바라보기란 쉽지 않다.

칭찬은 윗사람이 아랫사람을 하는 것이 더 쉽고 자연스럽다. 아랫사람이 윗사람을 칭찬하는 것은 굉장히 어렵다. 당신의 마음속 지위를 지금보다 두세 배 위의 직위까지 진급시키면 상사도 마음속으로는 부하가 된다. 상사보다 높은 직급에서 상사를 바라보면 상사를 있는 그대로 바라볼 수 있으며 칭찬도 쉽게 할 수 있다.

그렇다면 당신의 마음속 지위를 CEO 위치까지 진급시켜 보면 어떻게 될까? 당신의 일을 바라보는 관점이 바뀔 것이다. 당신의 리더십이 몇 단계 업그레이드 될 것이다. 더불어 상사에 대한 칭찬도 쉽게 할 수 있게 되며 전혀 다른 리더십을 발휘하여 성과를 낼 수도 있다.

상사의 비서 역할을 자임하라

─○ 상사의 비서처럼 행동하라

직위가 올라갈수록 상사는 외롭다. 자신의 위치나 사업에 불안감도 있지만, 누구와 상의할 사람이 없다는 것이 가장 괴롭다. CEO도 자신의 힘든 이야기를 들어주는 사람을 필요로 한다. 마음 터놓고 이야기할 사람이 필요하다고 느낄 적이 많이 있다. 이런 이유로 상사는 비밀엄수, 충성심, 신뢰감 등과 같은 비서 직업윤리를 가진 사람의 필요성을 느낀다. 당신이 이 역할을 자임한다고 해도 쉽게 상사가 받아들이지 못할 수 있지만, 비서처럼 하는 행동을 통해 상사의 신뢰는 받을 수 있다.

⚷ 비밀을 엄수하라

상사가 만약 당신에게 회사의 비밀이나 자신의 개인적인 비밀을 이
야기했다는 것은 당신을 신뢰한다는 증거이다. 비밀을 어떤 경우든 누
설하지 않겠다는 믿음을 상사에게 줘라. 아무리 입이 근질거려도 꾹
참아라. 그러면 상사로부터 더 큰 신뢰를 얻게 된다. 상사 중에는 실제
로 비밀을 누설하는지 아닌지 테스트를 하는 경우도 있다. 회장이나
사장이라면 당연히 시험해 본다.

⚷ 충성심을 보여라

상사의 뒤통수를 치지 마라. 괘씸한 부하를 좋게 볼 상사는 없다.
능력이 아무리 출중해도 충성심이 없는 부하는 키우지 않는다. 괘씸
한 부하이긴 하지만 당장은 포용해야 할 상황인 경우 겉으론 수용하
는 것처럼 보이지만 누구도 모르게 후임을 준비한다. 당신이 상사라도
그렇게 하지 않겠는가.

역사에도 이런 일은 많이 일어난다. 조선왕조 수립에 절대적인 공헌
을 한 정도전도 세조에 대한 충성심 때문에 제거됐다. 충성심이 없는
부하 직원은 아무리 능력이 뛰어나더라도 같이 하려고 하지 않는다.
이와 같은 인간세계의 근본은 예나 지금이나 변함이 없다.

⚷ 신뢰감을 보여라

상사와의 약속을 잘 지켜라. 약속은 신뢰의 표현이다. 신뢰 관
계 구축 요소로는 A^3C^3가 있다 A^3는 능력(Ability), 관심(Attention), 진
정성(Authenticity)이며, C^3는 일관성(Consistency), 명확성(Clarity), 약속
(Commitment)이 있다. 이들 요소는 신뢰감을 보여주는 좋은 요소들이

다. 이들 요소 중 가장 중요한 요소를 들라고 하면 아마도 약속일 것이다. 마감일 같은 약속을 지키지 않는 부하를 좋아하는 상사는 없다. 약속은 신뢰의 모든 요소가 겉으로 드러나는 행동이다. 신뢰할 수 있는 사람인지 아닌지는 약속을 잘 지키는지 아닌지로 보면 누구나 알 수 있다.

상사 취미에
관심을 가져라

○ 상사의 취미를 화제로 삼아라

학교 다닐 때, 공부시간에는 노는 이야기만 하고 놀면서는 공부 이야기를 했던 어떤 학생이 학교에서는 두각을 나타내지 못했지만, 회사에 들어가서는 대성공을 했다고 한다. 이 친구에게 비결을 물어보니

"저는 학교생활과 변한 게 없어요. 업무 시간에는 골프 이야기를 많이 했죠. 그러다가 골프를 치러 가서는 업무 이야기만 했습니다."라고 했다는 것이다.

상사와의 관계의 중요성을 나타낸 유머라 웃음이 나오기도 하지만 수긍이 가는 부분이 없지 않다.

상사와 취미 생활 하나 정도는 같은 걸 해 보는 것도 좋다. 예를 들면 영화, 뮤지컬, 연극, 등산, 스포츠 관람 같은 것이다. 휴일에 이런 취미 생활을 상사와 같이 하면 더욱 긴밀한 관계가 되겠지만, 취미 생활은 각자 하더라도 상사와 화제가 풍성하게 된다. 더구나 취미에 대

한 정보를 상사에게 제공하면 자연스럽게 상사와 가까워지는 계기도 된다.

직장생활과 연계된 취미생활은 대부분 스트레스를 가중시킨다. 취미생활에서도 직위관계가 유지되기 때문이다. 그러나 취미 생활을 같이할 수 있는 것이 있다면 예상되는 스트레스를 고려하더라도 해볼 만하다. 몸을 움직이는 취미생활은 엔돌핀이 분비되어 기분을 좋게 만든다. 이런 상태에서 상당히 심도 있는 대화를 해도 상호 이해되는 경우가 많으며 상사와 가까워질 수 있는 좋은 기회가 된다.

○ 상사의 취미 생활에 관한 정보를 제공하라

나를 미워하는 상사라도 그의 취미가 무엇인지 파악하여 정보를 제공하면 자연스럽게 관계를 개선하는 데 도움이 된다. 자신에게 관심 있는 분야의 정보를 제공하는 부하 직원을 싫어할 상사는 없다. 단지 너무 성과가 떨어지는 부하라면 정보 제공과 함께 자신의 성과 향상 계획을 함께 다짐하는 것도 좋다.

○ 인간적인 관계를 맺어라

인간적인 관계를 맺으라는 것은 아부하라는 말이 아니다. 명절에 선물을 싸들고 가라는 말도 아니다. 상사와의 관계를 일로만 맺지 말고, 인생의 한 때를 함께 했고, 이것을 인연으로 앞으로도 관계를 지속할 '사람과 사람의 관계'를 만들라는 것이다. 지금 우리는 100세 시대를 살고 있다. 대학을 졸업하고 직장을 시작한 나이를 어림잡아 30세로 시작해서 60세에 은퇴를 했다면 직장생활 30년, 그리고 직장 은퇴 후 생활 30년으로 구분된다. 직장 은퇴 후 30년 생활을 어떻게 보낼 것인가는 직장생활 30년의 인간관계가 상당한 영향을 끼친다. 인생 후반기 30년은 대부분 자기 사업을 하거나 개인 사업을 해야 한다. 개인 사업에서 가장 중요한 부분은 영업이다. 영업은 인맥으로 연결된다. 좋은 인간관계는 후반기 30년의 생활을 윤택하게 한다. 아무리 기분 나쁜 상사라 하더라도 좋은 인간적 관계를 맺는다는 것은 인생 후반기 생활을 윤택하게 하는 데 많은 도움이 된다.

○ 업무 외적으로도 상사와 친해져라

쉬는 날, 모처럼 회사에 일하려고 자발적으로 나왔다. 아무도 없는 사무실에 문을 열고 들어서면 왠지 회사를 위해 뭔가 하는 것 같은 기분이 들어 기분이 상쾌하다. 라디오 음악을 조금 크게 틀어 놓고 일을 하고 있는데 갑자기 상사가 나타났다. 지금까지 상쾌했던 기분이 싹 가신다. 상사가 등 뒤에서 내가 뭘 하는지 감시하는 것 같다. 상사가 나타난 순간부터 휴일 봉사 근무가 평일 근무시간으로 변한다. 이런 경우 아주 긴급한 업무가 아니라면 잠깐 짬을 내서 상사의 취미에 관한 주제로 대화를 나누는 것도 좋다. 휴일 근무는 당신은 물론 상사도 조금은 편안하게 근무하고 싶기 때문이다.

상사와 정말 가깝다면
더욱 예의를 지켜라

○ 어떤 경우든 상사에 대한 예의를 지켜라

우리는 지금 자유분방한 시대에 살고 있다. 하지만 우리나라를 포함한 동남아시아에는 예(禮)를 중시한 공자의 사상이 2,500년간을 지배해

왔다. 개인을 중시한 서양과는 달리 동양은 관계를 중시했다. 관계의 시작은 효(孝)를 최소의 단위로 보았다. 우리의 잠재의식 속에는 이런 사상이 자리 잡고 있다. 서양에서는 누구에게나 You로 호칭하지만, 우리나라에서는 '~님' 자를 붙이는 것을 봐도 알 수 있다. 조직에서 상사에 대한 예의가 특히 필요한 이유이다.

⚷ 상사와 가깝다면 더욱 예의를 지켜라

상사와 아무리 가깝다고 해도 예의를 벗어나는 행동을 해서는 안 된다. 상사는 호랑이와 같다. 예의를 지키지 않는 부하 직원에게 언제든 태도를 돌변할 수 있다. 상사가 아무리 친근하게 대한다고 해도 예의를 지켜야 한다. 인사를 잘하는 것도 큰 경쟁력이 될 수 있다. 상사에게는 격식에 맞는 용어를 사용하라. 상사를 존경한다는 태도를 보여라. 예의 바른 부하를 싫어할 상사는 아무도 없다.

⚷ 상사가 모른다고 건방진 행동을 하지 말라

상사가 컴퓨터를 가르쳐 달라고 할 때 당신이 잘 다룬다고 해서 건방진 행동을 하지 말라. 자존심을 버리고 모르는 것을 물어보는 상사의 태도는 존경받아야 할 행동이지 비난받을 일이 아니다. 이럴 때 당신이 어떤 태도나 행동을 보이는지 상사는 기억한다. 당신이 상사에게 모르는 것을 물어볼 때 상사가 그것도 모르느냐는 식의 행동을 하면 당신이 눈치채고 기분 나쁘듯이 상사 또한 같다.

다른 사람 앞에서 상사의 면을 세워주지 않는다는 것은 당신의 미래를 향한 성공의 사다리를 부러뜨리는 꼴이다.

⟲○ 상사의 권한을 침범하지 말라

상사와 함께 참석한 자리에서 당신이 결정권자인 것처럼 행동하지 말라. 한마디로 오버하지 말란 말이다. 문제가 잘못됐을 경우 당신 선에서 책임지지 못할 일이라면 상사에게 중간보고를 반드시 하면서 지침을 받아야 한다. 당신이 전부 결정하고 난 뒤, 사후 보고를 좋아할 상사는 없다. 그럴 수 있는 일이라면 권한을 위임 받도록 하되 중간보고를 잊지 말라.

실력보다는
충성심이다

⟲○ 상사에게 진정성 있게 충성하라

아부란 입에 발린 듣기 좋은 칭찬으로 상대의 기분을 좋게 만들기 위해 비위를 살살 맞춰 알랑거리는 것이다. 아부는 진정성이 없다. 아부는 입에 발린 말을 한다. 사람에 따라서 직설적인 비난보다는 아부를 더 좋아할 수도 있다. 하지만 아부는 자신을 비참하게 만든다.

자신을 비참한 아부꾼으로 만들지 않으려면 상사의 장점을 찾아보라. 상사가 당신보다 높은 직위에 있다는 것은 분명 상사에게 장점이 있다는 말이다. 상사의 장점을 알고도 칭찬할 수 없다면 당신에게 그림자가 있다는 것이다. 그림자란 당신의 약점이나 지나친 강점을 상사가 가지고 있다는 것이 된다. 이를 알아차리는 것이 가장 간단한 마음 치료법이다. 이로서도 안 된다면 상담사를 찾아보는 것이 좋다.

⚷○ 곰보다는 여우가 좋다

상사는 때와 장소와 상황에 맞게 행동하는 부하를 좋아한다. 자신이 옳게 생각하는 일이라고 해서 때와 장소를 가리지 않고 주장하는 행동은 미련한 곰 같은 행동이다. 상사는 이런 미련곰탱이 보다는 눈치껏 행동하는 여우를 좋아한다. 상사가 가장 중요하게 생각하고 있는 것이 무엇이고, 어떻게 하는 것이 상황에 맞는 행동이나 언행인지 스스로 알아서 행동하길 상사는 바란다. 분위기 파악을 못하는 눈치코치 없는 부하를 좋아할 상사는 없다.

⚷○ 실력보다 더 중요한 충성심

겉으로는 역량이나 태도를 중요시한다고 하지만 상사가 가장 중요하게 생각하는 것은 충성심이다. 조직을 이끌어 성과를 내야 하는 상사는 다양한 아이디어를 인정하지만 일단 결정된 방침에 대해서는 충성심을 발휘하는 부하를 사랑한다. 독불장군들은 변화의 단초를 만들어 내지만 완성하지는 못한다. 힘의 흐름이나 사람의 마음을 얻지 못했기 때문이다. 정치란 말이 나쁜 뜻으로 많이 쓰여서 그렇지만 이를 사내정치라는 말 외에 다르게 표현할 적정한 말이 없다. 사내정치를 알아야 성공한다.

개혁의 기치를 내 걸었던 위대한 개혁자 조광조도 변화를 싫어하는 반대세력에 의해 제거되고 말았다. 그의 뜻은 가상했지만, 미완으로 끝났다. 주위를 살피지 않은 까닭이다. 기업에서도 이런 일이 종종 일어난다.

○ 상사를 칭찬하라

칭찬은 고래도 춤추게 한다고 했던가. 하지만 칭찬은 아랫사람이 하는 것이 아니다. 칭찬은 윗사람이 하는 것이 자연스럽다. 상사도 칭찬을 좋아하지만, 부하가 상사를 칭찬하는 것은 쉽지 않다. 이럴 때 당신의 의식을 조직의 최고 수준까지 올려놓으면 의식세계에선 상사도 당신의 아랫사람이 된다. CEO 의식으로 상사를 바라보면 얼마든지 좋은 점을 발견할 수 있고 칭찬도 쉬워진다. 당신에게 자문해 보라 . '당신은 스스로 당신 직위를 어느 직위까지 승진시켰는가?' 최소한 당신의 직급을 지금보다 2~3단계 위로 올려놓고 행동하고 생각하라. 상사 칭찬이 쉬워짐은 물론 문제의 해결책을 전혀 다르게 찾아낼 수 있는 내면의 힘을 보게 될 것이다.

상사의
지원군이 되라

○ 상사를 개인적으로 도와라

성공한 사람들이 가장 많이 꼽는 성공 요인은 인간관계이다. 좋은 인간관계는 남을 돕는 데서 출발한다. 자신의 이익만 취하려는 사람은 결코 좋은 인간관계를 유지하지 못한다. 상대가 나에게 얻으려고만 하면 그를 상대하지 않듯이. 내가 상대보다 더 많은 이득을 취하려고 하면 인간관계는 멀어진다. 상사와의 인간관계도 마찬가지이다. 내가 열심히 상사를 도와주면 상사는 부하에게 승진이나 급여 또는 내면적인 만족으로 보답한다.

상사를 승진시켜라

　상사의 임무는 구성원들과 함께 성과를 창출하는 것이다. 상사가 무능하면 당신도 저평가된다. 성과는 상사만의 몫이 아니라 구성원들이 나눠 갖는 것이다. 상사의 관심사항에 집중하라. 그가 목표를 달성할 수 있도록 온 힘을 나해 도와라.

　상사가 가장 필요한 사람이 되도록 하라. 상사에게 약점이 있다면 당신의 강점을 활용해서 도와라. 나의 강점으로 상사의 약점을 공격하지 말라. 적절한 타이밍과 표현방법으로 상사의 약점을 보완하라. 자신에게 해를 끼친 사람에게 보복하지 않는 사람은 아주 드물다. 더구나 상사는 당신을 공격할 강력한 힘을 공식적으로 부여받았다는 점을 상기하라. 반면 상사를 돕게 되면 상사는 이를 기억하고 당신에게 반드시 보답할 방법을 찾게 된다.

공과 사를 너무 분명하게 구분하지 말라

　"다른 사람의 약점은 잘 보면서 네 안에 있는 들보는 보지 못한다."는 성경 말씀처럼 사람들은 다른 사람을 대한다. 판관을 좋아하는 사람은 없다. 공자가 '범법자 아버지를 고발한 사람을 좋지 않게 평가'했듯이 동양은 서양과 다른 사상이 내면에 흐르고 있다. 공과 사를 엄격하게 구분한다면 다른 사람의 길 흉사에 찾아갈 필요가 없지만, 우리 사회에서는 이를 중요하게 생각한다. '상갓집에서 승진이 결정된다.'는 말도 있다. 우리 사회는 공과 사가 뒤엉킨 경우가 많다. 도덕적으로 문제 되지 않는다면 당신이 도울 수 있는 일은 도와라. 비공식적인 행사에서 다른 사람을 돕는 행동을 보면 상사는 당신을 자신에게 꼭 필요한 사람으로 인식하게 된다.

상사가 어려워하는 부분을 보완해 주는 사람을 상사는 함부로 대하지 못한다. 예를 들면 상사가 자신의 상사와 관계가 원만하지 못할 때 당신이 대신 윗선과 좋은 관계를 가지고 있다면 상사를 칭찬하는 등의 방법으로 상사의 이미지를 끌어 올려주고 좋은 관계를 맺도록 하라.

이런 고사가 있다.

초나라 장왕이 기분이 좋아 연회를 열어 군신들과 술을 하는 자리에서 미모가 뛰어난 자신의 총비 허희와 강씨에게 술을 따르게 했다. 이때 홀연 바람이 불어 등촉이 꺼져 어두운 상태에서 누군가가 허희를 끌어당겨 입을 맞추었다. 허희는 다급한 중에도 꾀를 내어 자신에게 입 맞춘 장군의 갓끈을 잡아당겨 손에 넣은 다음 장왕의 귀에 대고 사실을 알리고 불을 밝혀 갓끈이 끊어진 자를 색출해 벌을 내리도록 청했다. 시종들이 불을 밝히려 하자 장왕은 급히 불을 밝히지 못하도록 하고 큰 소리로 오늘 마음껏 마셔야 하니 모두 갓끈을 끊어 풀고 통쾌하게 마시라고 했다. 갓끈을 끊지 않은 자는 통쾌하게 마시지 않은 자니 벌을 주겠다고 했다.
이리하여 백관들은 모두 갓끈을 끊고 나서야 장왕은 불을 밝히게 하여 허희와 입을 맞춘 자가 누구인지 알 수 없게 만들었다.
이로부터 3년 후 초나라가 진나라를 포위했을 때 한 장군이 목숨을 걸고 피투성이가 되어 장왕을 보호했다. 알고 보니 이 장군이 주연에서 허희를 희롱했던 장군이었다고 한다.

부하도 이렇게 자기를 도운 군왕을 위해 목숨을 바치는데 하물며 도움을 받은 상사는 어떻겠는가?

상사의 체면을
세워줘라

☞○ 무조건 상사를 옹호하라

비즈니스 세계에는 철칙이 있다. '다른 사람이 나에게 더 많은 것을 가져가려는 사람과는 절대로 거래가 지속하지 않는다는 것'이다. 사기꾼은 처음에 당신에게 더 많은 것을 준다는 느낌을 들게 하지만 결국은 당신에게 더 많은 것을 뺏어간다. 그렇기 때문에 사기꾼이라는 평판이 있는 사람과는 더 이상 거래하려 하지 않는다.

상사도 때로는 상사의 윗분에게 중대한 실수를 저질러 야단을 맞게 된다. 그때 당신이 옆에 있을 수 있다. 이런 경우 무조건 상사의 체면을 세워줘라. 왈가왈부하지 말고 무조건 상사를 옹호하라. 당신에게 상사가 좋은 감정을 가질 절호의 기회이다. 상사의 윗분도 이런 행동을 나쁘게 보지 않는다.

☞○ 상사에게 양보하라

상사를 얻으려 했다면 먼저 줘라. 이 법칙은 상사에게만 해당하는 것은 아니다. 인간관계에 늘 적용되는 말이다. 유비는 제갈공명을 얻기 위해 삼고초려 한 결과 그는 유비 사후에도 그의 아들, 유선을 위해 충성을 다 바쳤다. 조조도 관우를 얻기 위해 그에게 베푼 호의로 말미암아 죽을 고비를 넘겼다. 상사도 마찬가지이다.

요즘같이 능력 위주의 사회에서도 이 법칙이 적용된다. 상사에게 양보한다는 것은 상사는 자기 조직의 모든 공과를 책임지는 사람이기 때문이다. 당신의 모든 역량을 발휘하여 상사를 지원하라.

그렇게 되면 다음은 상사가 당신에게 뭔가를 해 주려고 노력한다.

이때가 당신이 원하는 것을 얻을 기회이다. 당신이 주면 상사도 준다.

━○ 공개적으로 상사의 편에 서라

상사가 공격받거나 공공의 적이 될 때도 상사의 편에 서라. 상사가 가장 갖고 싶은 부하가 이런 부하이기 때문에 상사를 공격하는 다른 상사에게도 좋은 인상을 줄 수 있는 기회이다. 조선 시대 초기 건국에 지대한 공헌을 했던 정도전보다는 고려 말 충신이었던 정몽주를 칭송하는 이유도 이런 이유이며 제갈공명이 자신을 모시던 유비를 끝까지 버리지 않은 점 때문에 중국에서 유비보다 제갈량을 더 좋아하는 이유도 이런 이유이다.

상사는 자신이 어려울 때 그의 편에 서는 부하를 자신의 오른팔이라고 생각한다. 상사가 틀린 말을 한 경우에도 바로 지적하지 말고, 일단은 물러나서 객관적인 자료를 제시하며 조용히 따로 이야기하면 상사가 들어줄 가능성이 아주 높다.

━○ 자신이 모든 걸 한 것처럼 말하지 말라

지금은 모든 것을 혼자 잘할 수 없는 시대이다. 팀을 만들어 성과를 내라는 것이 최근의 추세이다. 이런 상황에 팀의 업무를 당신이 모든 걸 한 것처럼 말하지 말라. 그래서 요즈음 STAR방식으로 질문한다. STAR방식 질문 중 Action은 당신의 실제로 한 역할이 무엇이냐는 질문이다. 어떤 사람은 큰 프로젝트를 진행하면서 카피 업무만 했음에도 자신이 그 프로젝트 매니저가 된 것처럼 말하는 사람이 있다. 이런 허풍은 곧 알려지게 되고 바람 빠진 풍선처럼 추락하게 된다.

사이 나쁜 상사와
관계를 회복하라

대화 예의를
지켜라

🔑 같은 의미 다른 대화

충고하듯이 말하지 말라. 부하도 '지적질'을 싫어한다. 하물며 지적하는 부하를 좋아할 상사는 있을까. 특히 권위를 중시하는 상사에게 예의 없는 행동은 치명적이다. 같은 말이라도 어떻게 하느냐에 따라 180도 상황이 달라진다.

🔑 반대 의견을 얘기할 때에도 예의를 지켜라

부하 직원이라고 해서 상사의 말에 무조건적인 복종을 할 필요는 없지만, 태도만큼은 공손해야 한다. 상사의 의견과 다른 의견을 제시할 경우 많은 사람들 앞에서 무안을 주는 말투나 행동을 해서는 절대 안 된다. 이런 행동은 당신의 직장생활을 끝나게 하는 단초를 만든다. 심적으로는 언제나 상사를 응원한다는 태도가 필요하다. "왜 그렇게 하셨어요? 이렇게 하는 것이 맞지 않나요?" 같은 말은 상사를 비난하는 말투로 들린다. 상사의 잘못을 비난하듯이 지적하는 것보다는 당신의 생각을 간접화법으로 말하라. 예를 들면 "이런 방법이 좋지 않을까 하고 생각해 봤어요." 또는 "만약에 다른 방법을 얘기해도 좋다면 이런 방법이 어떨까요?" 라고 질문하는 것이 좋다.

토론 자리에서 무턱대고 자기주장만 하지 말라

회의 자리에서 입 다물고 있는 것도 문제지만 처음부터 자신의 로직을 증명하기 위한 주장을 하는 사람이 있다. 독불장군이나 자기중심적인 사람이 이런 행동을 한다. 대화할 때 우선 상대의 말을 들어야 한다. 그런 후 이야기를 할 경우 조리 있게 해야 한다. 왓소나 코칭 대화모델(What? So What, Now What)이나 STAR 방식의 대화법을 사용하는 것도 좋다.

이런 코칭 대화법은 회의 석상에서도 빛을 발한다. 먼저 다른 사람이 주제와 관련하여 무엇을 해 보았으며 어떻게 할 계획인지를 들어보는 것이 좋다. 그리고 난 다음 거의 끝 부분에 이런 것을 정리한 후 당신의 의견을 말하면 이것이 거의 결론처럼 된다. 이렇게 하면 당신이 능력 있는 사람으로 보인다. 조리 있는 대화는 직급이 올라갈수록 더 필요하다.

모르는 것을
아는 체하지 말라

잘못은 가능하면 최대한 빨리 인정하라

인생의 가장 큰 실수는 실수를 인정하지 않는 것이다. 만약 자신이 저지른 실수를 인정하는 일이 어려울 때는 자신의 내면을 자세히 들여다보라. 혹시 한 점의 티끌도 없는 완전무결한 사람이길 바라는 욕심 때문에 잘못을 인정하고 싶지 않은 건 아닌가? 아니면 체면을 목숨처럼 여기기 때문인가? 만약 당신이 단지 체면만을 중시하기 때문이라면 하루빨리 이런 집착에서 벗어나는 것이 좋다. 왜냐하면 체면 유지에 급급한 모든 행동으로 인해 다른 사람들의 비난을 면치 못할 것이기 때문이다.

자기 잘못을 인정하지 않으면 순간의 어려움을 극복할 수 있을지 모른다. 그러나 당신이 잘못을 인정하든 인정하지 않든 상대는 직감적으로 느끼고 감성적으로 기분이 나빠진다. 사람은 이성적으로 판단하는 것이 아니라 감성과 직관으로 판단한다.

대통령을 꿈꾸던 정치인 중에는 법적인 판단이 옳다고 주장하다가 결국 대통령선거에서 두 번이나 참패한 경우도 있다. 당신이 설령 이성적으로는 상사에게 잘못한 것이 없더라도 감성적으로 상사의 감정을 상하게 했거나 오해를 불러일으켰다면 즉시 사과하라. 이것은 결코 당신의 연약함을 보이는 것이 아니라 인간적인 면을 보이는 것이다.

당신의 잘못을 숨기기 위해 방어벽을 치거나 자신의 강한 부분만 보인다고 해서 완벽하게 당신의 잘못을 숨길 수 없다. 자기의 잘못을 솔직히 가장 빠른 시간 안에 인정하는 것이 좋은 인간관계를 만드는 첫걸음이다.

잘 모르면서 감으로 보고한 것이 틀린 경우라면 이는 허위 보고다. 차라리 모르면 모른다고 보고 하는 것이 최선이다. 잘 모르면서 아는 체하지 말라. 어설프게 대답하지 말라. 상사는 당신보다 훨씬 더 많은 정보를 가지고 있다.

"하비스"의 패자와 승자에 대한 격언

패자는 실수했을 때 "너 때문이야."라고 말하지만
승자는 실수했을 때 "내가 잘못했다."라고 말한다.

패자의 입에는 핑계가 가득하지만
승자의 입에는 솔직함이 가득하다.

패자는 "예"와 "아니오"를 적당히 말하지만
승자는 "예"와 "아니오"를 분명히 한다.

패자는 노인에게도 고개를 못 숙이지만
승자는 어린아이에게도 사과할 수 있다.

패자는 넘어지면 뒤를 돌아보지만
승자는 넘어지면 일어나 앞을 본다.

패자는 승자보다 게으르지만 늘 바쁘다고 말하고
승자는 패배자보다 더 열심히 일하지만, 여유가 있다.

패자의 하루는 24시간밖에 안 되지만
승자의 하루는 24시간이나 된다.

패자는 허겁지겁 일하고 빈둥빈둥 놀고, 흐지부지 쉬지만
승자는 열심히 일하고 열심히 놀고, 열심히 쉰다.

패자는 시간에 끌려 살지만

승자는 시간을 관리하며 산다.

패자는 시간에 쫓겨서 달리지만
승자는 시간을 붙잡고 달린다.

패자는 이기는 것도 은근히 염려하지만
승자는 지는 것도 두려워하지 않는다.

패자는 결과에만 매달리지만
승자는 과정도 소중하게 생각한다.

패자는 영원히 성취감을 맛보지만
승자는 삶의 순간마다 성취의 만족을 경험한다.

패자는 구름 속의 비를 보지만
승자는 구름 위에 뜬 태양을 본다.

패자는 넘어지면 재수를 탓하지만
승자는 넘어지면 일어나는 쾌감을 안다.

패자는 문제의 주위에만 맴돌지만
승자는 문제 속에 뛰어든다.

패자는 눈이 녹기만을 기다리지만
승자는 눈을 밟아 길을 만든다.

패자는 삶의 무대에서 관객석으로 내려가지만
승자는 무대 위로 올라간다.

패자는 성공도 휴지로 삼지만
승자는 실패도 성공의 거울로 삼는다.

패자는 바람을 만나면 돛을 내리지만
승자는 바람을 만나면 돛을 위한 에너지로 삼는다.

패자는 파도에 삼켜지지만
승자는 파도를 타고 앞으로 나아간다.

패자는 돈에 끌려다니지만
승자는 돈을 다스린다.

패자의 주머니 속엔 욕심이 가득하지만
승자의 주머니 속엔 꿈이 있다.

패자가 자주 쓰는 말은 "해봐야 별수 없다." 이지만
승자가 즐겨 쓰는 말은 "다시 한번 해보자." 이다.

패자는 차라리 비겁한 요행을 믿지만
승자는 차라리 용감한 죄인이 되는 길을 선택한다.

패자는 새벽을 기다리며 앉아 있지만
승자는 새벽을 깨우며 달린다.

패자는 일곱 번 쓰러졌다면 쓰러진 일곱 번을 낱낱이 후회하지만
승자는 일곱 번을 쓰러져도 여덟 번 일어난다.

패자는 출발도 하기 전에 계산부터 하지만
승자는 달려가면서 계산한다.

패자는 길이 오직 하나뿐이라고 고집하지만
승자는 다른 길도 있을 것이라고 생각한다.

패자는 길을 갈수록 태산이라고 생각하지만
승자는 더 좋은 길이 있을 것이라 생각한다.

패자의 방에는 자기 하나 꼭 들어갈 상자 속에 자신을 가두고 살지만
승자의 방에는 여유가 있어 자신을 여러모로 변화시켜본다.

패자는 처음부터 끝까지 포상만 생각하면서 달리지만
승자는 순위나 포상과는 관계없이 열심히 달린다.

패자는 오직 1등 했을 때만 의미를 찾지만
승자의 의미는 모든 달리는 코스, 즉, 순탄한 길이나 험준한 고갯길 전체에 깔
려 있다.

패자의 행복은 경주가 끝나야 결정되지만
승자는 달리는 중에도 이미 행복을 느낀다.

패자는 자기보다 우월한 사람을 만나면 질투심을 갖고 구멍 난 곳이 없는지를
살펴보지만
승자는 자기보다 우월한 사람을 보면 존경심을 갖고 그로부터 배울 점을 찾는다.

패자는 자기보다 못한 사람을 만나면 즉시 지배자가 되려 하지만
승자는 자기보다 못한 사람을 만나도 친구가 될 수 있다.

패자는 강한 자에겐 약하고 약한 자에게는 강하지만
승자는 강한 자에겐 강하고 약한 자에겐 약하다.

패자는 혀를 바치지만
승자는 몸을 바친다

패자는 말로 행동을 변명하지만
승자는 행동으로 말을 증명한다.

패자는 약속을 남발하며 삶을 허비하지만
승자는 책임지는 태도로 삶을 산다.

패자는 영광을 위하여 꾀를 부리다가 벌을 받지만
승자는 벌을 받을 각오로 결단하며 영광을 받는다.

패자는 감투를 섬기다가 바가지를 쓰지만
승자는 인간을 섬기다가 감투를 쓴다.

이것이 패자와 승자의 작지만 큰 차이이다,

상사 주변 사람의
도움을 받아라

상사 지인의 도움을 받아라

상사와 관계가 악화되었을 때 누군가의 도움을 받으면 좋다. 상사와 갈등 해결이 원만하지 않은 상태라면 앞이 막막하다. 이럴 때 상사와 가까이 지내는 사람을 찾아 도움을 요청하라. 인간관계는 항상 좋은 관계만 유지되지 않는다. 때로는 좋다가도 어느 땐 갈등도 생긴다. 이런 점을 고려해 넘어서는 안 될 선을 유지하기 위한 기본 예의를 지키는 것이 중요하다.

⌾─○ 상사가 존경하는 사람과 평소 좋은 관계를 유지하라

상사는 당신과 직접적인 상호작용을 바탕으로 평가도 하지만 나른 한편으로는 자신이 신뢰하는 사람들이 내리는 평판도 중요시한다. 상사는 당신의 동료나 직속 부하들, 또는 협력업체의 사람과 우호적인 관계를 맺고 있는 경우가 많다. 이들의 비위를 맞출 필요는 없지만 좋은 관계를 맺는 것은 필요하다. 당신이 상사와 어려운 관계가 되었을 때 이들의 도움을 받을 수 있기 때문이다.

⌾─○ 상사의 주변 사람들에게 상사를 험담하지 말라

상사와 관계가 나빠진 원인이 상사 때문이란 걸 증명하려고 상사 주변 사람들에게 말하지 말라. 당신이 상사의 윗분과 가깝다고 해도 상사의 근무 태만 같은 것은 이야기하지 말라. 상사가 잘리지 않은 것은 그런 행동을 용인한 것일 수 있다.

만약 그래도 하고 싶다면 주변 정세를 잘 살필 필요가 있다. 하지만 권하고 싶진 않다. 오히려 상사의 윗선과 가깝다면 상사의 좋은 점을 이야기하면서 자신과의 관계가 나빠진 원인이 자신에게 있다는 식으로 이야기하는 것이 틀어진 상사와의 관계 회복에 도움이 된다.

⌾─○ 상사와 화해했다면 예의부터 지켜라

상사와의 관계 악화의 원인 중 많은 부분을 차지하는 것이 예의를 지키지 않았다는 점이다. 상사가 먼저 화해를 신청했든 당신의 노력으로 화해의 자리가 마련됐든 그다음부터는 최대한 상사에 대한 예의를 지켜라.

상사를
앞세워라

⚷○ 상사에게 진정성 있게 다가가라

상사의 의무는 리더십을 발휘하여 구성원들과 함께 성과를 달성하는 것이다. 때문에 상사는 부하의 자발적 행동을 갈망한다. 당신이 상사에게 성과 향상을 위해 지원을 요청하면 상사는 자신의 역할을 잘하고 있다는 안도감을 가진다. 물론 가식적인 접근이 아니라 진정성 있는 접근이 필요하다.

상사는 누구와 상의하지 못하고 혼자 속을 끓이기도 한다. 그래서 직위가 높은 상사일수록 마음 놓고 말해도 들어줄 사람이 필요하지만, 여건이 허락되지 않는 경우가 많다. 상사와 갈등이 있었다면 이런 상사의 고충을 알고 당신이 먼저 다가가 화해를 청해라. 조직의 성과를 내야 할 임무가 있는 상사에게 이런 행동은 화해에 도움이 된다.

상사와 갈등이 있은 후, 화해를 했다면 특별히 더 상사를 배려하고 챙기려는 노력을 보여라.

⚷○ 잘난 체하지 말라

직급이 올라갈수록 업무 범위가 넓어진다. 팀장보다는 임원의 업무 범위가 훨씬 넓다. 자기가 경험하지 못한 부분도 있기 때문에 당신보다 현업을 모를 수 있다. 그렇더라고 잘난 체하지 말라.

만약 팀장인 당신이 임원과 같이 결재를 들어간 경우라면 상사보다 잘난 척 나서지 말라. 상사가 먼저 설명할 때까지 기다려라. 필요한 경우 보완 설명을 할 수 있지만, 상사보다 더 똑똑함을 드러내려고 하지 말라.

보고 하러 상사와 같이 들어갔을 경우, 상사와 다른 의견을 이야기하는 부하를 상사는 결코 용서하지 않는다. 만약 상사와 다른 의견이 있다면 상사의 윗선에 보고하기 전에 자신의 의견을 피력하라.

☞○ 상사를 자주 만나라

육체적으로 멀어지면 마음도 멀어진다는 속담이 있다. 상사를 얻으려면 자주 가까이 다가가라. 자주 상사에게 얼굴을 보여줘라. 보이지 않는 곳에서 묵묵히 일하는 것도 좋지만, 당신이 한 일을 상사가 알도록 하는 것도 당신의 몫이다. '일만 열심히 하면 되지!'라고 하면서 '이심전심'을 믿지 말라. 조직에서 이심전심은 없다. 당신이 이야기하지 않으면 아무도 모른다.

정말, 아니라면
상사를 떠나라

☞○ 최선을 다했는데도 안 된다면 회사를 떠날 준비를 해라

나름대로 최선을 다했는데도 목덜미 잡는 상사, 트집 잡는 상사, 부서 이동도 막는 상사가 있다. 이런 경우 부하는 마땅한 대응방법이 없다. 힘겨루기해 봐야 패자는 부하 몫이다. 부하가 어떤 대응을 하더라도 상사의 나쁜 사내정치 한방에 훅 간다. 승진 심사 때 "그 친구 영

아니야!"라는 말 한마디는 촌철살인이 된다. 못된 상사가 사용하는 나쁜 사내정치로는 언어폭력, 왕따, 퇴사 강요, 부하 실적 가로채기, 문서위조와 유실, 사생활 정보 유출, 뒷담화(비방, 음해, 루머, 유언비어), 협박, 회의 석상에서 공격, 힘의 과시 등이다.

이 경우 상사를 떠나는 것도 한 방법이다. 상사를 떠날 때는 준비를 한 후 떠나라. 충분한 준비 없이 상사를 떠나면 개고생한다. 상사를 떠나려고 마음먹었다면 철저히 준비하라.

첫째, 자신을 뒤돌아보라. 자신의 평판이 좋지 않다면 먼저 자신의 성과 향상을 위한 노력을 해라. 이 경우 기한을 정해 놓으면 마음이 편해진다. 예를 들면 1년 내 혹은 6개월 안에 최대한 노력하는 모습을 보여 좋은 평판을 유지 하는 노력을 먼저 하라.

둘째, 당신 평판이 괜찮다면 동종업계 지인이나 헤드헌터에게 스카웃이 가능한지 지금 이동할 자리가 있는지 확인하라.

셋째, 좋은 끝 인상을 만들기 위해 좋은 관계를 유지하고 인수인계를 확실히 하라.

━○ 이직계획을 비밀로 하라

경력사원으로의 이직은 쉬운 일이 아니기 때문에 이직이 완전히 결정되기 전까지는 절대 비밀을 유지해야 한다. 만약 비밀이 중간에 누설되면 당신 상사의 방해로 새로운 회사에 입사가 취소될 수 있다. 아무리 인맥이 없고 힘이 없는 상사라도 이직방해는 얼마든지 할 수 있다.

새로운 회사에 입사가 결정되었다면 기존 회사에 마지막 인상은 좋게 남기도록 노력하라. 업무인수인계도 철저히 해야 한다. 인간관계는 아주 오묘해서 언제 어디에서 어떤 사람의 도움을 받을 수 있을지 모른다. 당신의 나쁜 평판이 절대적인 영향을 준다. 세상은 생각만큼 넓지 않다. 당신의 평판은 두세 다리 건너면 금방 알 수 있다는 점을 염두에 둬라.

✂○ 죄책감을 느끼지 마라

회사를 옮기려고 할 때 미안한 생각이 들 수는 있겠지만, 죄책감을 느낄 필요는 없다. 당신이 최선을 다했음에도 불구하고 지금 회사에서 더 이상 비전이 없기 때문에 떠나는 것 아닌가? 당신이 떠나는 것이 당신에게는 물론 회사에게도 도움이 될 수도 있다고 편하게 생각하라. 좌고우면하지 마라. 이 세상에서 제일 중요한 것은 당신 자신이다.

✂○ 박수 칠 때 떠나되 준비를 확실히 하라

회사를 떠날 생각을 했다면 1년 또는 6개월 또는 3개월 등 기한을 정하여 관계와 성과, 마무리에 최선을 다하라. 경력사원을 뽑을 때는 대부분 평판 조회를 한다. 실제로 평판 조회를 해 보면 "그 사람 인간성이 더럽습니다."라는 평판 때문에 입사가 취소되는 경우도 있다. 평판 조회는 지금 다니고 있는 회사 사람들에게 묻지 않고 그 이전 회사나 친구에게 조회한다. 평상시 좋은 인간관계 유지가 필요한 이유가 여기에 있다.

회사를 떠날 때 당신의 좋은 평판을 위해서 할 일이 있다. 상사와의 관계 때문에 중도 탈락한 보고서를 정리하고 퇴직인사를 하면서 높은 직급의 상사나 관련 부서 또는 인사부서에 요청하여 전달하는 것도 좋다. 상사와 좋지 않은 관계에서 상사를 떠나게 되는 날, 상사는 주위 사람에게 당신 악평을 하기 시작한다. 이 경우에 대비하여 업무 인수인계는 확실하게 하라. '당신 같은 유능한 인재 한 명을 잃게 되었다' 라는 평판을 얻기 위해 이를 증명할 수 있는 방법을 찾아보라. 성격에 따라서는 이런 행동을 못 할 수도 있다. 중요한 것은 이직 준비가 된 후에 사표를 제출하는 것이다.

기분 나쁘다고 사표를 먼저 덜컥 내게 되면 몇 달 또는 몇 년을 쉴 수도 있다. 취업이 확정되기까지는 기존회사에서 좋은 관계를 유지하도록 하라. 언제든 다시 만날 사람들이란 점을 기억하라.

부서 이동도 시도해 보라

부서이동도 시도해 보라

회사를 떠나기 전 반드시 시도해봐야 할 것은 부서이동이지만 이는 회사를 떠나는 것보다 더 어려울 수 있다. 평판이 더 중요하게 작용하기 때문이다. 대부분의 경우 손발만 필요한 곳이 아니라면 평판이 좋지 않은 사람을 받아들이지 않는다. 평판의 기본은 성과와 인간관계가 대부분을 차지한다.

최고 성과를 달성하도록 노력하라

현재 부서에서 좋은 평가를 받지 못하면 다른 부서에서 거부한다. 부서 이동을 생각했다면 부서 이동 기간을 나름대로 정한 후 그 기간 안에 최대 성과를 내도록 하라. 최대 성과를 내려면 당신 상사의 관심사 3가지와 연결된 이슈에서 성과를 내도록 하라. 상사의 관심 분야 밖의 성과는 관심도가 떨어진다.

○ 상사와 면담 시간을 가져라

성과가 어느 정도 이뤄졌다면 상사에게 면담 신청을 한 후 부서 이동 의사를 밝혀라. 당신 입이 아닌 다른 사람에게 소문을 듣게 될 경우는 상사는 당신을 만나려 하지 않을 수 있다. 옮겨가고 싶은 부서의 상사에게 먼저 의사를 간접적으로 타진해 보라. 간접적인 의사 타진 방법은 지나치면서 슬쩍 "팀장님과 함께 일하는 사람은 정말 행복하겠어요."라는 말로 표현해 보라. 이런 이야기를 통해 자신을 받아들일 수 있을지 느낌으로 알 수 있다. 느낌이 괜찮다면 좀 더 깊이 물어볼 수도 있겠지만 비밀 유지와 수준을 조심해야 한다. 왜냐하면 상사와 상의하기 전 사내에서 다른 사람에게 부서이동 계획을 말하면 상사는 당신을 만나주지도 않을뿐더러 부서 이동을 방해할 수 있기 때문이다.

○ 원군을 만들어라

현 부서 상사 외에 타부서 사람, 인사담당자, 상사와 친분 있는 사람, 상사에게 영향력을 행사하는 사람, 거래처 등과 좋은 관계를 유지하는데 시간을 할애해서 내 편으로 만들어라. 특히 상사는 자신이 신뢰하는 사람의 평판이나 의견을 신뢰한다.

○ 식사를 같이 하라

이동을 원하는 부서 선배나 상사와 식사를 같이 하면서 조언을 구하라. 자연스러운 술자리도 좋다.

비즈니스에서 식사를 같이한다는 것은 친해지고 싶다는 신호를 상대가 받아들인 것이다. 회사 돈이 아니라 개인 돈으로 식사를 사게 되면 상사도 다시 본다. 설령 이런 행동을 상사가 받아들이지 않더라도 상사는 당신에 대해 좋은 인상을 갖게 된다.

🗝○ 떠나는 마지막 순간까지는 현재 자리에 충실하라

직장에서 인간관계는 중요한 자산이다. 현재 부서도 마찬가지다. 특히 업무인수인계는 진정성을 가지고 꼼꼼하게 처리하라.

상사 지시를 거절하는 법

상사의 지시사항을 모두 들어주면 좋겠지만 그렇지 못할 상황이 생길 수도 있다. 너무 많은 오더가 떨어질 때는 참으로 난감하다. 이런 경우 어떻게 하면 좋을까? 무조건 수용할 수도 없고 그렇다고 무조건 상사의 지시사항을 거절하는 것도 바람직하지 않다. 상사의 지시를 거절하기 전에 스스로에게 다음 질문을 해 보라.

첫째, 내가 상사의 지시사항을 거절하려는 이유는 무엇인가?
둘째, 내가 거절하려는 이유가 있다면 그것은 정당한 사실인가? 무엇으로 증명할 수 있는가?
셋째, 내가 거절하려는 이유가 합당하다면 그것을 해결할 방법은 정말 없는 것인가?
넷째, 상사가 이 일을 시키는 이유는 무엇인가?

이런 질문을 스스로에게 해 볼 필요가 있다. 상사의 지시사항을 위의 질문에도 불구하고 해결책을 찾지 못했다면 상사와 다음 사항을 합의해보라.

첫째, 내가 하고 있는 일을 점검하여 필요 없는 일들은 삭제한다. 스스로 결정하지 못한다면 상사와 상의한다.

둘째, 내가 하고 있는 일들 중 다른 사람이 하면 더욱 효과적인 일들은 상사와 상의하여 인계한다.

셋째, 내가 해야만 할 일들의 우선순위를 정하여 상사와 상의한다.

넷째, 나 혼자 할 수 없는 일이라면 다른 사람의 지원을 요청한다.

정말로 방법이 안 보일 때는 상사에게 솔직하게 못한다고 말하는 것도 필요하다. 상사에게 너무 잘 보이기 위해 도저히 마감일을 못 맞출 것 같다면 상황을 솔직하게 말하는 것도 필요하다. 상사라고 모든 것을 다 알지 못한다. 진솔하게 바쁜 상황을 상사에게 알리는 것도 필요하다. 이런 경우 상사가 오해하지 않도록 해야 한다.

열 번을 잘하다가도 한번 거절하면 그동안 잘한 것이 무용지물이 된다. 거절할 때는 최대한 예의를 지켜야 한다. 상사가 제일 싫어하는 부하는 예의를 지키지 않는 부하이다. 눈치 보느라 거절도 하지 못하고 마감일도 맞추지 못하는 것보다는 예의를 지킨 거절을 상사도 원한다. 불만 사항이 있으면 뒤에서 험담하지 말고 솔직하게 상사에게 어려움을 토로해 보자.

남성 상사와
여성 부하

100년 전만 해도 직장은 남성들의 전유물이었기 때문에 회사에 입사한 여성들은 남성상사와 일하게 되는 경우가 많다. 진화심리학에 의하면 남성과 여성은 생각의 구조가 다르게 발전했다. 일반적으로 남자는 이성이 발달해 있고 여성은 감성이 발달해 있다. 남자는 있는 그대로를 받아들이는 반면 여자는 주변 환경을 고려한다. 남성상사는 여성부하에게 사회통념적인 역할을 기대한다. 이런 점을 여성 부하는 고려해야 한다.

○ 이심전심은 없다

말을 하지 않으면 남성은 모른다. 이심전심이 통하겠지 하는 생각은 버려야 한다. 남자 상사는 말하는 대로 믿고, 보여주는 대로 본다. 어떤 일을 시켰을 때 할 수 있음에도 불구하고 겸손하게 '제가 뭘…'이라고 표현하면 역량이나 의욕이 없는 것으로 판단한다. 그 내면이나 전후좌우를 물어보지 않는다. 이처럼 여자와 남자는 생각의 패러다임이 다르다는 점을 이해해야 한다.

특별대우를 받으려 하지 말라

"나는 여성이기 때문에 어려운 일은 하지 못한다."고 생각하면서 중요한 일을 맡지 않으려고 하는 여성은 비서 역할만 하게 된다. 그렇다고 무턱대고 중요한 업무를 맡겨달라고 해도 미덥지 않다. 이럴 경우 궂은 일이라도 맡아서 확실하게 처리하는 것이 더 효과적이다. 작은 역할의 일이라도 완벽하게 처리하려는 노력이 필요하다. 그러다 보면 상사는 당신을 자연스럽게 파트너로 인식하고 중요한 일을 맡길 것이다.

상사의 능력을 칭찬하라

남자가 가장 중요하게 생각하는 키워드는 '능력'이다. 남자는 능력을 인정받았을 때 행복감을 느낀다. 일을 잘 모르면 가르쳐 달라고 하라. 당신은 일도 배우고 상사의 신임도 얻게 된다.

보고는 결과부터

상사는 결과를 먼저 알고 싶어 한다. 남성 상사뿐만 아니라 여성 상사도 관리자라면 결과를 먼저 알고 싶어 한다. 서론이 길면 짜증을 낸다. 당신을 무능하다고 생각한다. 상사에게 보고는 신문기사처럼 타이틀을 먼저 말하고 중요한 서브타이틀을 말하는 것으로 보고가 종료되는 경우가 많다. 필요하다고 하면 과정을 설명하라.

○ 중간보고를 잘하라

완벽하게 일을 마무리한 후 상사에게 보고하지 말고 중간보고를 수시로 하라. 중간보고는 당신의 보고나 처리 방향이 잘못됐다면 이를 수정하는 데 중요한 역할을 한다. 중간보고는 당신의 실적을 상사에게 알리는 홍보 효과도 있지만 잘못된 업무 방향을 바로 잡는 데도 중요한 역할을 한다.

○ 예민하게 반응하지 말라

남자와 여자는 생각의 차이가 다른 우주에서 온 사람들처럼 많이 있다고 한다. 상사가 별로 중요한 의미가 부여되지 않은 행동이나 말에 너무 신경 쓰지 마라. 혹시 상사의 말이나 행동이 이해되지 않으면 상사에게 당신의 생각을 공손하게 질문해 보라.

| 여성 상사와
| 남성 부하

여성 상사를 모시고 있는 남자 부하라면 상사를 지나치게 배려심과 공감을 잘 해주는 동네 아줌마나 엄마의 모습을 기대하지 말라. 여성이 당신의 상사가 될 만한 자리에 있다는 것은 남성만큼은 아니지만 지극히 이성적이고 업무적이라는 점을 기억해야 한다. 남성의 세계였던 직장에서 그 자리에 오기까지 남성보다 훨씬 많은 어려움을 극복했다는 점을 인정해야 한다.

여성은 동성보다 이성에 대한 경계심이 약하다. 남성부하를 듬직하게도 생각하고 호의를 보인다. 여성은 섬세하게 상대를 배려해 주려는 성향이 있기 때문에 존경심을 표시하는 부하 직원에게는 적극적인 지원을 하려고 한다.

○ 행간을 읽어라

여성은 말로만 표현하지 않고 온몸으로 이야기한다. 상사가 말하는 내용 외에 상사의 눈빛이나 표정이 무엇을 말하는지 관심을 기울여라. 숨어있는 의중을 반드시 파악하라. 남자보다 세심하게 신경 쓰지 않으면 잘 모르게 된다.

○ 존중심을 가지고 다가가라

여성 상사라고 무시하는 태도를 취했다가는 큰코다친다. 여성으로서 당신의 상사 자리에 있다는 것은 업무적으로 상당한 탁월성을 인정받았기 때문이다. 더구나 여성이 좋아하는 키워드는 '존중'이다. 존중받았다는 느낌이 들도록 배려하라. 이런 점이 남성으로서는 까탈스럽고 예민하다고 느껴질 수도 있지만, 이것이 여성의 장점이라는 점도 잊지 마라. 남성이 여성의 감정이나 마음을 정확히 이해하기는 어렵다고 한다. 이런 경우 자신이 이해한 부분이 정확한지 질문해 보라. 예를 들면 "제가 이렇게 이해했는데 어떤가요?"이다.

○ 잔소리를 관심으로 생각하라

여성들은 1시간짜리 영화를 보고 3시간을 이야기할 수 있으며 못다한 이야기를 전화로 하자고 할 정도로 대화를 즐기는 사람이다. 만약 여성 상사가 당신에게 많은 이야기를 한다면 이는 친근함의 표시이자 당신을 전폭적으로 지원하고 있다는 의사표시이다. 이를 잔소리로 여기고 스트레스받지 마라.

모든 여성이 이야기를 좋아하는 것은 아니다. 남성성이 높은 여성 상사는 남자와 똑같다고 생각하는 것이 좋다. 성공한 여성의 경우 대부분 남성성이 많다. 어떤 면에서 여성 상사를 여성이라고 생각하지 말고 남성이라고 생각하고 대하는 것을 좋아하는 여성 상사도 많다.

특권 의식이 있는 상사 모시기

"사람들은 논리적이지도 않고 이상적이지도 않다. 지극히 자기중심적이다. 그래도 사랑하라." 테레사 수녀님의 말이다.

사람들은 대부분 정도의 차이는 있지만 '자기중심적'이긴 하다. 특히 성공한 사람들 중에는 자기중심적 특권의식을 가지고 있는 사람들이 있다.

자기를 특별하다고 생각한다는 것이 성공의 원동력이 되기도 하지만 다른 사람을 짓밟고 성공해도 좋다는 의식이 있을 수 있다. 이들은 자신의 명예나 즐거움을 절대 다른 사람에게 양보하지 않는다.

이들은 부하의 성과나 아이디어를 가로채기도 하고 당장 이익이 생기지 않으면 참여하지 않으려 하는 성향도 있다. 이들은 능력 있는 부하 직원을 성공의 발판으로 삼으려는 만행도 서슴지 않는 경우도 있다. 이런 상사라 하더라도 모욕을 주거나 비난하지 마라. 상사는 아무리 궁지에 몰렸더라도 부하 직원보다 더 힘이 강하다는 사실을 인정해야 한다.

☞○ 먼저 협조하라

당신의 상사가 일단은 빛나고 주목받을 수 있도록 협조하라. 상사의 이런 점을 이해하고 신뢰 관계를 구축하는 것이 필요하다.

☞○ 다른 사람의 힘을 빌려라

부하가 상사를 바꾸기란 불가능에 가깝게 어렵다는 점을 인식하고 다른 사람의 도움을 받아라. 예를 들면 인사부서의 다면진단을 받도록 한 후 리더십 교육에 참여토록 하는 방법, 또는 코칭이나 상담을 받아 보도록 하는 방법도 있다. 당신을 위해서가 아니라 상사의 성장을 위해 필요하다는 접근이 필요하다. 이때 바탕에 진정성이 있어야한다. 진정성 없는 이런 접근은 상사를 오히려 화나게 만든다.

상사의 리더십 변혁을 위해 책을 선물할 수도 있다. 책을 선물할 때에도 조심스럽게 해야 한다. 당신이 하는 것보다 상사가 존경하는 사람에게 부탁하는 것도 좋다.

☞○ 바람직한 행동을 했다면 감사 표시를 하라

상사에게 직접적인 충고는 바람직하지 않다. 오히려 바람직한 행동을 했을 때 감사의 표시를 하는 것이 좋다. 이 경우 당신의 의식적 지위를 상사의 윗선으로 올려놓으면 좀 더 쉽게 상사에게 감사의 표시를 하기 쉬워진다.

☞○ 솔직하게 이야기하라

상사의 리더십 변혁에 대해서 가급적 이야기하지 않는 것이 좋다. 하지만 당신이 회사를 그만두어야 할 정도로 힘들다면 솔직히 얘기하는 것도 좋다.

이런 경우 사용하는 대화법은 첫째, 있는 사실을 그대로 이야기한다. 당신의 판단이 아닌 관찰 사실을 이야기해야 한다. 둘째, 그로 인한 당신의 감정을 'I message'로 한다. 셋째, 상사가 잘 되길 바라는 당신의 욕구를 이야기한다. 넷째, 당신의 기대사항을 요청한다는 비폭력 대화법을 쓰는 것도 좋다.

자유방임형
상사 모시기

자유 방임형 상사가 더 어렵다. 자유방임형 상사라 할지라도 당신의 업무를 상사가 알 수 있도록 해야 한다. 당신의 중요 일정에 대해 상사에게 보고한 후 지시 사항이 없는지 확인해 보라. 자유방임형 상사라도 이런 부하는 좋아한다.

자유 방임형 상사는 당신이 마음먹기에 따라서는 좋은 면도 있다. 자유 방임형 상사는 당신 스스로 목표를 세우고 실행하길 원하기 때문이다. 스스로 자신이 계획을 세우고 하는 일은 시켜서 하는 일보다 훨씬 재미있고 신난다. 이런 상사 밑에서 생각해 봐야 할 것들이 있다.

시간을 허비하는 것에 대한 이야기가 있다.

영화 〈빠삐용〉에서 빠삐용이 이런 꿈을 꾼다.

빠삐용 : 전 결백합니다. 죽이지 않았어요. 증거도 없이 뒤집어씌운 겁니다.

심판자 : 그건 사실이다. 넌 살인과는 상관없어

빠삐용 : 그렇다면 무슨 죄로?

심판자 : 인간으로서 가장 중요한 중죄, 인생을 낭비한 죄

빠삐용 : 그렇다면 유죄요. 유죄, 유쇠, 유쇠. 유죄….

당신의 상사가 방관자라고 해서 당신이 시간이 많다고 해서 시간 낭비에 대한 변명이 되지 않는다. 인간이 가진 자원 중에서 가장 소중한 것이 시간 자원이다. 돈을 아무리 많이 주더라도 1분 1초를 살 수는 없다. 빌려줄 수도 빌려 받을 수도 없다.

당신의 상사가 자유방임형 상사이거나 당신에게 시간적 여유가 있다면 자기 개발을 위해 힘써라. 교육프로그램에 참여해도 좋고 학위 공부를 해도 좋고 자기 분야의 책이나 잡지를 읽거나 자격증을 취득해도 좋다. 관련된 협회에 가입하는 것도 좋다. 그들 말대로 스스로 크라고 한다면 스스로 커야 한다.

업무도 스스로 찾아서 하라. 당신의 마음먹기에 따라 아주 좋은 상사가 될 수 있다.

스트레스
해소 방법을
찾아라

　아무리 좋은 상사라고 하더라도 좋은 일만 늘 있는 건 아니다. 때때로 스트레스도 받는다. 결혼하기 전에는 그렇게 좋았던 연인관계였지만 결혼하고 나면 때때로 상대에게 스트레스를 서로 주고 받지 않는가.

　일반적으로 스트레스는 상사가 부하에게 주는 것으로 생각하지만, 부하도 상사에게 스트레스를 준다. 직위가 높은 사람을 만나서 코칭하다 보면 고위직 관리자도 부하 때문에 받는 스트레스를 주제로 이야기한다. 물론 상사가 부하에게 받는 스트레스보다는 부하가 상사에게 받는 스트레스가 훨씬 많고 큰 게 현실이다.

　누구에게서 받는 스트레스든 이를 조절하지 못하면 건강이 악화된다. 『행복의 조건』을 쓴 조지 베일런트(George Vaillant)는 스트레스를 잘 조절하는 사람과 그렇지 않은 사람의 수명의 차이가 10년 정도 난다고 밝혔다. 때문에 스트레스 조절이 필요하다는 점이다.

　하지만 적당한 스트레스는 많은 연구에서 건강은 물론 자기 발전에도 도움이 된다는 것이다. 즉 "스트레스는 몸 안의 교감신경을 자극해 부신에서 코르티솔(cortisol)이라는 호르몬을 분비하게 하는데, 이 코르티솔이라는 호르몬은 염증을 막아주는 역할도 하고 상처치유에 도움을 주기도 한다."는 것이다. 또한 적당한 스트레스는 신체에 긴장감을 주어 면역력을 키워주기도 하는 등 긍정적인 효과가 있긴 하지만 만성적인 스트레스 상태에 놓이는 것은 좋지 않다.

　그렇다면 스트레스를 어떻게 조절하면 좋을까. 영국 서섹스 대학교 심리학자 데이비드 루이스 박사팀이 제시한 스트레스 해소법 5가지를 보면

> 5위 : 게임(스트레스 21% 감소): 스트레스를 21% 줄이지만 심박수를 향상시켜 긍정적이지는 않다고 한다.
> 4위 : 산책(스트레스 42% 감소)
> 3위 : 커피(스트레스 54% 감소)
> 2위 : 음악감상(스트레스 61% 감소)
> 1위 : 독서(스트레스 68% 감소) 6분 정도 책을 읽으면 심박 수도 낮아지며 근육긴장이 풀어진다고 한다.

『판세를 읽는 승부사 조조』의 저자 자오위핑은

> • 감정조절 방법으로 음악을 듣거나 책을 보는 등 주의력을 전가하는 전이법.
> • 문제와 다른 것을 하면서 기분을 가라앉힌 후 문제를 처리하는 방법인 냉각법.
> • 역지사지의 방법으로 상대의 입장을 생각해 보는 환위법.
> • 현장을 떠난 뒤 문제를 해결하는 방법인 회피법.
> • 미리 분노통제에 관한 좌우명을 적어놓고 정말 화가 났을 때 실천해 보는 예설법.
> • 롤모델의 감정처리법을 따라 하는 모델법을 제안했다.

이 외에도 스트레스를 받았을 때 감정을 처리하는 방법으로는 명상, 음악 듣기, 그림 그리기, 운동, 수다, 붓글씨 쓰기, 글쓰기, 노래방에서 노래 부르기, 등산, 각종 명상, 기도, 용서하기 등 수 많은 방법이 있다. 중요한 것은 자신만의 스트레스 해소 방법을 만드는 것이다. 감정 처리를 할 수 있는 것이면 어떤 것이든 좋다. 어떤 것을 했을 때 재미는 물론, 시간이 금방 지나가 버린 것이 있었다면 그것이 좋은 스트레스 해소 방법이 된다. 즉 몰입할 수 있는 기제는 자신의 감정을 조절하는 좋은 방법이기도 하다.

한 아이가 용사에게 물었다.
"우리는 거인을 무너뜨릴 수 없는데 어떻게 하지요?"
용사가 말했다.
"걱정하지 마라. 거인이 스스로 발에 걸려 넘어질 때까지 기다리면 된다."

관심을 다른 데로 돌리다 보면 어느새 스트레스도 지나가게 된다.

운명을 바꾸고 싶다면 운동하라, 운동은 심리치료도 된다

"교수님 운동도 심리치료가 되겠는데요?" 내가 전공한 자아초월 상담학 박사과정 중 '영성과 예술치료' 시간에 교수에게 한 질문이다. 이 물음에 교수님은 "그럴 수 있겠다."고 대답했다.

나는 교수의 긍정적인 대답을 듣고 문헌을 찾아봤다. 그러자 심리치료 연구의 효시인 윌리엄 제임스(William James)의 이런 글이 눈에 딱 들어왔다.

단거리 달리기는 육체적 운동이다.
그에 반해 마라톤은 심리적인 운동이다.
1마일 달리기는 육체적이고 심리적이고 영적인 운동이다.
운동을 통해서도 가르침을 얻을 수 있다.
거리를 달릴 때 나는 철학자가 된다.
그 순간 나는 미운 사람에 대해서는 깡그리 잊어버리고
자신에 대해서만 생각한다.
나는 다른 사람이나 이슈에 대해 생각할 겨를이 없다.
미워할 겨를도 없다.
미워하는데도
사랑하는 것과 마찬가지의 관심과 시간과 힘을 쏟아야 하기 때문이다.
나는 15년 동안 수천 시간을 길 위에서 달렸지만
단 1분도 화를 낸 기억이 없다.
내가 빠져드는 건 오직 나 자신뿐이다.
달리기 시작해서 처음 30분은 내 몸을 위해 달리지만
나머지 30분은 내 영혼을 위해 달린다.
달리는 것은 최상의 명상 도구이다.

운동의 효과성에 대해 하버드 정신과 의사 존 래티는 "운동은 집중력과 침착성을 높이고 충동성을 낮춰 우울증 치료제인 프로작과 리탈

린을 복용하는 것과 비슷한 효과가 있다."고 했으며, 세계적 생명공학 연구소인 솔크 연구소와 컬럼비아 대학 메디컬센터 스콧 스몰 교수 연구팀은 "석 달간 운동한 건강한 뇌에 새로운 신경세포가 생겨났다는 연구결과"도 있다. 이는 나이가 들수록 뇌의 신경세포가 감소한다는 그간의 통념을 완전히 뒤엎은 것이다.

미국 국립정신보건협회에서는 "운동이 스트레스 감소, 동기부여, 자아 존중감 증대, 대인관계 향상 등에도 탁월한 효과가 있다."고 하였다. 캘리포니아 대학 어바인 캠퍼스의 뇌 노화 치매 연구소 연구팀도 "운동이 뇌 기능을 건강하게 할 뿐만 아니라 면역력도 증가시켜준다."고 하였다.

직장인들은 스트레스를 많이 받는다. 지위가 높은 중간 관리자일수록 스트레스에 더 많이 시달린다. 말 못 할 고민도 많이 있다. 이럴 때 마음 터놓고 모든 걸 이야기할 수 있는 사람을 찾아라. 여유가 있다면 비즈니스 코치를 찾는 것도 좋다. 당신이 코치를 고용할 여력이 없다면, 운동화를 신고 지금 즉시 밖으로 나가라. 뛰기가 어렵다면 걷기라도 하라. 이 시간은 자신을 되돌아보며 자기와 대화를 하는 시간이다. 마음의 정리를 하는 시간이며, 새로운 아이디어를 얻는 시간이다. 심리치료를 하는 시간이기도 하다.

『몰입』의 저자 황농문 교수는 창의성이 발휘되는 몰입만 하면 정신병에 걸릴 수도 있는데 건강한 몰입을 유지하기 위해서는 규칙적인 운동이 필요하다고 했다.

나는 이런 것들을 몸소 체험했다. 철인 3종 킹코스 완주, 100km 울트라 마라톤 완주, 오산종주 완주, 국토 종주 완주 등의 경험 속에서 느낀 것은 '건강한 육체에 건강한 정신이 깃든다'는 점이다.

물론 성철스님이나 한경직 목사님같이 도량이 높은 분이 '건강한 정신에 건강한 육체'라고 정신의 중요성을 강조했다면 수긍되는 면도 있겠지만 보통 사람들에겐 '건강한 육체에 건강한 정신'이라는 말이 더 현실적이다. 당신이 육체적으로 건강할 때는 무엇이든지 도전해 보고 할 수 있다는 의욕이 있었다가도 몸살감기라도 걸렸을 때는 만사가 귀찮고 그냥 쉬고 싶지 않았던가?

　아무리 바빠도 운동시간을 만들어라. 운동시간이 없다면 승용차 대신 지하철을 타도 좋고, 엘리베이터를 버리고 회사 계단을 이용하는 것도 좋다. 운동(運動)이라는 한자 중 운(運)은 '움직인다'는 뜻도 있지만 '운명(運命)'이라는 의미도 있다. 즉 운동(運動)은 '운명을 움직이게 한다'는 의미도 된다.

　어떤가? 건강한 육체와 정신을 유지하고 스트레스를 해소하며 당신 운명을 바꿀 수 있는 운동을 지금 즉시 일주일에 3회 이상 실시하여 당신 운명을 바꿔보지 않겠는가?

걸음걸이에도
인생이 있다

　당신이 상사가 대하는 태도를 보고 느낌으로 당신을 인정하는지 아닌지를 알 수 있듯이 상사도 당신의 태도를 보고 상사에 대한 예의가 있는지 없는지 금방 알아차린다. 상사는 당신의 모든 태도에 관심을 가지고 있다. 당신의 걸음걸이에서 당신의 일하는 성격과 태도 또는 마음 상태를 알아차릴 수 있다.

걸음걸이에도 인생이 있습니다.
걸음걸이가 힘이 없으면
인생도 재미가 없습니다.

걸음걸음마다
온갖 고뇌가 배어 있으면
인생도 힘이 듭니다.

그러나 정말
인생이 힘이 들 때도 있습니다.

왜 이렇게 나에게 어려운 일만 일어나는지
절망스러울 때도 있습니다.

그럴 때
가슴을 앞으로 내밀고 팔을 크게 흔들며
발자국을 크게 띄어서
뒤꿈치가 먼저 닿도록 하고
가능한 한 발가락이 하늘로 향하도록
몇 분만 걸어도
금세 기분이 좋아집니다.

왜냐하면
우리의 영혼은 몸과 연결되어 있기 때문입니다.

우리 영혼이
몸 어디에 있는지 아무도 모릅니다.

그러나 확실한 건
몸과 영혼은 연결되어 있고
몸이 활기차면
영혼도 활기차다는 것입니다.

이 책의 교정을 마무리할 시점에 내가 코칭한 두 분의 승진소식을 듣고 정말 기분이 좋았다. 한 분은 임원으로 승진하셨고 한 분은 사장으로 승진하셨다. 상사와 좋지 않은 관계 때문에 어려움을 겪었던 두 분의 승진소식이라 기쁨이란 이루 말할 수 없었다. 이 책의 내용으로 코칭한 것이 도움됐다는 말을 들었을 때는 뛸 듯이 기뻤다.

부하와 어떻게 소통하여야 할 것인가에 대해 강의도 하고 코칭도 하던 나에게 상사와 소통 이슈를 가지고 오면 무척이나 당황스러웠던 적이 있었다. 그것이 이 책을 쓰게 된 동기가 되어 연구도 하고 관련 서적도 읽고 내용을 정리하면서 코칭한 것이 도움이 되었다니 그렇게 반가울 수가 없다.

부하와의 소통은 쉬운 편이다. 반면 상사와의 소통은 훨씬 더 어렵고 중요하다. 하지만 방법이 문제다.

직장생활을 하면서 나를 무시하는 상사도 만났지만 나를 인정해 주는 상사도 만났다. 이런 경험이 이 책을 쓰는 데 많은 도움이 됐다. 지금 생각해보면 신입사원 때 나는 사회정의를 앞세우는 안하무인격의 사람이었다.

입사 동기였던 안 부장님이 나에게 친근하게 다가온다는 이유로 나의 직속상사인 이 차장님을 무시한 결과 나타난 참담함은 지금도 잊지 못한다. 그러다가 다시 나를 인정해 주는 김 부장님을 만나게 되면서 이공계 출신인 내가 상경계 출신이 하는 기획업무를 두려움 없이 시작하게 되었다.

김 부장님은 내가 관리 부분 업무를 하는데 결정적 영향을 준 분이다. 물론 김 부장님을 만나지 않았다면 엔지니어가 됐을지도 모르지만 아마도 그렇게 되었다면 지금 내가 좋아하는 강의나 코칭을 하지 못했을 것이다.

회장 비서실장을 하면서 경영은 물론 실제 사람 관리를 어떻게 하면 되는지 알게 되는 중요한 계기가 되었다. 이 5년간의 기간은 내가 그룹사 경영 관리 등 이론적으로 배운 것들을 뛰어넘는 실무적인 간접경험을 하게 되었다.

임원이 되어서는 사내정치의 중요성을 깨닫게 되었다. 자기 실력만 있으면 되지 사내정치가 뭐 필요하겠느냐는 생각이었다. 하지만 그것은 오산이었다. 조직은 능력 있는 사람이 아니라 충성하는 사람을 선호한다. 능력 있는 사람은 외부에 많이 있다. 이들을 함부로 쓰지 않는 것은 충성도가 검증되지 않았기 때문이다.

회사를 나와서는 경영자전문코치/라이프코치, 헤드헌터, 교수, 중소기업의 대표 역할을 하면서 상사와 소통에 관한 이슈를 자주 접하게 된 것이 이 책을 쓰게 된 동기가 되었다.

책을 쓰면서 원고를 받아주신 지식공감 김재홍 대표에게 감사드린다. 책을 펴내면서 꼼꼼히 교정을 봐 준 김진섭님, 책 디자인에 많은 공을 들인 이슬기님. 그리고 마케팅을 담당한 이연실님에게도 감사드린다. 이 책을 쓸 수 있도록 다양하게 지원해준 아내와 아들에게도 감사드린다. 무엇보다도 어려울 때마다 다시 용기를 주신 하나님께 감사드린다.

참고문헌

- 고영호(2013) 『이런 간부는 사표를 써라』, 시대의창
- 김달원(2015) 『보고서의 정석』, 나비의활주로
- 김현기, 한상협, 최병권, 강진구(2008) 『직장상사 생존보고서』, 위즈덤하우스
- 김효석(2012) 『상사들이 뽑은 최고의 부하직원』, 석세스TV
- 나카지마 다카시(하연수 역)(2005) 『리더의 그릇』, 다산북스
- 리처드 마운(김지운 역)(2014) 『내 상사 사용법』, 비전코리아
- 미래컨텐츠창작연구소(2012) 『직장인 상사 공략법』, 21세기북스
- 박경수(2015) 『보고서의 신』, 더난출판사
- 박종필(2015) 『고수의 보고법』, 옥당
- 박혁종(2013) 『CEO를 감동시키는 문서작성의 비밀』, 미래와경영
- 브루스 툴간(박정민, 임대열 역)(2011) 『상사를 관리하라』, 알에이치코리아
- 수잔 델린저(김세정 역)(2013) 『도형심리학』, W미디어
- 시마즈 요시노리(안윤선 역)(2007) 『유능한 상사로 살아남기』, 신원문화사
- 신현만(2009) 『회사가 붙잡는 사람들의 1% 비밀』, 위즈덤하우스
- 신시아 샤피로(공혜진 역)(2007) 『회사가 당신에게 알려주지 않는 50가지 비밀』, 서돌
- 유종연(2010) 『CEO를 감동시키는 보고의 비밀』, 미래와 경영
- 윤정구(2015) 『진성리더십』, 라온북스
- 이기평(2014) 『당신이 착각하고 있는 회사의 진실』, 다연
- 이남훈, 강수정(2007) 『회사가 직장동료를 당신의 적으로 만드는 비밀 44』, 비전코리아
- 자오위핑(박찬철 역)(2011) 『마음을 움직이는 승부사 제갈량』, 위즈덤 하우스
- 자오위핑(박찬철 역)(2013) 『판세를 읽는 승부사 조조』, 위즈덤 하우스
- 자오위핑(박찬철 역)(2014) 『자기통제의 승부사 사마의』, 위즈덤 하우스
- 자오위핑(박찬철 역)(2015) 『사람을 품는 능굴능신의 귀재 유비』, 위즈덤 하우스

- 조지 베일런트(이덕남 역)(2009) 『행복의 조건』 프런티어
- 지윤정(2010) 『10년 차 선배가 5년 차 후배에게』 타임비즈
- 하타케야마 요시오(홍영의 역)(2006) 『유능한 상사의 부하지도』 다밋
- 한근태(2009) 『회사가 희망이다』 미래의 창
- 후타미 미치오(김숙이 역)(2007) 『유능한 관리자의 조건』 아라크네

상사와 소통은
성공의 열쇠

초판 1쇄	2017년 07월 21일
2쇄	2019년 10월 15일

지은이	류호택
발행인	김재홍
디자인	이슬기
교정·교열	김진섭
마케팅	이연실

발행처	도서출판 지식공감
등록번호	제396-2012-000018호
주소	경기도 고양시 일산동구 견달산로225번길 112
전화	02-3141-2700
팩스	02-322-3089
홈페이지	www.bookdaum.com

가격	15,000원
ISBN	979-11-5622-301-6 03320

CIP제어번호	CIP2017016585
	이 도서의 국립중앙도서관 출판예정도서목록(CIP)은 서지정보유통지원시스템 홈페이지(http://seoji.nl.go.kr)
	와 국가자료공동목록시스템(http://www.nl.go.kr/kolisnet)에서 이용하실 수 있습니다.